JOSEPH HAYDN

ORATORIO
DIE SCHÖPFUNG

천지창조

THE CREATION

서광태 역

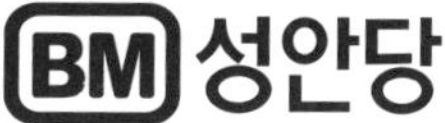
BM 성안당

DIE SCHÖPFUNG [THE CREATION]

천 지 창 조

요셉 하이든(Joseph Haydn, 1732~1809)의 오라토리오

성경의 '창세기'와 존 밀턴(John Milton)의 '실락원(Paradise lost)'을 기초로 영국의 시인인 리들리(Lidly)가 영어 대본을 만들고, 이를 하이든의 음악적 조언자인 고트프리트 폰 슈비텐(Gottfried, Baron van Swieten) 남작이 독일어로 옮긴 가사에 하이든이 1795~1798년에 작곡함.

총 3부로 구성되며, 1부에는 천지창조의 제1일부터 제4일까지를, 2부는 제5일과 6일, 3부에는 낙원에서의 아담과 이브의 행복한 모습을 그렸다.

합창과 **오케스트라, 5명의 독창자**(SSTBB)가 연주한다.

1799년 3월 19일 비엔나에서 초연 됨.

▶ **총 연주시간 : 약 120분**

CHARACTERS and VOICES

Raphael	**Bass**
Uriel	**Tenor**
Gabriel	**Soprano**
Eve	**Soprano**
Adam	**Bass**

INSTRUMENTATION

3 Flutes [Flauto, Fl]
2 Oboes [Ob.]
2 Clarinets (Bb, C) [Clarinetto in B,C, Clar.]
2 Bassoons [Fagotto, Fag.]
Contrabassoon [Contrafagotto, Contraf. C. Fag.]
2 Horns (Bb, basso, C, D, Eb, E, F, A, Bb alto)
[Corni in B basso, C, D, Es, E, F, A, B alto]
2 Trumpets (Bb, C, D) [Clarini in B, C, D]
3 Trombones [Tromb.]
Timpani [Timp.]
Violins I,II [Violino, Viol.]
Violas
Cellos [Vcello, Vcll]
Basses [Basso, C.B.]
Basso Continuo (with Harpsichord[Cembalo])

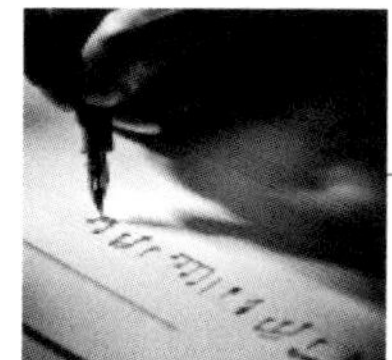

역자서문

　일반 문학 작품의 번역도 그러하겠지만 성악곡의 번역은 참으로 어렵습니다.

　그것은 단순히 외국어를 우리말로 변환시키는 일이 아니고, 처음 작곡하듯이 우리말 가사를 새롭게 만들어, 가사의 운율을 파악하고, 곡의 강약과 음의 높이에 따라 단어의 위치와 문장 형태를 결정하는 고도의 창작 예술 행위이기 때문입니다. 따라서 원작 가사 내용을 잘 전달하는 것도 중요하지만 음악적 요소가 훼손되지 않도록 가사를 붙여야 하기 때문에 창작에 버금 갈 만큼 중요하고 어려운 일입니다.

　번역 가사 붙임의 핵심은 음악의 이해입니다.

　작곡 어법으로서 선율의 구조적 흐름, 프레이징의 이해, 반복되는 가사가 갖는 선율과 리듬의 효과 등……. 이것은 연주하는 성악가들의 호흡과도 밀접한 연관이 있으며 감상자에게 꼭 전달되어야 하는 원작의 필수 요소들입니다.

　여기에서 가장 난점은 알파벳 언어권의 문장구조가 우리말의 그것과 상반됨에 있습니다. 때문에 음악의 흐름상 절정이나 주요 박에 오는 핵심적 단어의 위치를 우리말 문맥에 맞추기가 참으로 어려운 것이고, 이것을 해결하지 않으면 원작이 가지고 있던 본래의 음악적 감동, 즉 선율로 표현된 언어의 느낌이 완전히 상실되는 것입니다. 더 이상 명작이 아닌 것이죠.

　그러나 방법은 있습니다.

　파악해 본 바, 일반적으로 번역 가사의 문제점은 우리말 가사를 서술형 문장으로 만드는 것에 있었습니다. 우리말의 서술형 문장은 '~~하였다.' 등으로 가사의 내용을 친절하고 자상하게 전달하는 장점은 있지만 대부분 음의 수효에 비해 번역가사의 수가 불필요하게 많아지는 한계에 부딪힙니다.

　이것의 해결 방법으로 우리의 시문 형식을 제시합니다. 원래 음악의 가사는 시문입니다. 원곡도 마찬가지입니다. 시문은 도치법을 많이 사용하지요. 이런 점이 외국어와 우리말의 어순이 다른 점을 많이 극복시켜 줍니다.

　알파벳 언어권의 문장구조는 대체로 '주어+동사+목적형'으로 문장의 마지막 부분이 내용의 중심이 되는 단어(명사형)가 주로 오게 되어 음악의 선율을 구조할 때에도 뒷부분에 상당히 의미 있는 음가나 박자, 악상들이 배치되며, 시문에서 리듬적 요소로 아주 중요시 하는 운율(Rhyme) 또한 묘미 있게 들어맞으며 변화하므로 언어가 주는 음악적 즐거움이 더욱 커지는 장점이 있습니다.

만약 우리말 번역가사의 문장 구조가 서술형이 된다면, 문장의 뒷부분은 '~~하였다, ~~하라'로 주요 박에 서술형 어미가 오게 되어 약간 힘이 빠지는 결과를 가져오게 됩니다. 예를 들어 '하나님을 찬양하라.'라는 문장은 음악에 사용될 시문에서 '하라'라는 불필요한 서술부를 가지고 있기에 이를 과감히 생략할 필요가 있습니다. '하나님을 찬양', 이렇게 해도 '찬양하라'의 의미는 시적 언어로 표현되고 있는 것입니다. 경우에 따라 목적격 조사인 '을' 또한 생략해 '하나님 찬양'으로 써도 의미 전달에는 문제가 없으며 8개의 음 수를 5개로 줄일 수 있기에 상당히 효과적입니다. 그리고 문장의 마지막에 명사형이 오게 되어 원작과 비슷한 문장구조로 의미 있는 음가를 표현할 수 있게 됩니다.

또한 되도록 다양한 어휘를 사용하려고 노력하였습니다.
비슷한 내용이라도 원곡의 가사에서 다른 표현 방법을 사용하였다면 우리말 가사를 붙일 때에도 이를 고려하였습니다.

그리고 가사의 반복 부분을 원곡과 똑같이 반복하였습니다.
작곡가의 입장에서 반복되는 단어나 문장 등은 선율이나 선율적 리듬의 강조 어법으로 악곡의 감흥을 구현하는 데 있어 무척 중요한 요소입니다. 사실 기존 번역의 가장 큰 문제점이기도 합니다.
번역시 음표 수에 비해 우리말 음 수가 모자라 반복되는 부분에 서술형 우리말 문장을 억지로 채워 넣어 원곡이 이상한 선율로 변하는 것을 보았습니다. 이는 독일어 원문을 영어로 첫 번역할 때부터 나타났던 문제점인데, 영어 번역가들이 자신들의 언어에 맞추느라 겁 없이 원작의 선율이나 리듬을 과감하게 수정하여 본인들의 입맛에 맞추어 부르는 것을 우리의 번역가들도 참조하여, 우리말의 수효가 맞지 않을 때는 영어번역본을 참조한 흔적을 꽤 찾을 수가 있었습니다.
이로 인하여 원작의 깊은 감동이 조금씩 훼손되어 번역 가사를 기피하는 현상에 일조한 것으로 보입니다.

저는 이번에 '천지창조'의 우리말 가사를 새로 번역하여 연주하며 놀라운 경험을 하였습니다. 우리말이 이렇게 아름다웠나 하는 감동입니다. 새로 번역한 우리말 시어(詩語)들이 '천지창조'의 아름답고 다이나믹한 선율의 흐름 속에서 살아 움직이는 것을 느낄 수 있었습니다. 저는 확언합니다. 이 새로운 우리말 가사가 '천지창조'에 녹아있는 하이든의 예술적 영감을 연주인 여러분들과 관객에게 직접 전달시켜 그 감동을 배가 시켜줄 것입니다.

2015년 8월 26일

칸티쿰합창단 음악감독
서 광 태

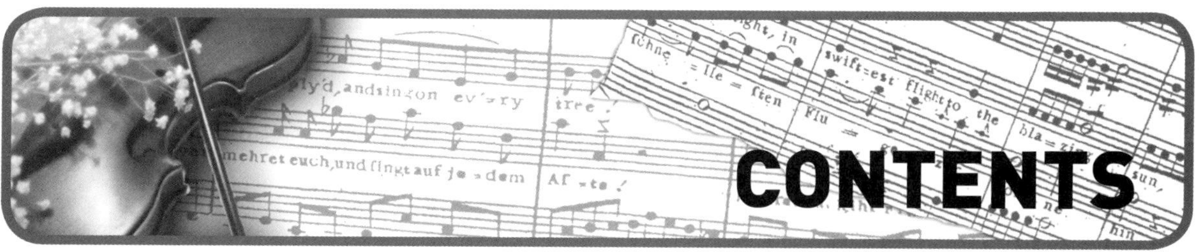

천지창조(DIE SCHÖPFUNG)

제 1 부

RECITATIV.(Raphael)　레지타티브(라파엘)

Im Anfange schuf Gott Himmel und Erde;
und die Erde war ohne Form und leer; und
Finsterniss war auf der Fläche der Tiefe.

태초에 하나님. 천지 창조했네.
땅은 아직 혼돈함이 깊고
저 어둠이 깊음. 그 표면 덮었다.

CHOR　합창

Und der Geist Gottes schwebte auf der
Fläche der Wasser; und Gott sprach:
Es werde Licht, und es ward Licht.

하나님 영이 물 위를 휘감고 있더니 ;
말씀이 : '빛 생겨라'
빛 생겼다.

RECITATIV.(Uriel)　레지타티브(우리엘)

Und Gott sah das Licht, dass es gut war; und
Gott schied das Licht von der Finsterniss.

주 빛 보시니 좋았더라.
그 빛 어둠과 갈라 놓으셨다.

Nun schwanden vor dem heiligen Strahle des
schwarzen Dunkels gräuliche Schatten; der
erste Tag entstand. Verwirrung weicht, und
Ordnung keimt empor. Erstarrt entflieht der
Höllengeister Schaar, in des Abgrunds Tiefen
hinab zur ewigen Nacht.
Verzweiflung, Wuth und Schrecken begleiten
ihren Sturz. Und eine neue Welt entspringt
auf Gottes Wort.

사라져 거룩한 빛 앞에서.
저 소름끼친 어두운 암흑. 곧 첫째 날이라.
혼돈 위에 새 질서 생겼네.
겁난 마귀들은 다 도망가.
가라앉네 깊은 지옥
그 영원한 밤.
절망과 분노, 공포 그 뒤엔 파멸뿐.
새 천지 열렸네.
하나님 말씀에.

제 2 부

18. TERZETT (Gabriel, Uriel, Raphael)

In holder Anmuth stehn, mit jungem Grün
geschmückt, die wogigten Hügel da. Aus ihren
Adern quillt, in fliessendem Kristall, der
kühlende Bach hervor.
In frohen Kreisen schwebt, sich wiegend in
der Luft, der munteren Vögel Schaar. Den
bunten Federglanz erhöht im Wechselflug, das
goldene Sonnenlicht.
Das helle Nass durchblitzt der Fisch, und
windet sich in stetem Gewühl umher. Vom
tiefsten Meeresgrund wälzet sich Leviathan
auf schäumender Well' empor.
Wie viel sind deiner Werk', o Gott!
Wer fasset ihre Zahl?

오 아름답도다! 초록색 옷 입은
멋진 푸른 언덕들.
그 솟은 시냇물 수정처럼 맑고,
시원하게 흐른다.
저 높은 하늘에 원 그리며 나는,
기뻐 즐거운 새들.
금빛 햇살 받고 엇갈리게 나는,
오색 날개 드높다.
저 반짝이는 물고기 이리저리
물길을 헤엄치네.
깊은 물속에서 큰 고래가 나타나,
큰 파도에 뛰노네.
이렇게 많은 일, 주여! 누가
측량할까? 주여! 오, 주여!

19. CHOR mit TERZETT
(Gabriel, Uriel, Raphael)

Der Herr ist gross in seiner Macht,
und ewig bleibt sein Ruhm.

주의 권능 위대하다.
그 영광 영원히!

20. RECITATIV. (Raphael)

Und Gott sprach: Es bringe die Erde hervor
lebende Geschöpfe nach ihrer Art; Vieh und
kriechendes Gewürm, und Thiere der Erde
nach ihren Gattungen.

하나님께서: '땅은 모든 동물들을
종류대로 내어놓도록 하라.
또, 육축과 벌레들, 저 들의 짐승도
종류대로 내라.' 셨다.

21. RECITATIV. (Raphael)

Gleich öffnet sich der Erde Schooss, und sie
gebiert auf Gottes Wort Geschöpfe jeder Art,
in vollem Wuchs und ohne Zahl.
Vor Freude brüllend steht der Löwe da.
Hier schiesst der gelenkige Tiger empor.
Das zack'ge Haupt erhebt der schnelle Hirsch.
Mit fliegender Mähne springt und wieh'rt voll
Muth und Kraft das edle Ross.
Auf grünen Matten weidet schon das Rind, in
Heerden abgetheilt. Die Triften deckt, als
wie gesät, das wollen reiche, sanfte Schaaf.
Wie Staub verbreitet sich in Schwarm und
Wirbel das Heer der Insekten. In langen
Zügen kriecht am Boden das Gewürm.

땅은 만물의 어머니,
하나님 말씀 따라서, 수없는 생물들이
신나게 뛰어나오네
기쁨에 울며 사자 서있네.
호랑이가 날쌔게 뛰어드네.
뿔 달린 사슴 머리 흔드네.
휘날리는 갈기, 솟구쳐
힘센 말이 울부짖네.
저 푸른 초장 소떼 한무리
한가히 풀 뜯네. 저 목장길
양 떼들이 무리를 지어 흘러가네.
먼지가 일듯이 휘돌아 감는
벌레 떼 일어나. 또 기는 벌레
굽은 길 기어가네.

22. ARIE(Raphael)

Nun scheint in vollem Glanze der Himmel.
Nun prangt in ihrem Schmucke die Erde.
Die Luft erfüllt das leichte Gefieder, die
Wasser schwellt der Fische Gewimmel; den
Boden drückt der Thiere Last. Doch war noch
alles nicht vollbracht. Dem Ganzen fehlte das
Geschöpf, das Gottes Werke, dankbar seh'n,
des Herren Güte preisen soll.

하늘은 찬란하게 빛나고,
땅은 화려함에 미소 짓네.
저 하늘엔 가득 새들 날고,
저 바다엔 물고기 춤추네.
땅엔 무거운 짐승들. 그러나 끝이
아니네. 아직은 부족하다네.
주 하신 일을 감사해.
그 선함 찬양하리라.

23. RECITATIV.(Uriel)

Und Gott schuf den Menschen nach seinem
Ebenbilde. Nach dem Ebenbilde Gottes schuf
er ihn. Mann und Weib erschuf er sie.
Den Athem des Lebens hauchte er in sein
Angesicht und der Mensch wurde zur
lebendigen Seele.

또 하나님께서 사람을 만드시고.
당신 모습대로 지어내시되.
남자 또 여자로다.
그 얼굴에 생명의 입김 불어
넣더니. 그는 곧 살아 숨쉬는
생령이라.

24. ARIE(Uriel)

Mit Würd' und Hoheit angethan, mit Schönheit,
Stärk' und Muth begabt, gen Himmel
aufgerichtet, steht der Mensch, ein Mann und
König der Natur. Die breit gewölbt' erhab'ne
Stirn, verkünd't der Weisheit tiefen Sinn, und
aus dem hellen Blicke strahlt der Geist, des
Schöpfers Hauch und Ebenbild.
An seinen Busen schmieget sich, für ihn, aus
ihm geformt, die Gattin hold und anmuthsvoll.
In froher Unschuld lächelt sie, des Frühlings
reizend Bild, ihm Liebe, Glück und Wonne zu.

고귀한 위엄 지니고. 또 미모.
용기 갖추고. 저 하늘 바라보며
서있네. 그는 대자연의 왕 일세.
그 넓고 귀한 이마엔
깊은 총명함 보이네. 또 빛난
그의 눈빛. 그 영혼.
하나님 형상 비치네.
그의 가슴에 기대어 사랑스런 아내.
참 아름답고 우아해.
즐겁고 순결한 미소는 화사한 봄의 모습.
사랑해. 사랑해. 기쁘고 즐거워.

25. RECITATIV.(Raphael)

Und Gott sah jedes Ding, was er gemacht
hatte; und es war sehr gut; und der
himmlische Chor feierte das Ende des sechsten
Tages mit lautem Gesang.

주 하나님께서 만드신 모든 것
보니 좋았다. 천군 천사들이
신령한 그 노래로 찬양하니
여섯째 날이라.

26. CHOR

Vollendet ist das grosse Werk,
der Schöpfer sieht's und freuet sich.
Auch unsre Freud' erschalle laut!
Des Herren Lob sei unser Lied!

위대한 일 이루셨네.
주 보시니 참 좋았다.
우리 기쁨 울려 퍼져!
우리 노래 주 찬양해!

Zu dir, o Herr, blickt Alles auf;
um Speise fleht dich Alles an.
Du öffnest deine Hand, gesättigt werden sie.
Du wendest ab dein Angesicht, da bebet alles
und erstarrt. Du nimmst den Odem weg; In
Staub zerfallen sie.
Den Odem hauchst du wieder aus, und neues
Leben sprosst hervor. Verjüngt ist die Gestalt
der Erd' an Reiz und Kraft.

주님 향해, 주만 보며;
주 하나님 의지할 때.
그 은혜로운 손, 풍성케 하시네.
만약 주님 외면하시면, 난 두려움에
떨리라. 네 숨 거두시면.
티끌로 가리라.
주 다시 숨을 주시면, 새로운 생명
돋아나. 새 땅 돌아오니,
그 힘 기쁨 넘쳐.

Vollendet ist das grosse Werk.
Des Herren Lob sei unser Lied!
Alles lobe seinen Namen,
denn er allein ist hoch erhaben, alleluja.

위대한 일 이루셨네.
우리 노래 주 찬양해!
모두 찬양 그의 이름!
높은 곳에서 홀로 다스려, 알렐루야!

제 3 부

Aus Rosenwolken bricht, geweckt durch
süssen Klang, der Morgen jung und schön.
Vom himmlischen Gewölbe strömt reine
Harmonie zur Erde hinab. Seht das beglückte
Paar, wie Hand in Hand es geht!
Aus ihren Blicken strahlt des heissen Danks
Gefühl. Bald singt in lautem Ton ihr Mund
des Schöpfers Lob. Lasst unsre Stimme dann
sich mengen in ihr Lied!

장밋빛 구름, 달콤한 소리
울려, 새 아침 밝았네.
저 하늘 울리는 청량한 화음이
땅에 퍼지네. 저 행복한 한 쌍
손잡고 거니네.
그들의 눈에 뜨거운 감사
빛나. 그 입 크게 열어
창조주 찬양해. 우리도 다같이
주 은혜 노래해!

Von deiner Güt', o Herr und Gott, ist Erd'
und Himmel voll. Die Welt, so gross, so
wunderbar, ist deiner Hände Werk.
Gesegnet sei des Herren Macht.
Sein Lob erschall' in Ewigkeit.
Der Sterne hellster, o wie schön verkündest
du den Tag! Wie schmückst du ihn, o Sonne
du, des Weltalls Seel' und Aug'!
Macht kund auf eurer weiten Bahn,
des Herren Macht und seinen Ruhm!

주 하나님 그 선하심 온 천지 가득해.
이 세상 크고 놀랍도다.
다 당신 솜씨라.
은혜로다 주의 권능.
그 찬미 울려 영원토록.
오 아름답고 밝은 별, 날 밝아 옴
알려! 오 찬란히 빛나는 해,
온 세상 눈과 영!
주 권능 멀리 선포해.
또 주의 힘, 그의 영광!

Und du, der Nächte Zierd' und Trost, und all'
das strahlend Heer, verbreitet überall
sein Lob in eurem Chorgesang!
Ihr Elemente, deren Kraft stets neue Formen
zeugt, ihr Dünst' und Nebel, die der Wind
versammelt und vertreibt.
Lobsinget alle Gott, dem Herrn!
Gross wie sein Nam', ist seine Macht.
Sanft rauschend lobt, o Quellen ihn! den
Wipfel neigt, ihr Bäum'! Ihr Pflanzen, duftet,
Blumen, haucht ihm euern Wohlgeruch!
Ihr, deren Pfad die Höh'n erklimmt, und ihr,
die niedrig kriecht, ihr, deren Flug die Luft
durchschneid't, und ihr, im tiefen Nass,
ihr Thiere, preiset alle Gott!
Ihn lobe was nur Odem hat!
Ihr dunk'len Hain', ihr Berg' und Thal, ihr
Zeugen unsers Danks, ertönen sollt ihr früh
und spät, von unserm Lobgesang.
Heil dir o Gott, o Schöpfer, Heil! Aus deinem
Wort entstand die Welt; dich beten Erd' und
Himmel an; wir preisen dich in Ewigkeit.

어두운 밤 하늘에 꾸며진, 수 많은
별들아. 온 세상 퍼지네. 온 세상
찬양! 네 합창 소리가.
너희의 능력, 언제나 새롭게
만들어. 오! 연기와 안개, 바람이
모으고 몰아내.
모두 주 하나님 찬양!
이름처럼 크신 능력!
평온한 샘, 주 찬미해! 나무도
고개 숙여, 초목과 꽃은 향기로워.
네 향기 풍겨라!
너, 산에 사는 짐승아. 또 너,
벌레들아. 너, 하늘 나는 새들아.
또 너, 물고기들.
너, 모든 생명 찬송해!
주 찬양, 호흡 있는 자!
너 어두운 숲, 너 산과 골, 너
감사함의 증인. 아침, 저녁
감사 찬송, 온 종일 울려라.
오, 자비로운 창조주여! 말씀으로
세워졌네; 하늘과 땅 주 사모해;
주 찬양해, 영원토록!

31. RECITATIV.(Eva, Adam)

Nun ist die erste Pflicht erfüllt, dem Schöpfer
haben wir gedankt. Nun folge mir, Gefährtin
meines Lebens! Ich leite dich, und jeder
Schritt weckt neue Freud' in uns'rer Brust, zeigt
Wunder überall. Erkennen sollst du dann,
welch unaussprechlich Glück der Herr uns
zugedacht, ihn preisen immerdar, ihm weihen
Herz und Sinn. Komm, folge mir, ich leite dich!
O du, für den ich ward! Mein Schirm, mein Schild,
mein All! Dein Will' ist mir Gesetz. So hat's der
Herr bestimmt, und dir gehorchen, bringt mir
Freude, Glück und Ruhm.

이제 첫 감사 예배를 창조주 앞에
드렸네. 날 따르오, 내 삶의
배필이여! 널 이끌어, 또 매 순간
우리 맘에 새 기쁨과 감격 넘치리.
넌 잊지 말아라. 주님이 예비한
그 복이 얼만지. 주 찬양
영원히. 온 마음 주님께.
자, 따르오. 내가 인도해!
오! 그대, 내 사랑아! 내 도움, 내 방패,
모든 것! 당신 소원은 나의 법.
주 정하신 대로 당신 따르리.
행복, 기쁨 내게로.

32. DUETT(Eva, Adam)

Holde Gattin! dir zur Seite fliessen sanft die
Stunden hin. Jeder Augenblick ist Wonne,
keine Sorge trübet sie.
Theurer Gatte! dir zur Seite schwimmt in
Freuden mir das Herz. Dir gewidmet ist mein
Leben, deine Liebe sei mein Lohn.
Der thauende Morgen, o wie ermuntert er!
Die Kühle des Abends, o wie erquicket sie!
Wie labend ist der runden Früchte Saft!

오, 내 사랑! 당신 옆에, 평온한 저 시간 흘러.
매 순간마다 황홀해. 걱정없네.
걱정 근심 없다네.
오, 내 사랑! 당신 곁에, 기쁜 마음 내게 흘러.
나의 인생, 당신에게
당신 사랑 소중해.
오, 이슬에 젖어, 아침 일어나네!
오, 청량한 기운, 저녁 시원하네!
상쾌하다! 잘 익은 과일 즙.

Wie reizend ist der Blumen süsser Duft; doch
ohne dich, was wäre mir der Morgenthau, der
Abendhauch, der Früchte Saft, der Blumen Duft!
Mit dir erhöht sich jede Freude. Mit dir
geniess' ich doppelt sie; mit dir ist Seligkeit das
Leben; dir sei es ganz geweiht.

감미롭다! 달콤한 향기 꽃.
당신없이 난 무얼 해? 아침 이슬,
저녁 바람, 또 과일 즙, 또 꽃 향기!
그대, 내 모든 기쁨 충만. 그대, 즐거움
넘치네. 그대! 내 삶 속의 큰 축복.
너! 완전한 사랑, 내 사랑!

33. RECITATIV.(Uriel)

O glücklich Paar, und glücklich immerfort,
wenn falscher Wahn euch nicht verführt, noch
mehr zu wünschen, als ihr habt, und mehr zu
wissen, als ihr sollt!

변함없이 오, 행복한 한 쌍,
잘못 된 길 가지 않고,
또 해야 할 일 안다면,
영원히 행복하리라!

34. SCHLUSSCHOR(mit SOLI)

Singt dem Herren alle Stimmen! Dankt ihm,
alle seine Werke! Lasst zu Ehren
seines Namens. Lob in Wettgesang erschallen.
Des Herren Ruhm, er bleibt in Ewigkeit!
Amen.

노래하라, 우리 주를! 감사,
감사, 그가 하신 모든 일! 주의 영광
그의 이름, 온 세상에 울려 퍼져라.
주의 영광 그 공로 영원히(영원토록)!
아멘.

천지창조
DIE SCHÖPFUNG

제1부

1. 서곡 (혼돈의 표현)
Einleitung (Die vorstellung des Chaos)

JOSEPH HAYDN
서 광 태 역

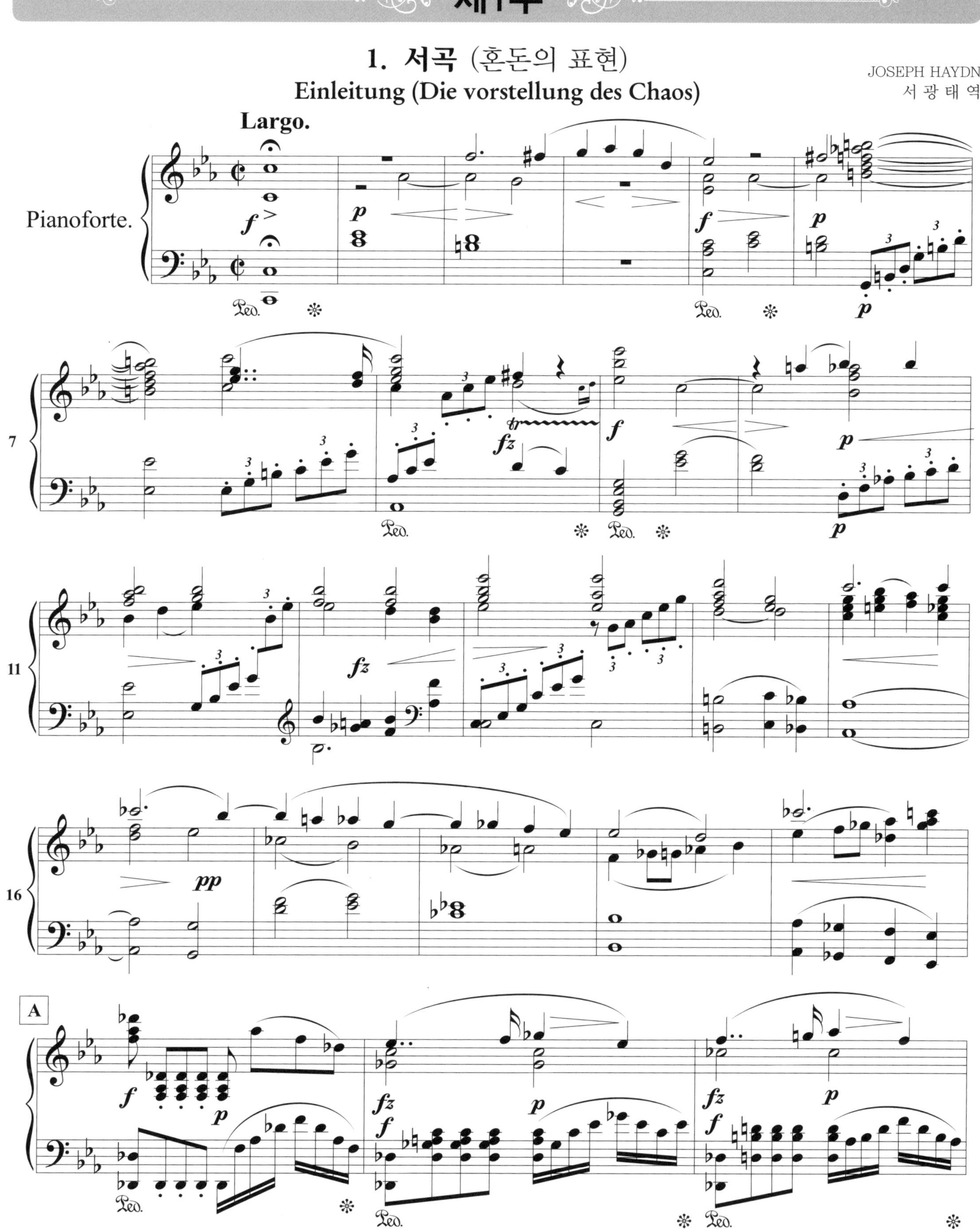

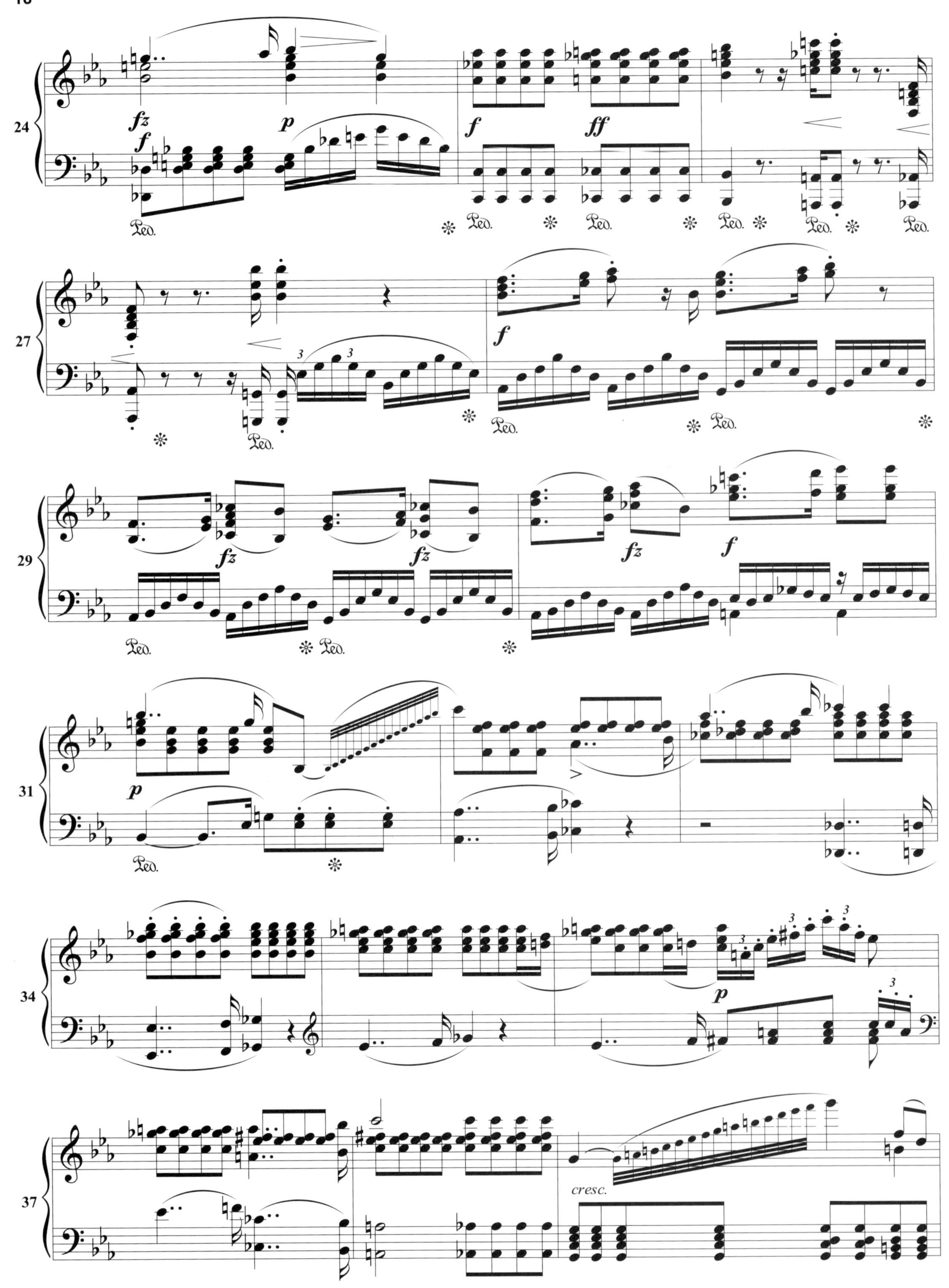

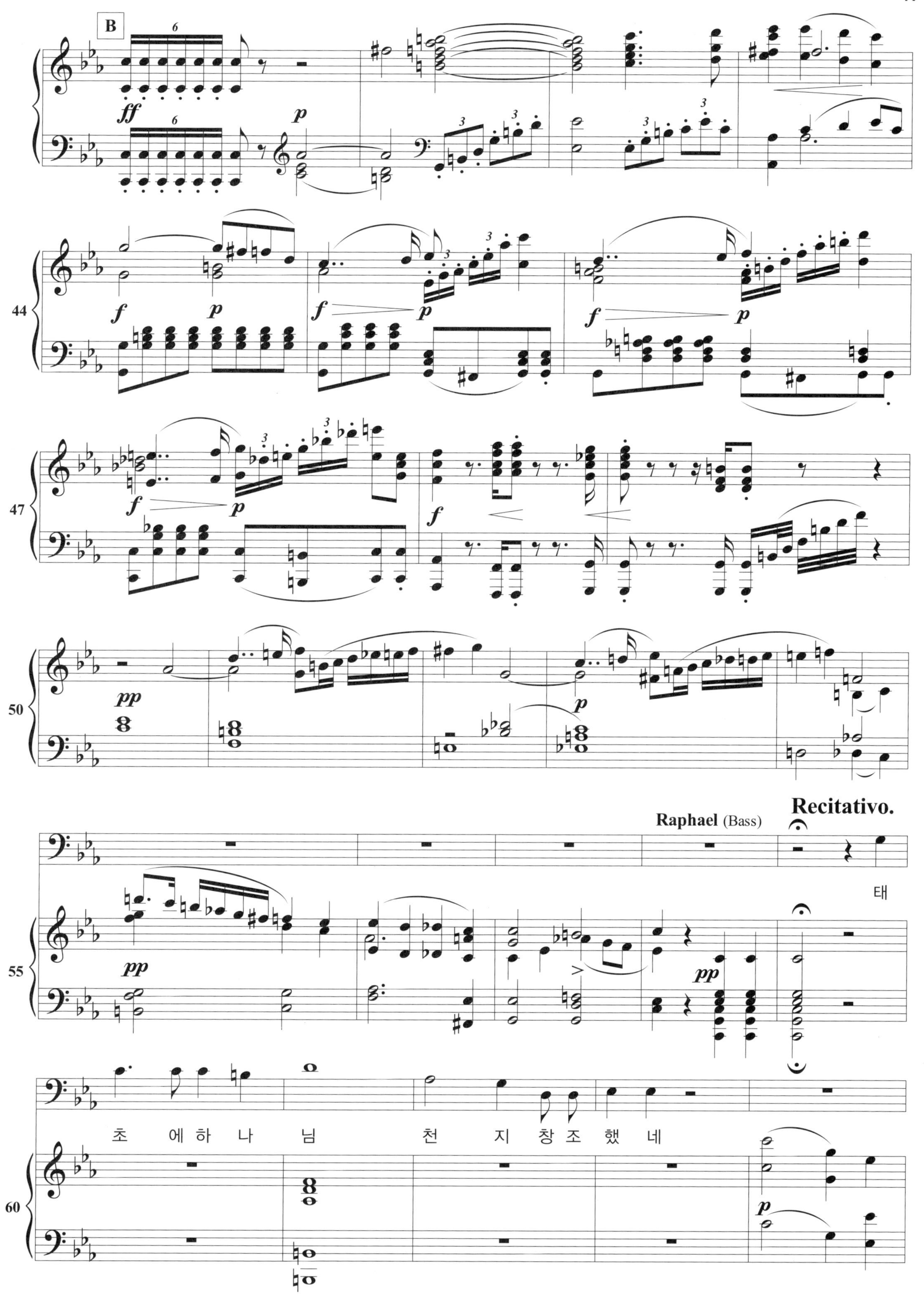
B
ff
p
f
p
f
p
f
p
f
p
f
pp
p
Recitativo.
Raphael (Bass)
태
pp
pp
초 에 하 나 님 천 지 창 조 했 네
p

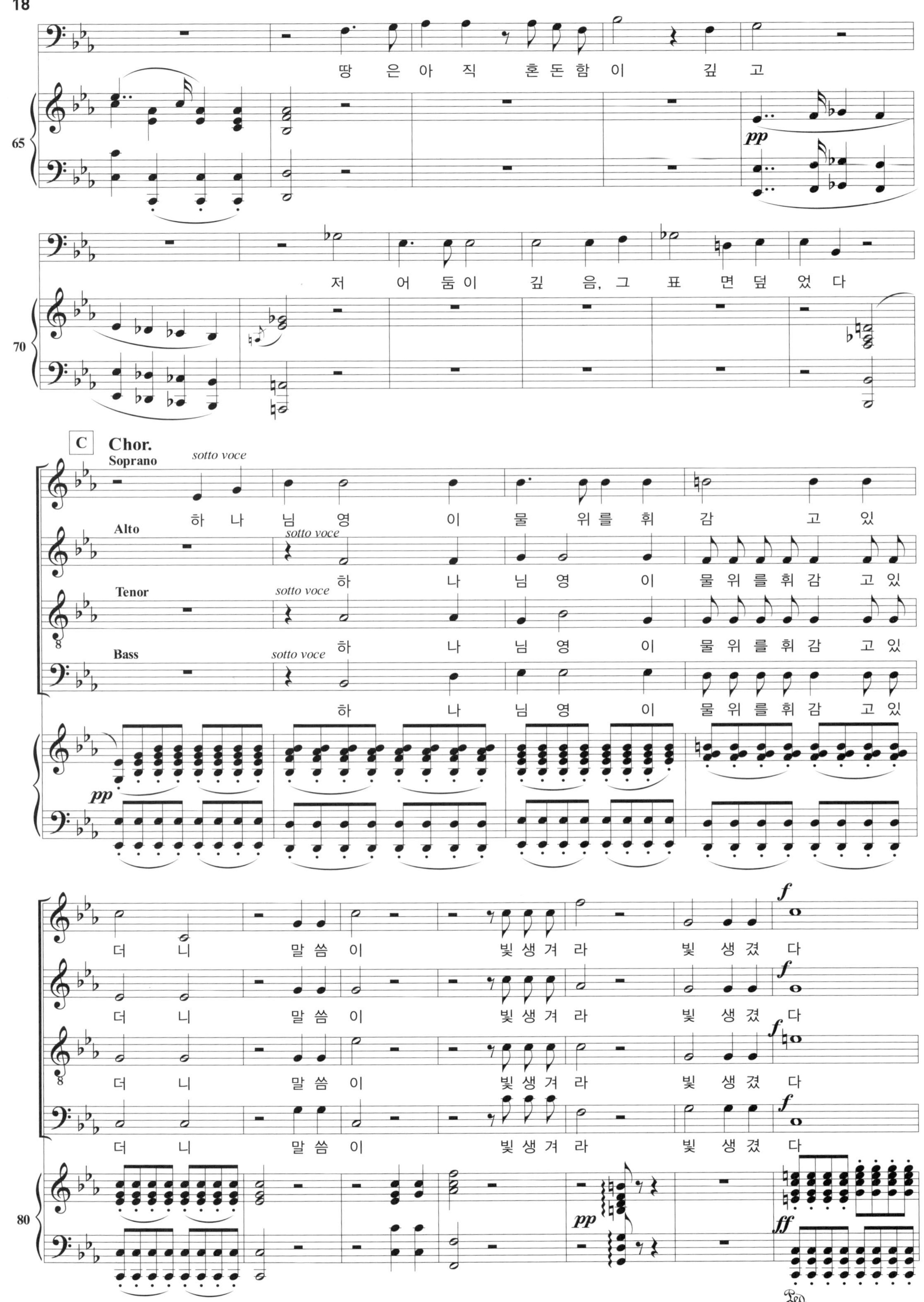
땅은아직혼돈함이깊고
저 어둠이깊음,그 표 면덮었다
C Chor.
Soprano
sotto voce
하 나 님 영 이 물 위 를 휘 감 고 있
Alto
sotto voce
하 나 님 영 이 물 위 를 휘 감 고 있
Tenor
sotto voce
하 나 님 영 이 물 위 를 휘 감 고 있
Bass
sotto voce
하 나 님 영 이 물 위 를 휘 감 고 있
더 니 말 씀 이 빛 생 겨 라 빛 생 겼 다
더 니 말 씀 이 빛 생 겨 라 빛 생 겼 다
더 니 말 씀 이 빛 생 겨 라 빛 생 겼 다
더 니 말 씀 이 빛 생 겨 라 빛 생 겼 다

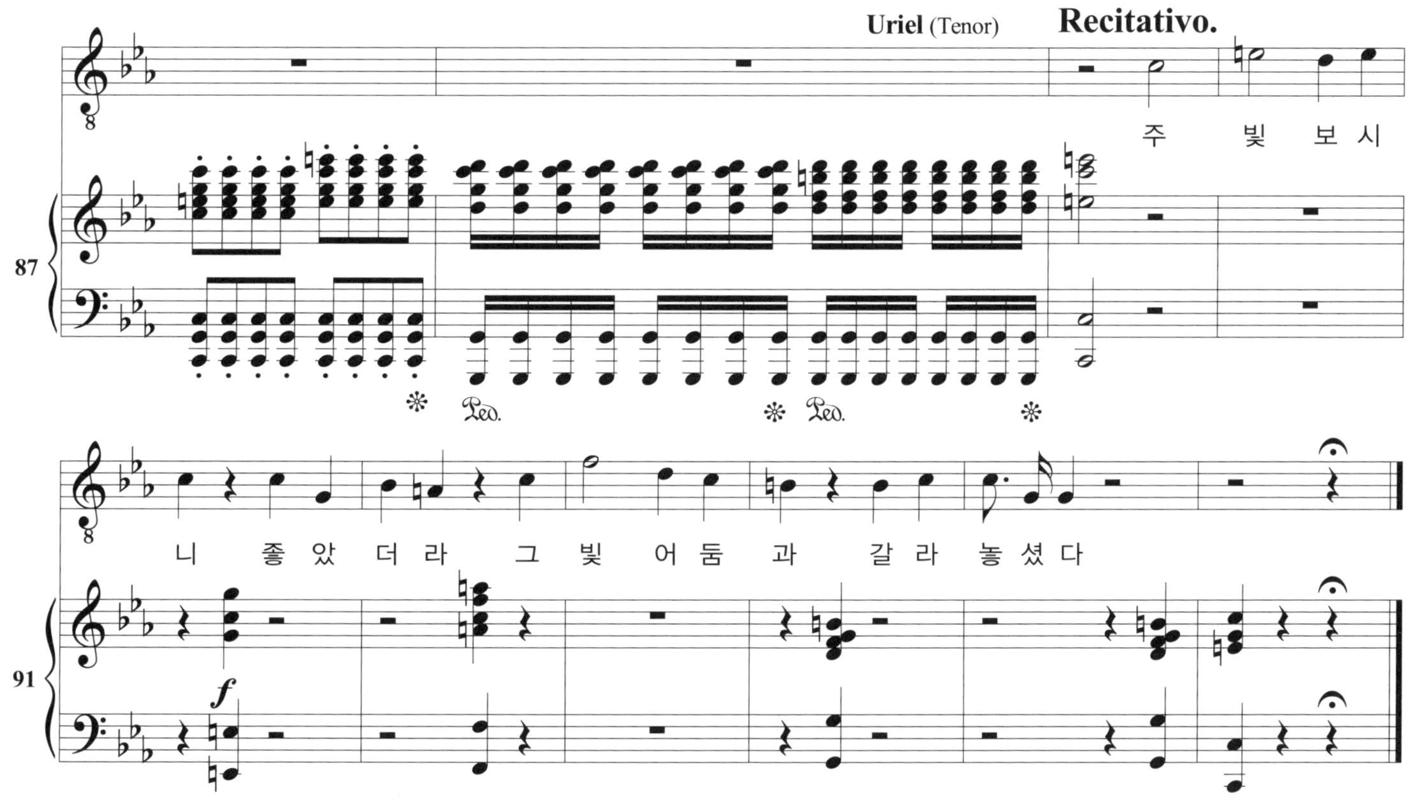

2. 사라져 거룩한 빛 앞에서

Arie (*Uriel*) **mit Chor. Nun schwanden vor dem heiligen Strahle**

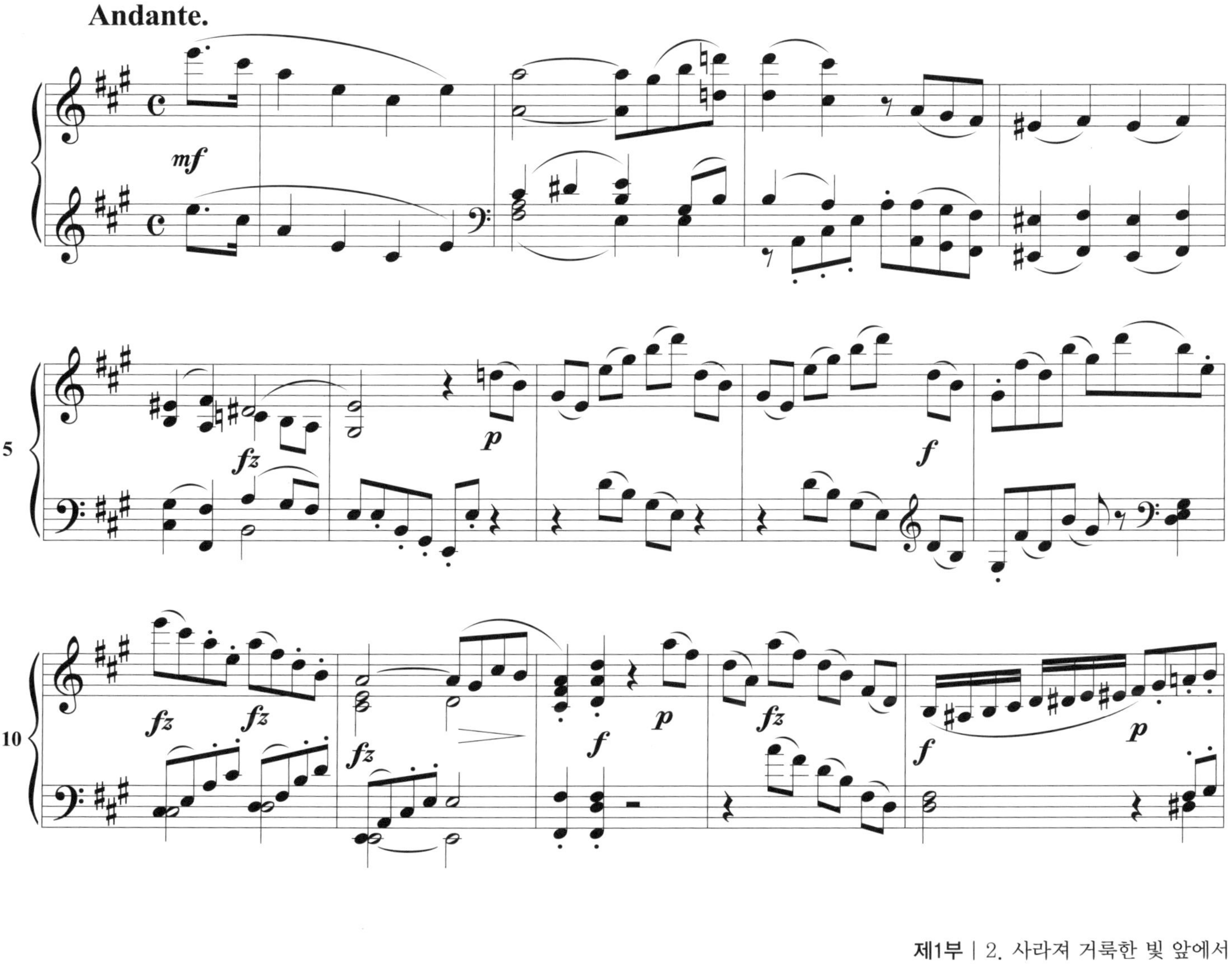

Andante.

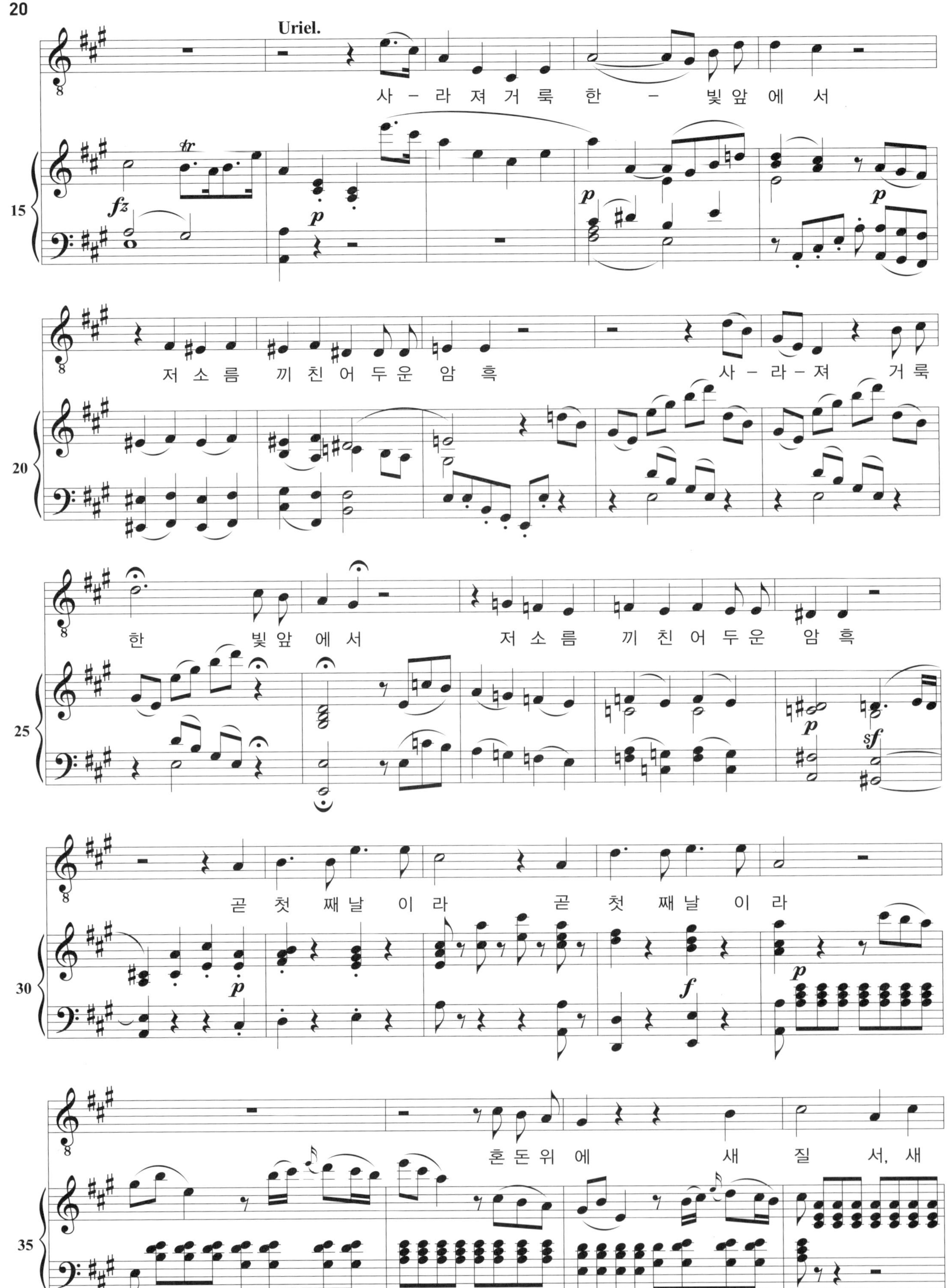
Uriel.
사 – 라 져 거룩 한 – 빛 앞 에 서
저 소 름 끼 친 어 두 운 암 흑
사 – 라 져 거룩
한 빛 앞 에 서 저 소 름 끼 친 어 두 운 암 흑
곧 첫 째 날 이 라 곧 첫 째 날 이 라
혼 돈 위 에 새 질 서, 새

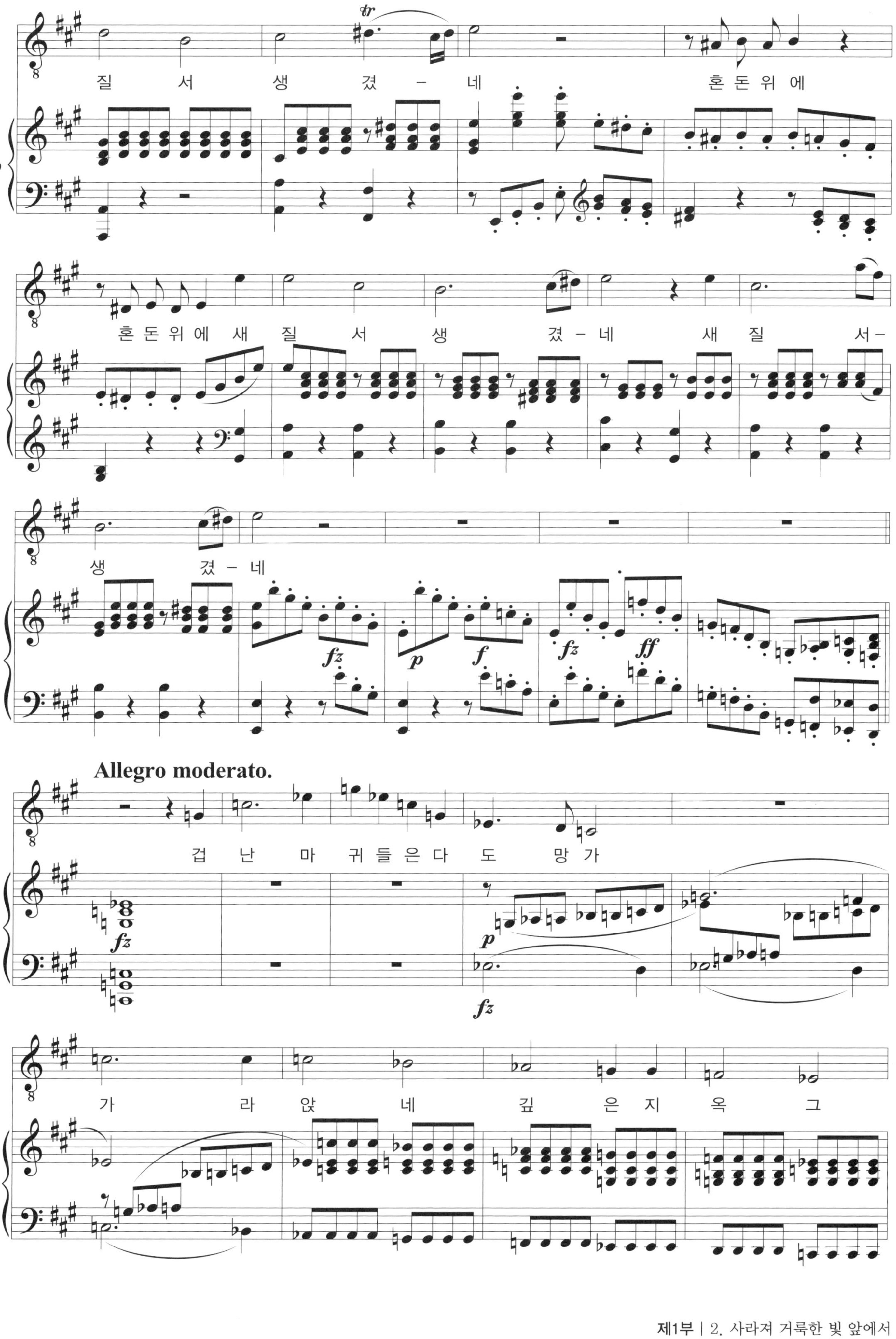

질 서 생 겼 – 네 혼돈위에
혼 돈 위에 새 질 서 생 겼 – 네 새 질 서 –
생 겼 – 네
Allegro moderato.
겁 난 마 귀 들 은 다 도 망 가
가 라 앉 네 깊 은 지 옥 그

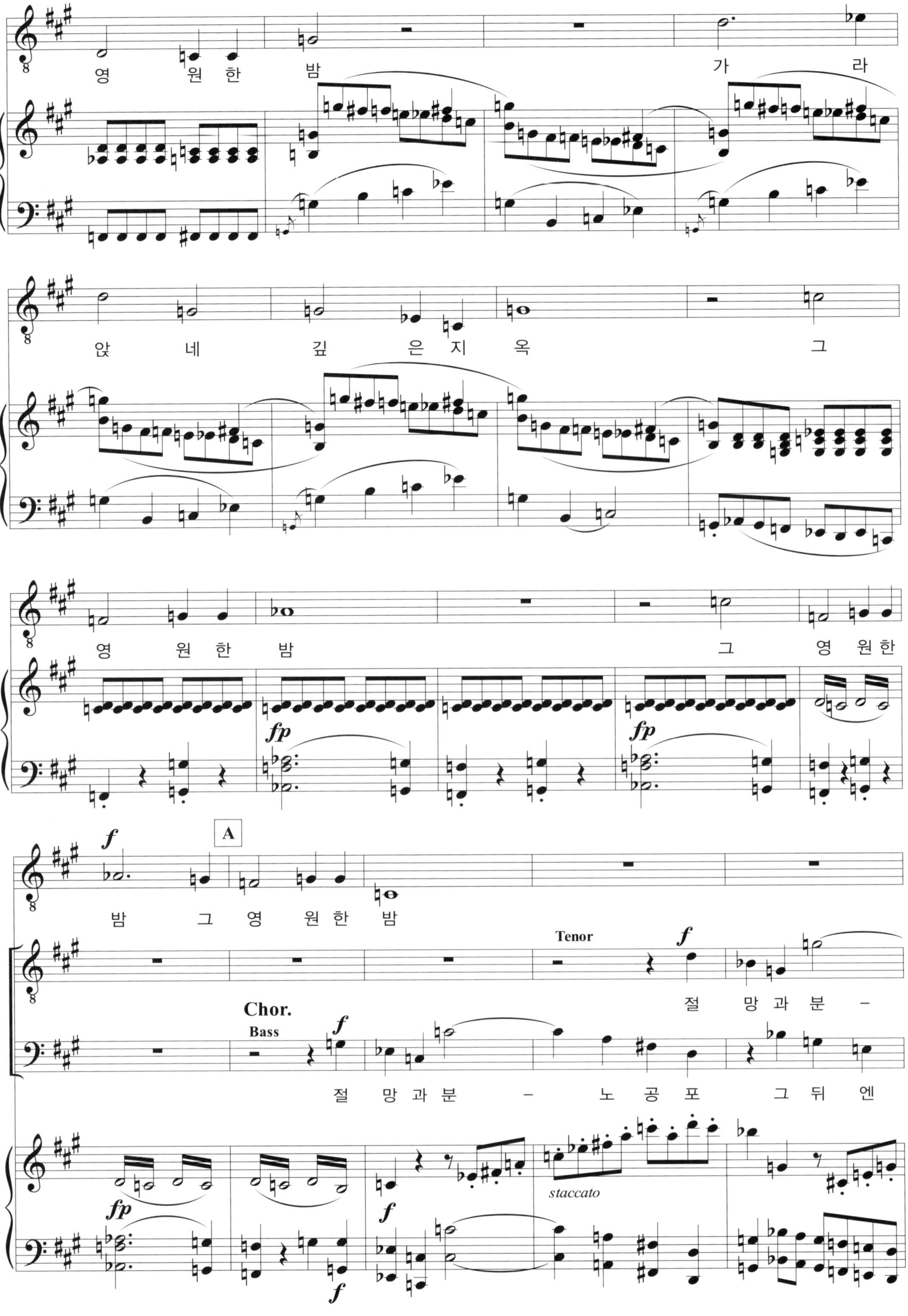

영 원 한 밤
가 라
앉 네 깊 은 지 옥
그
영 원 한 밤
그 영 원 한
밤 그 영 원 한 밤
Tenor
절 망 과 분 -
Chor.
Bass
절 망 과 분 - 노 공 포 그 뒤 엔
staccato
fp
f
fp
f
A
fp
f

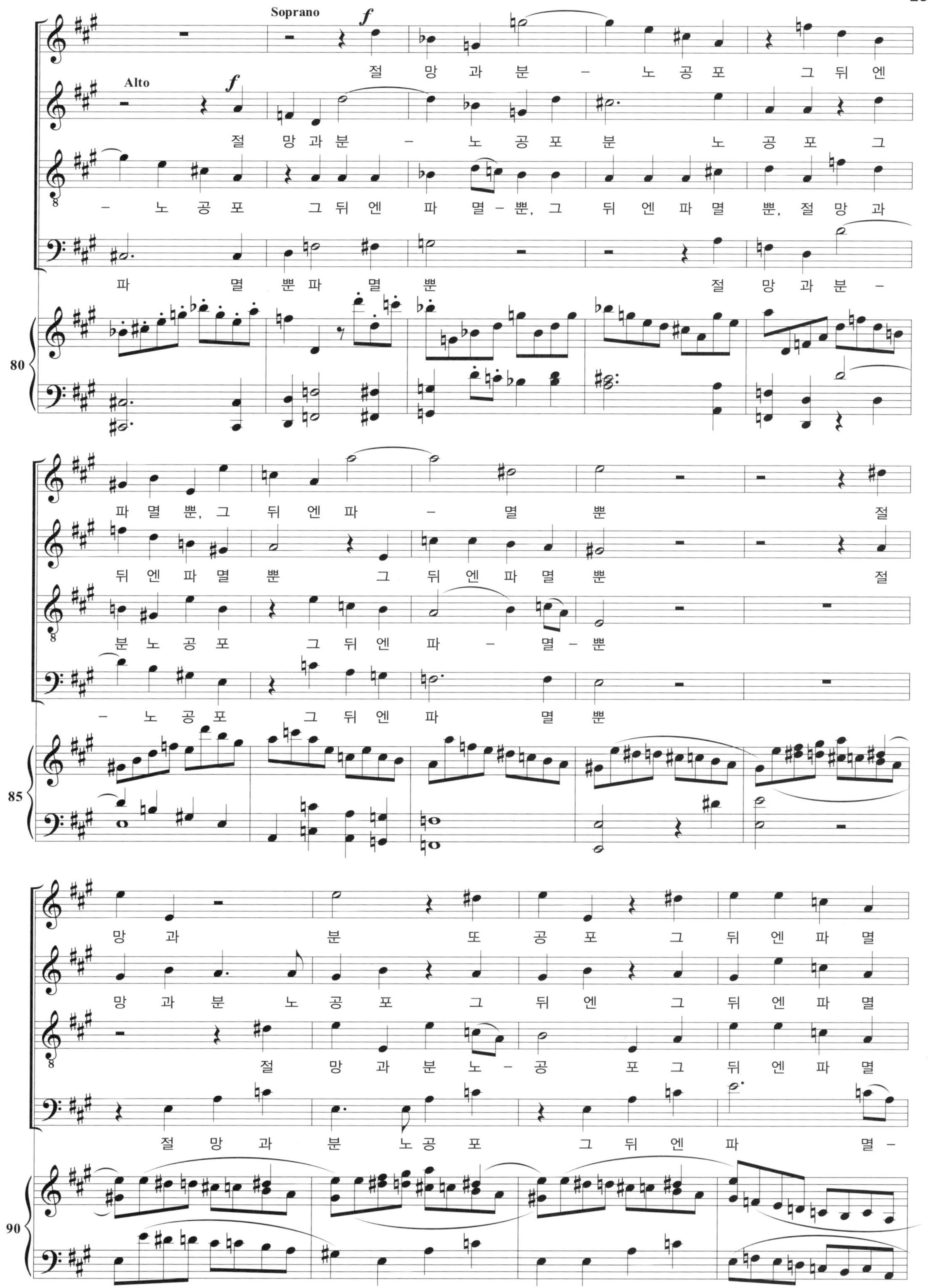
Soprano
f
절 망 과 분 － 노 공 포 그 뒤 엔
Alto
f
절 망 과 분 － 노 공 포 분 노 공 포 그
－ 노 공 포 그 뒤 엔 파 멸 － 뿐, 그 뒤 엔 파 멸 뿐, 절 망 과
파 멸 뿐 파 멸 뿐 절 망 과 분 －
파 멸 뿐, 그 뒤 엔 파 － 멸 뿐 절
뒤 엔 파 멸 뿐 그 뒤 엔 파 멸 뿐 절
분 노 공 포 그 뒤 엔 파 － 멸 － 뿐
－ 노 공 포 그 뒤 엔 파 멸 뿐
망 과 분 또 공 포 그 뒤 엔 파 멸
망 과 분 노 공 포 그 뒤 엔 그 뒤 엔 파 멸
절 망 과 분 노 － 공 포 그 뒤 엔 파 멸
절 망 과 분 노 공 포 그 뒤 엔 파 멸 －

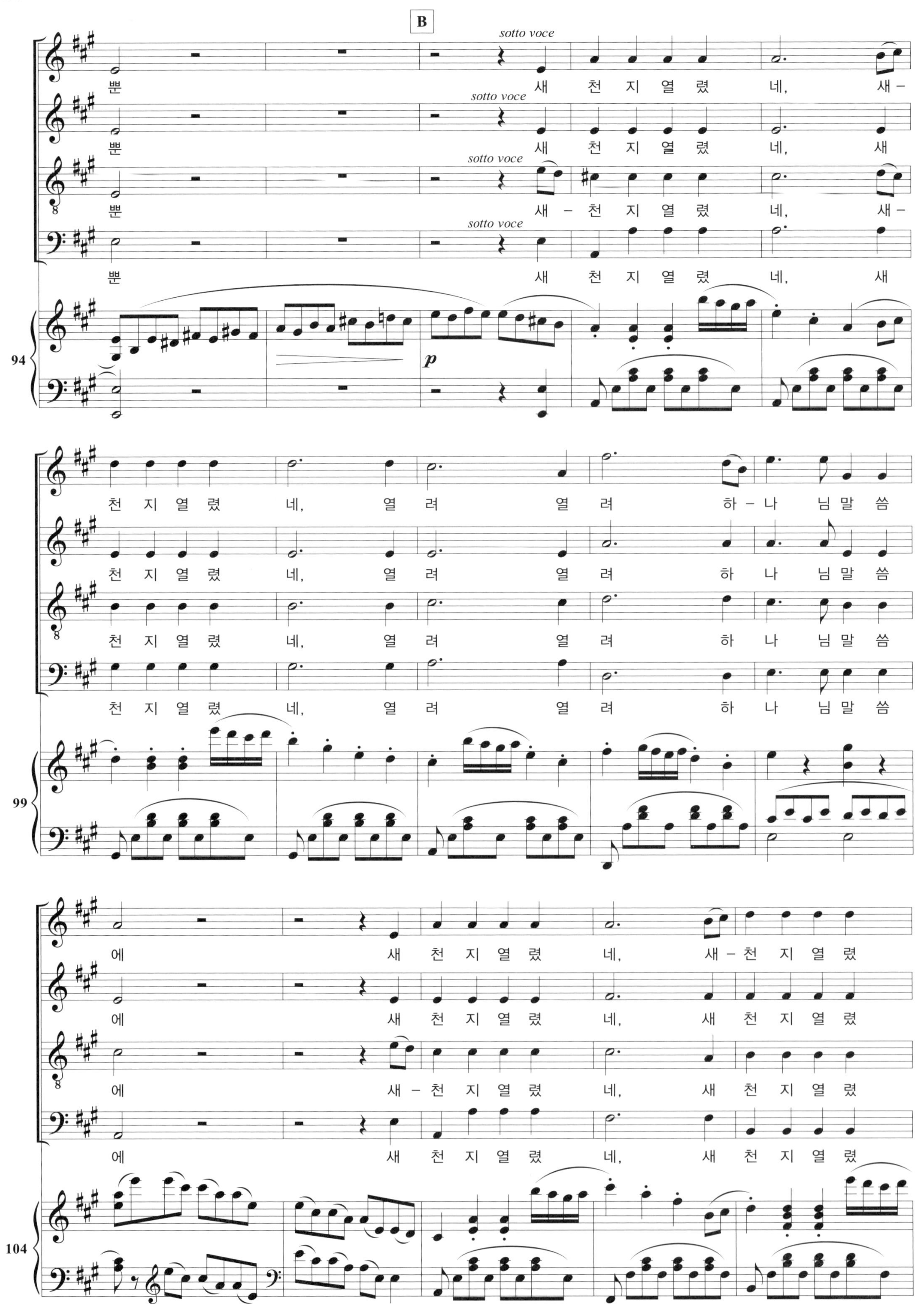
B
sotto voce
sotto voce
sotto voce
sotto voce
뿐
뿐
뿐
뿐
새 천 지 열렸 네, 새 -
새 천 지 열렸 네, 새
새 - 천 지 열렸 네, 새 -
새 천 지 열렸 네, 새
p
94
천 지 열렸 네, 열 려 열 려 하 - 나 님말 씀
천 지 열렸 네, 열 려 열 려 하 나 님말 씀
천 지 열렸 네, 열 려 열 려 하 나 님말 씀
천 지 열렸 네, 열 려 열 려 하 나 님말 씀
99
에 새 천 지 열렸 네, 새 - 천 지 열렸
에 새 천 지 열렸 네, 새 천 지 열렸
에 새 - 천 지 열렸 네, 새 천 지 열렸
에 새 천 지 열렸 네, 새 천 지 열렸
104

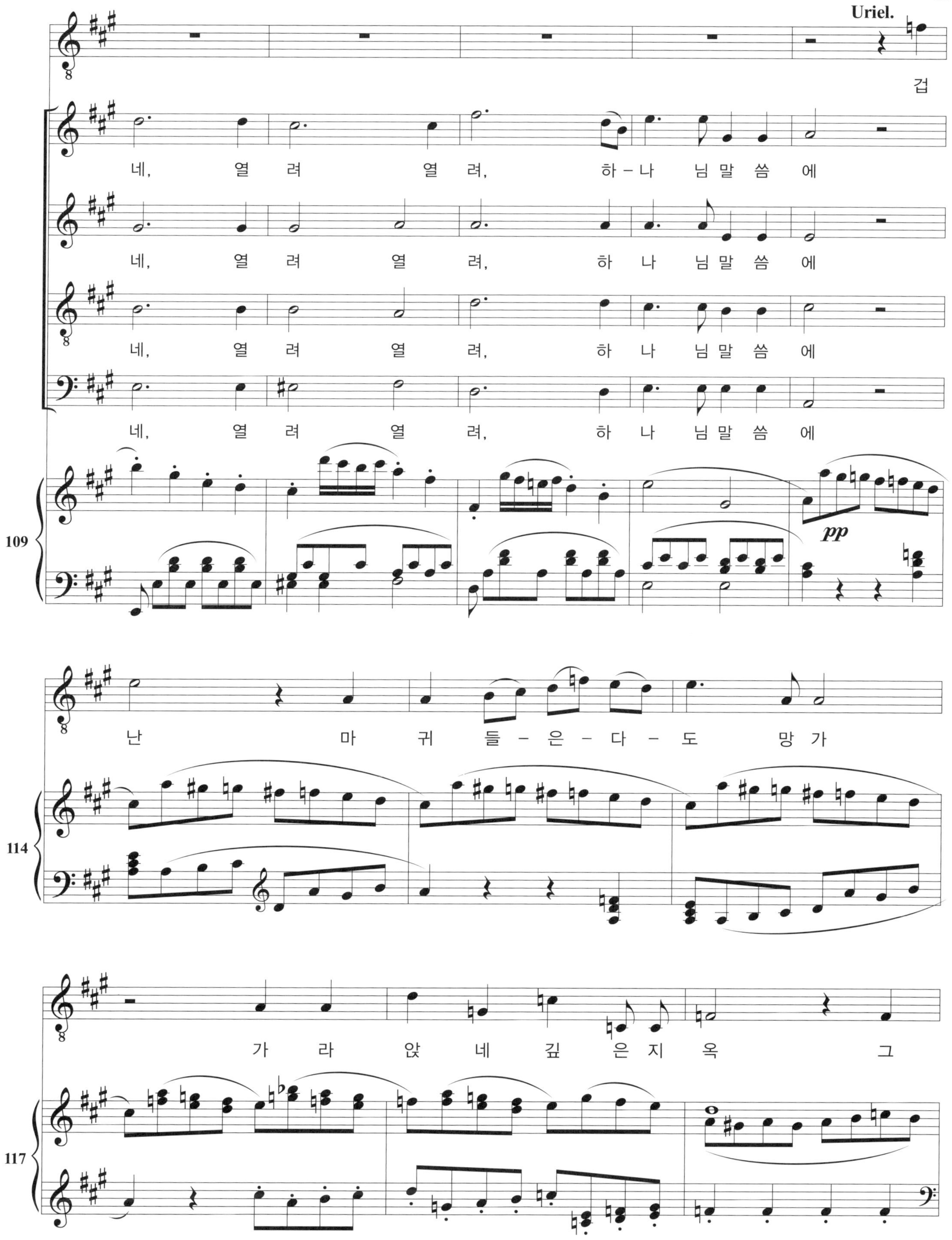

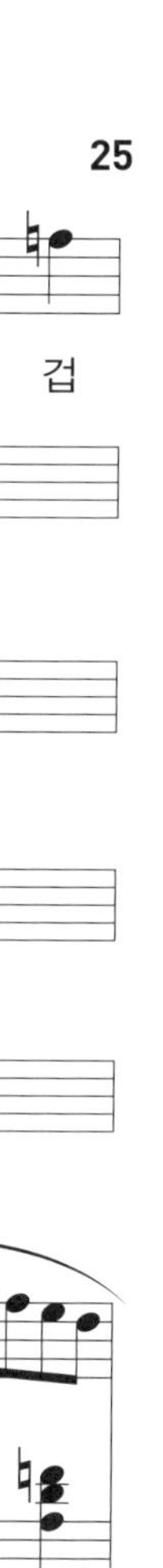

Uriel.
겁
네, 열려 열려, 하 - 나 님말 씀 에
네, 열려 열려 하 나 님말 씀 에
네, 열려 열려 하 나 님말 씀 에
네, 열려 열려, 하 나 님말 씀 에
난 마 귀 들 - 은 - 다 - 도 망 가
가 라 앉 네 깊 은 지 옥 그

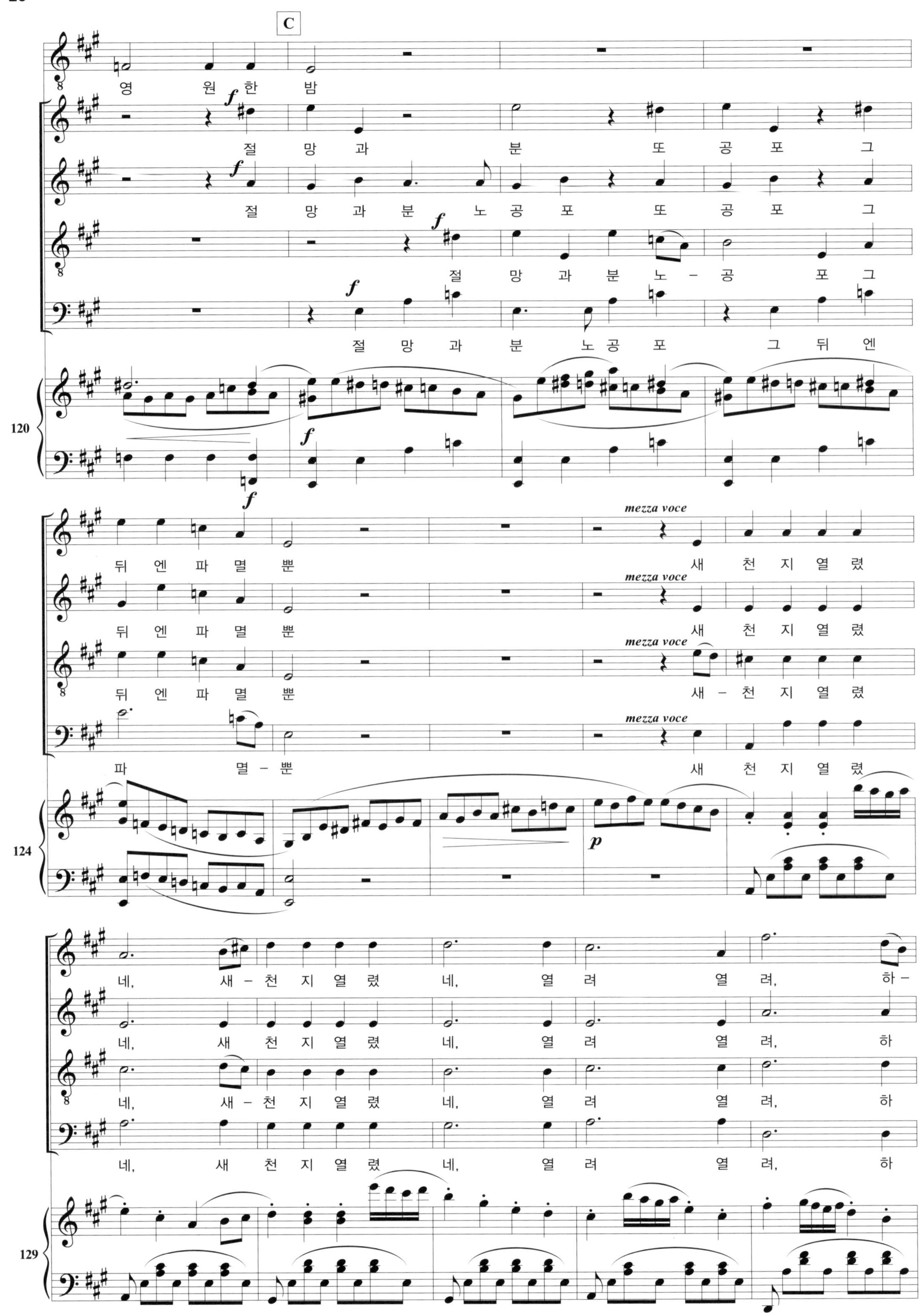
C
영 원 한 밤
절 망 과 분 또 공 포 그
절 망 과 분 노 공 포 또 공 포 그
절 망 과 분 노 공 포 그
절 망 과 분 노 공 포 그 뒤 엔
뒤 엔 파 멸 뿐
뒤 엔 파 멸 뿐
뒤 엔 파 멸 뿐
파 멸 뿐
mezza voce
새 천 지 열 렸
새 천 지 열 렸
새 천 지 열 렸
새 천 지 열 렸
p
네, 새 천 지 열 렸 네, 열 려 열 려, 하
네, 새 천 지 열 렸 네, 열 려 열 려, 하
네, 새 천 지 열 렸 네, 열 려 열 려, 하
네, 새 천 지 열 렸 네, 열 려 열 려, 하

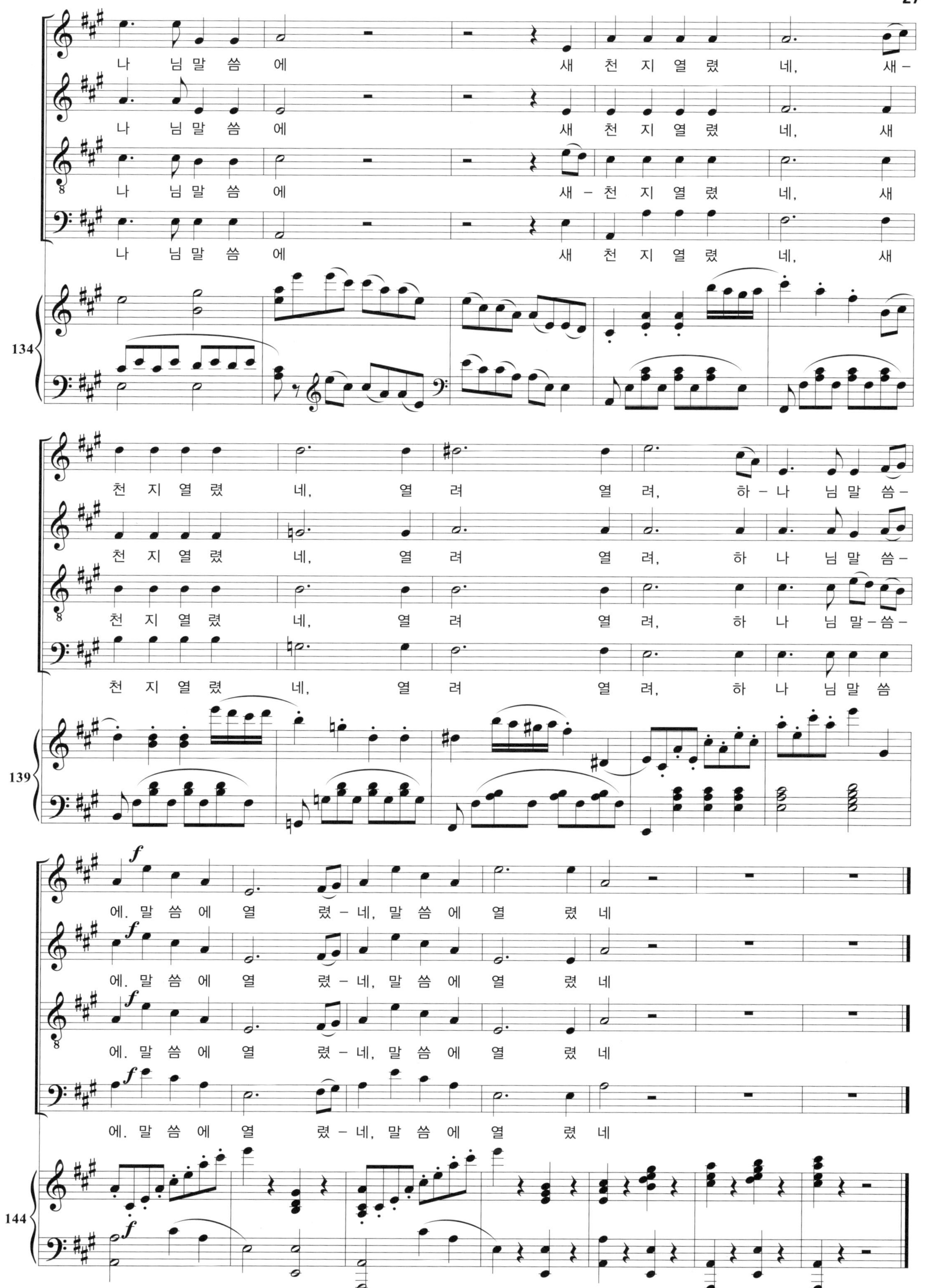

나 님말씀에 새 천 지열렸 네, 새-
나 님말씀에 새 천 지열렸 네, 새
나 님말씀에 새-천지열렸 네, 새
나 님말씀에 새 천 지열렸 네, 새
천 지열렸 네, 열 려 열 려, 하-나 님말씀-
천 지열렸 네, 열 려 열 려, 하 나 님말 씀-
천 지열렸 네, 열 려 열 려, 하 나 님말-씀-
천 지열렸 네, 열 려 열 려, 하 나 님말씀
에,말씀에열 렸-네, 말씀에열 렸 네
에,말씀에열 렸-네, 말씀에열 렸 네
에,말씀에열 렸-네, 말씀에열 렸 네
에,말씀에열 렸-네, 말씀에열 렸 네

3. 또 궁창을 만드시고

Recit. (*Raphael*) **Und Gott machte des Firmament**

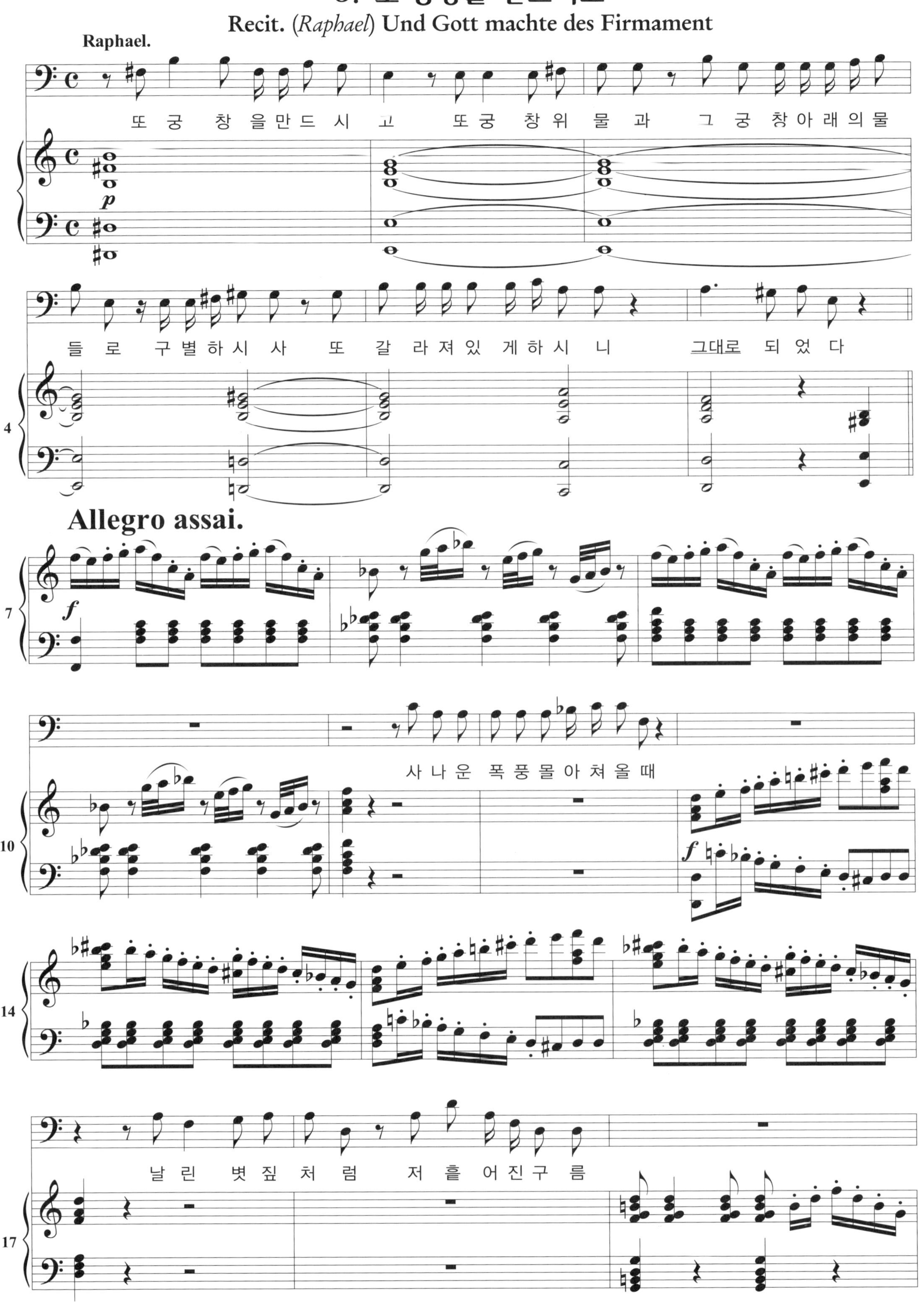

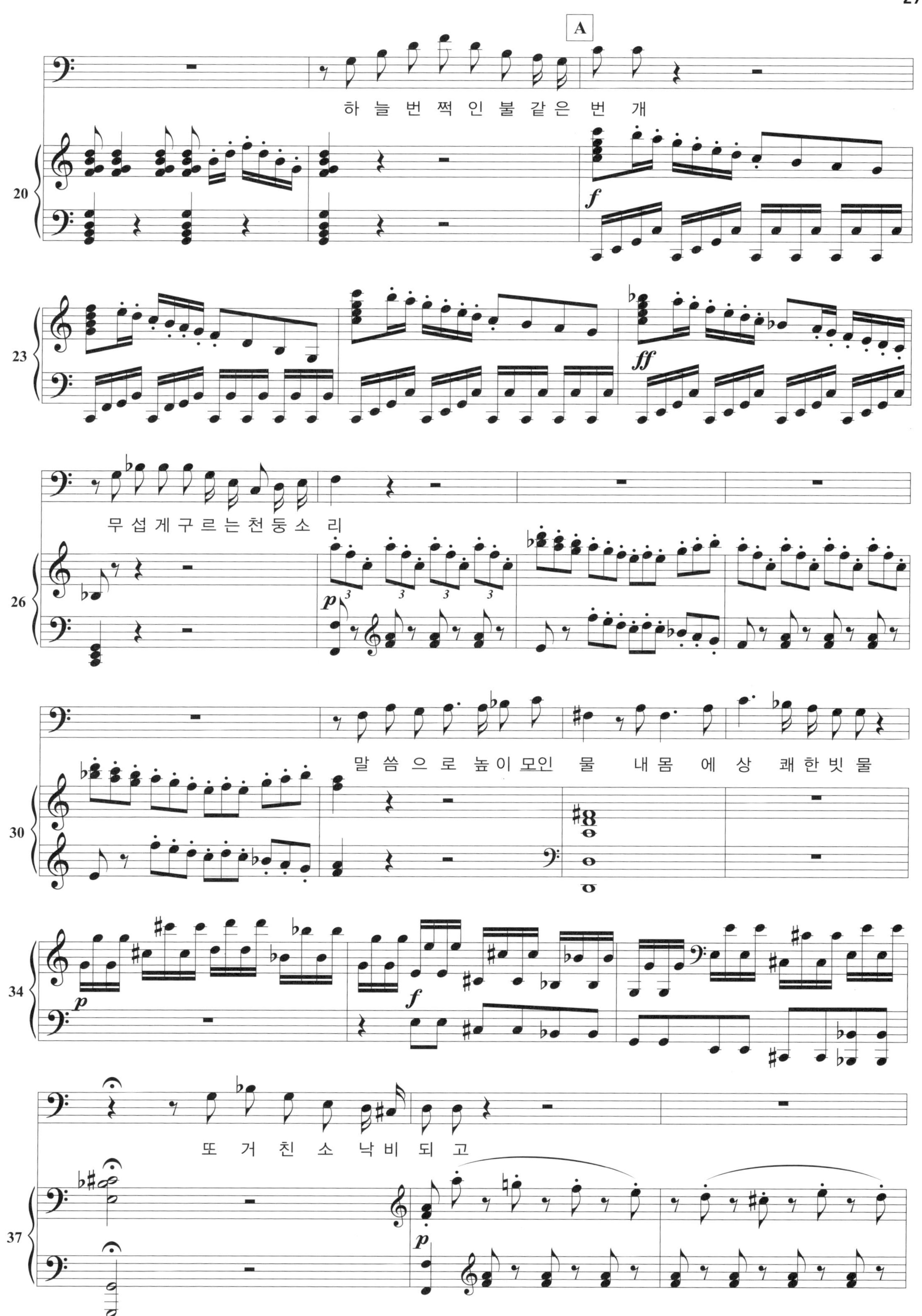
하 늘 번 쩍 인 불 같 은 번 개
무 섭 게 구 르 는 천 둥 소 리
말 씀 으 로 높 이 모 인 물 내 몸 에 상 쾌 한 빗 물
또 거 친 소 낙 비 되 고

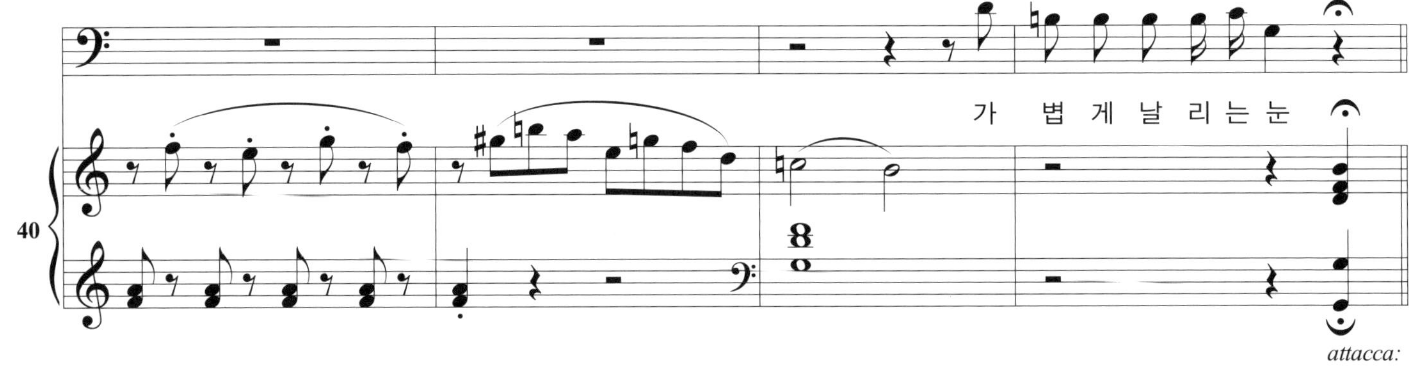

4. 놀라워 그가 하신 일

Solo. (*Gabriel*) und Chor. **Mit Staunen sieht das Wunderwerk**

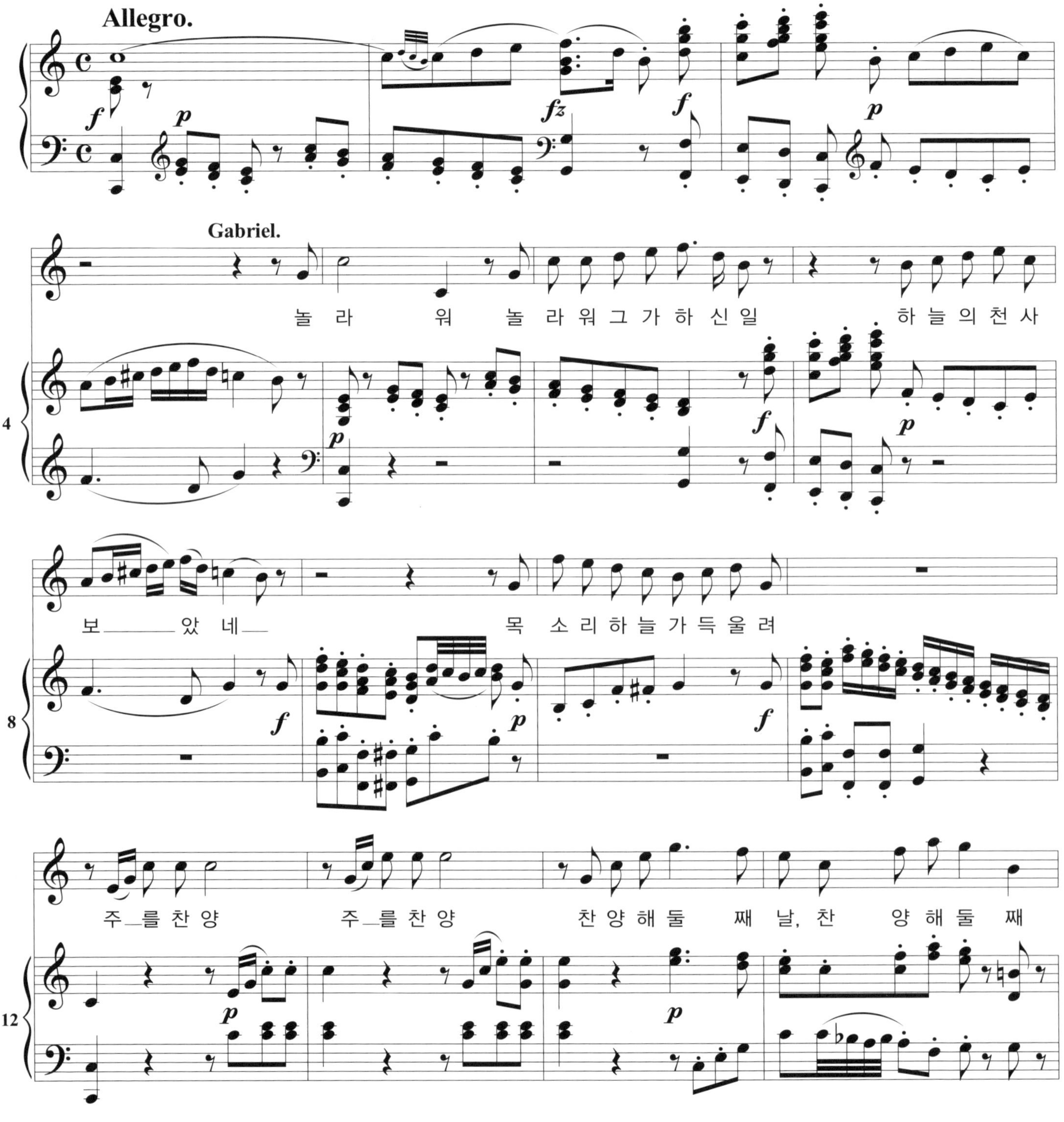

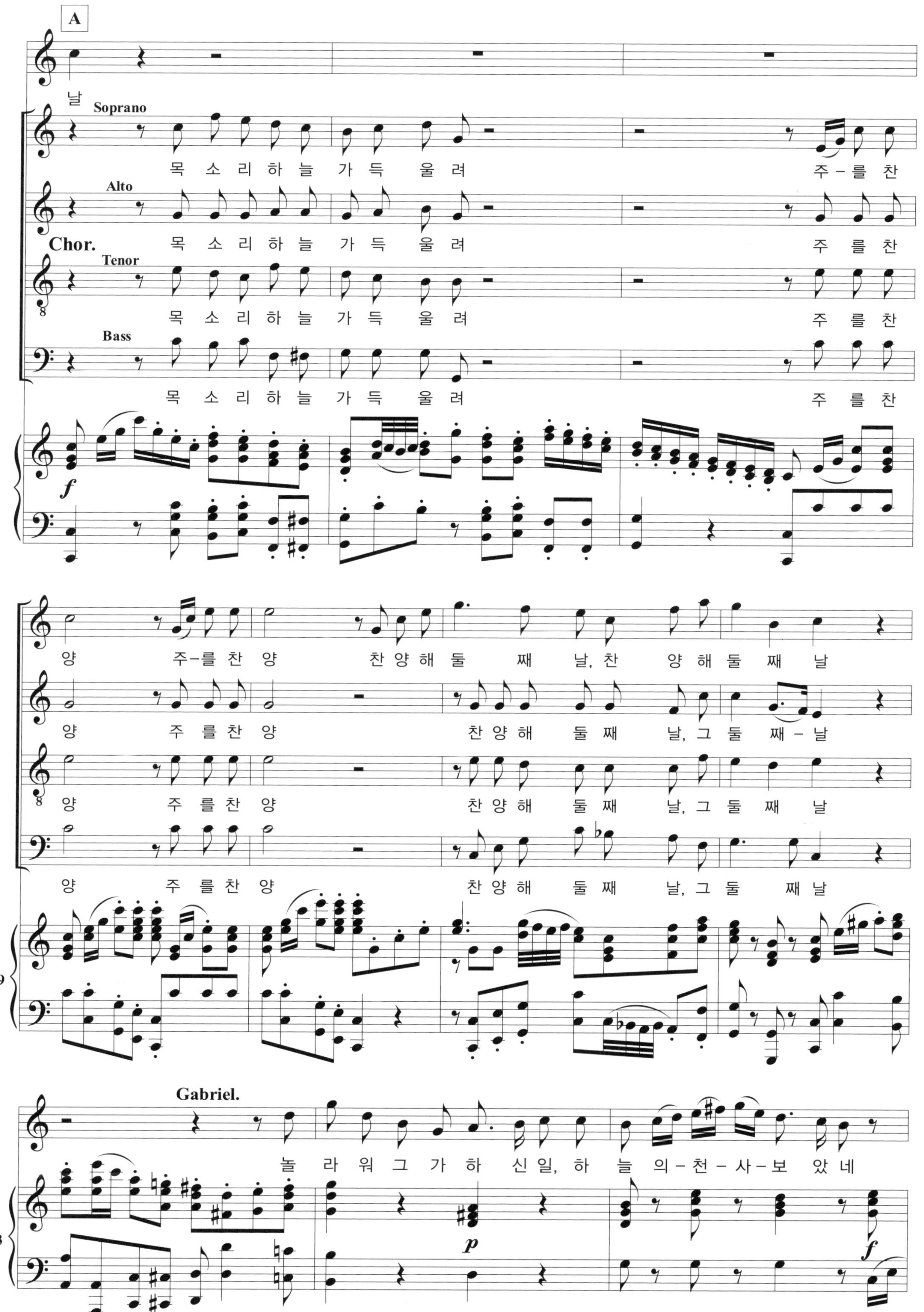

A
31
Soprano
Alto
Chor.
Tenor
Bass
Gabriel.
날
목 소 리 하 늘 가 득 울 려 주 - 를 찬
목 소 리 하 늘 가 득 울 려 주 를 찬
목 소 리 하 늘 가 득 울 려 주 를 찬
목 소 리 하 늘 가 득 울 려 주 를 찬
양 주 - 를 찬 양 찬 양 해 둘 째 날, 찬 양 해 둘 째 날
양 주 를 찬 양 찬 양 해 둘 째 날, 그 둘 째 - 날
양 주 를 찬 양 찬 양 해 둘 째 날, 그 둘 째 날
양 주 를 찬 양 찬 양 해 둘 째 날, 그 둘 째 날
놀 라 워 그 가 하 신 일, 하 늘 의 - 천 - 사 - 보 았 네
f
p
f
제1부 | 4. 놀라워 그가 하신 일

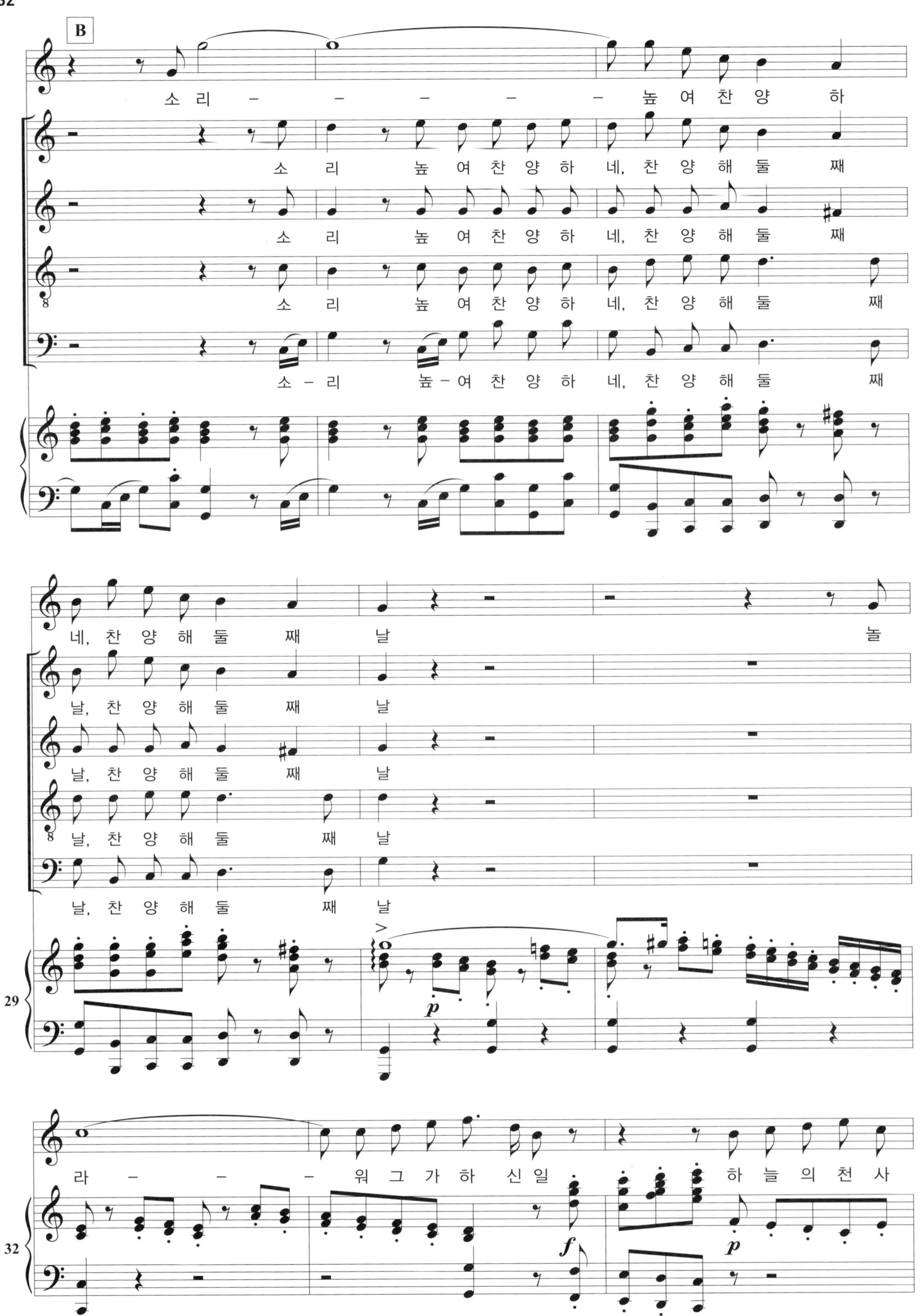
B
소 리 높여찬양하
소 리 높여찬양하네,찬양해둘째
소 리 높여찬양하네,찬양해둘째
소 리 높여찬양하네,찬양해둘째
소 리 높여찬양하네,찬양해둘째
네,찬양해둘째날 놀
날,찬양해둘째날
날,찬양해둘째날
날,찬양해둘째날
날,찬양해둘째날
라 워그가하신일 하늘의천사
29
32
f
p
p

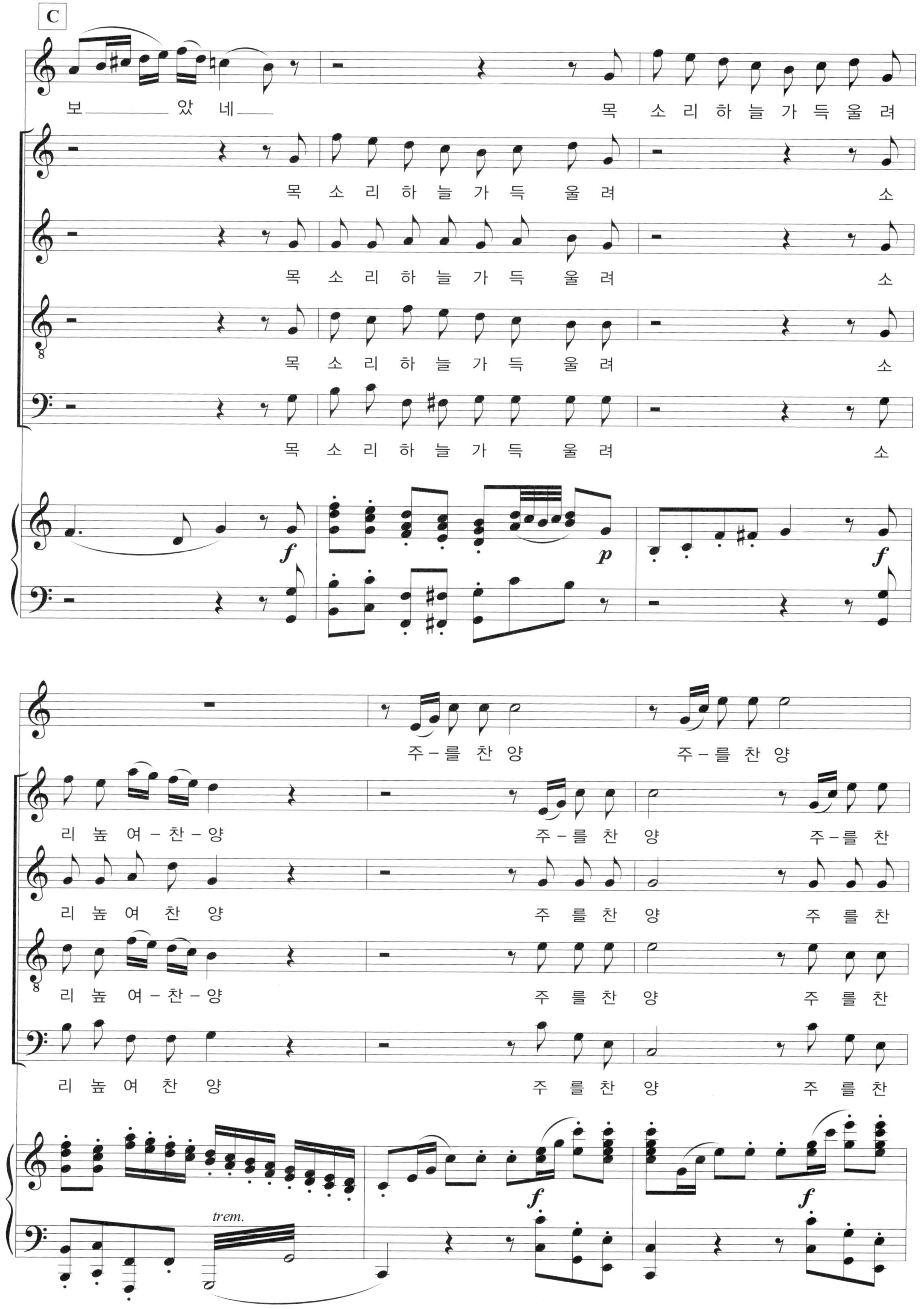

C
보 았 네 목 소 리 하 늘 가 득 울 려
목 소 리 하 늘 가 득 울 려 소
목 소 리 하 늘 가 득 울 려 소
목 소 리 하 늘 가 득 울 려 소
목 소 리 하 늘 가 득 울 려 소
주-를 찬 양 주-를 찬 양
리 높 여-찬-양 주-를 찬 양 주-를 찬
리 높 여 찬 양 주 를 찬 양 주 를 찬
리 높 여-찬-양 주 를 찬 양 주 를 찬
리 높 여 찬 양 주 를 찬 양 주 를 찬
trem.

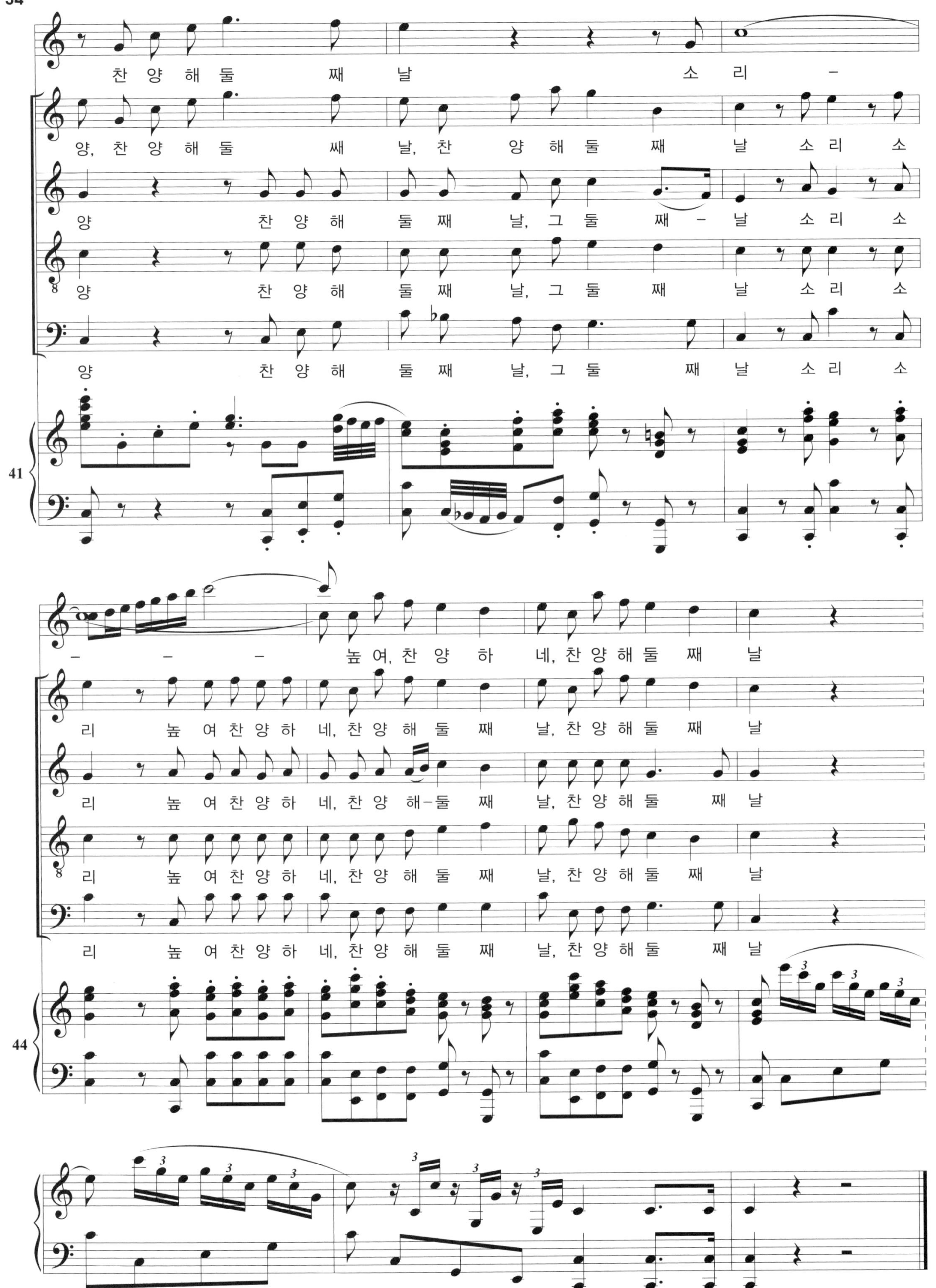
찬 양 해 둘 째 날 소 리
양, 찬 양 해 둘 쌔 날, 찬 양 해 둘 째 날 소 리 소
양 찬 양 해 둘 째 날, 그 둘 째 날 소 리 소
양 찬 양 해 둘 째 날, 그 둘 째 날 소 리 소
양 찬 양 해 둘 째 날, 그 둘 째 날 소 리 소
높 여, 찬 양 하 네, 찬 양 해 둘 째 날
리 높 여 찬 양 하 네, 찬 양 해 둘 째 날, 찬 양 해 둘 째 날
리 높 여 찬 양 하 네, 찬 양 해 둘 째 날, 찬 양 해 둘 째 날
리 높 여 찬 양 하 네, 찬 양 해 둘 째 날, 찬 양 해 둘 째 날

5. 하나님 말하시길 천하의 물 모두
Recit. (*Raphael*) Und Gott sprach:Es sammle sich das Wasser

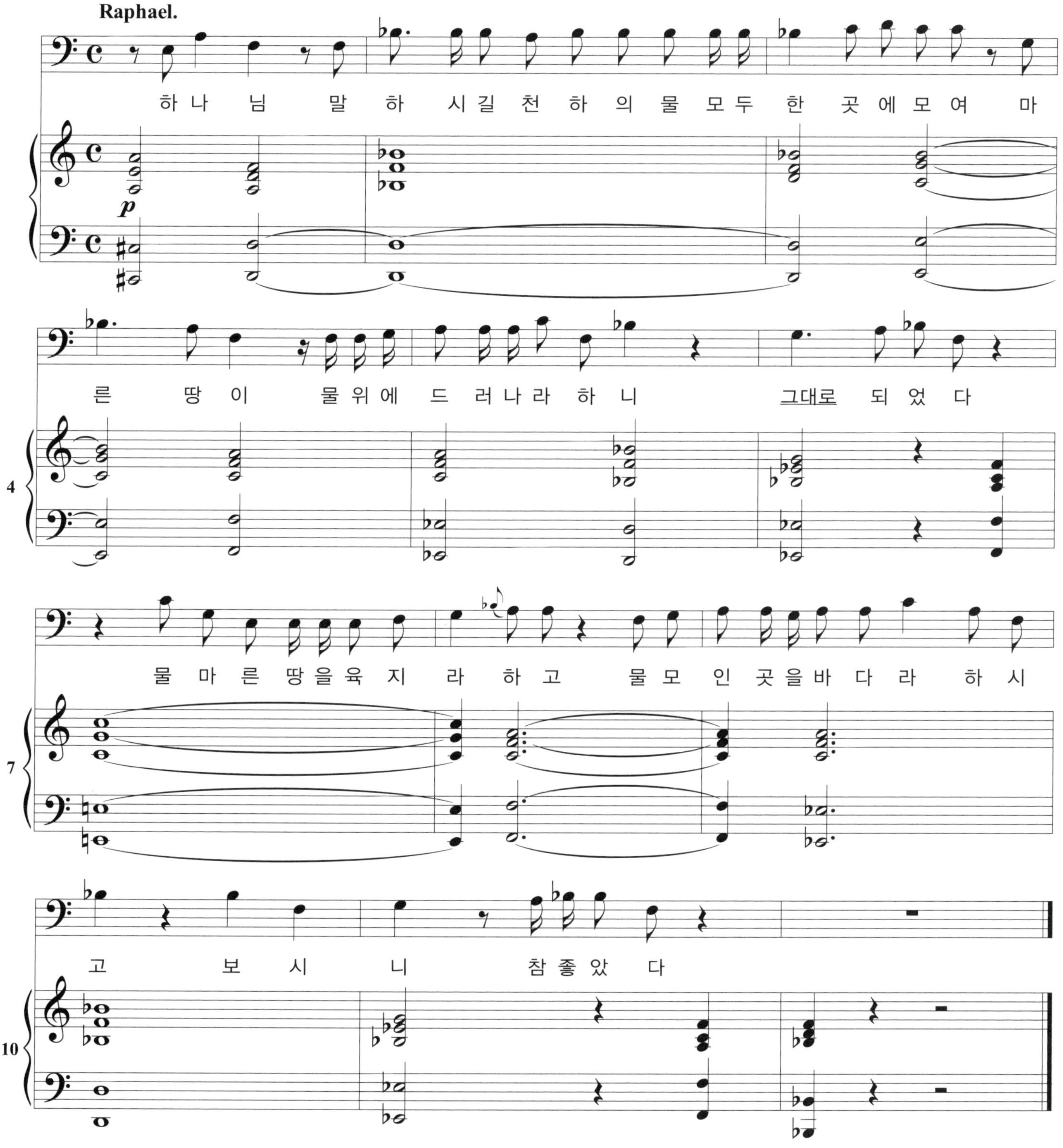

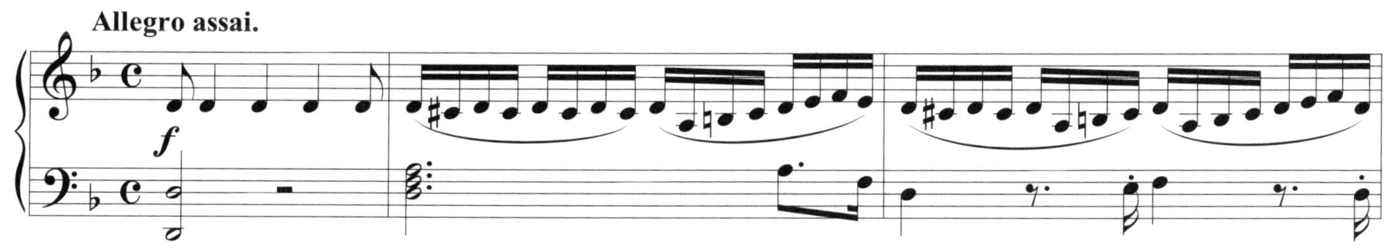

6. 거칠고 요동치는 물결
Arie. (*Raphael*) Rollend in schaumenden Wellen

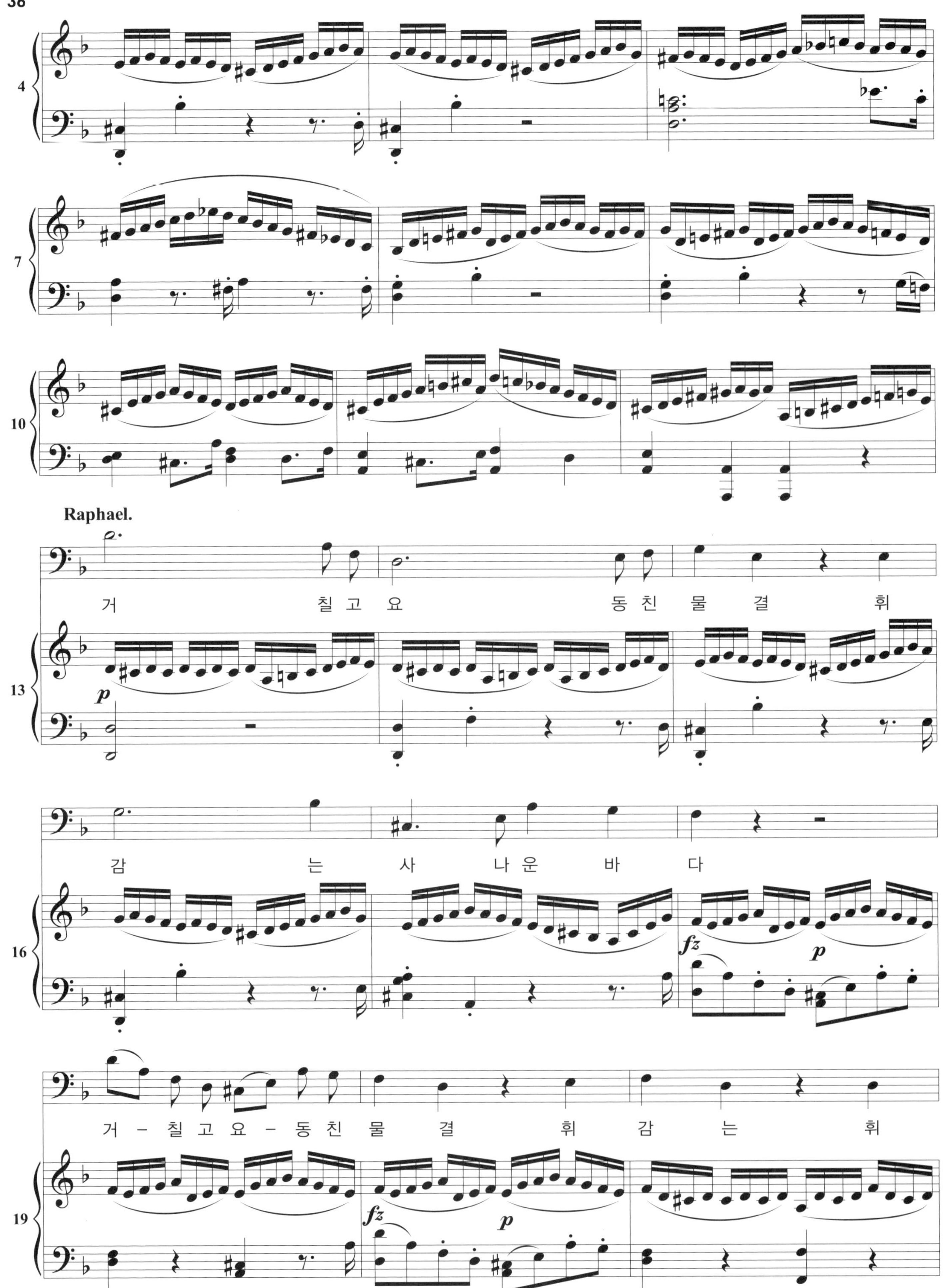
Raphael.
p
거 칠 고 요 동 친 물 결 휘
감 는 사 나 운 바 다
fz
p
거 – 칠 고 요 – 동 친 물 결 휘 감 는 휘
fz
p

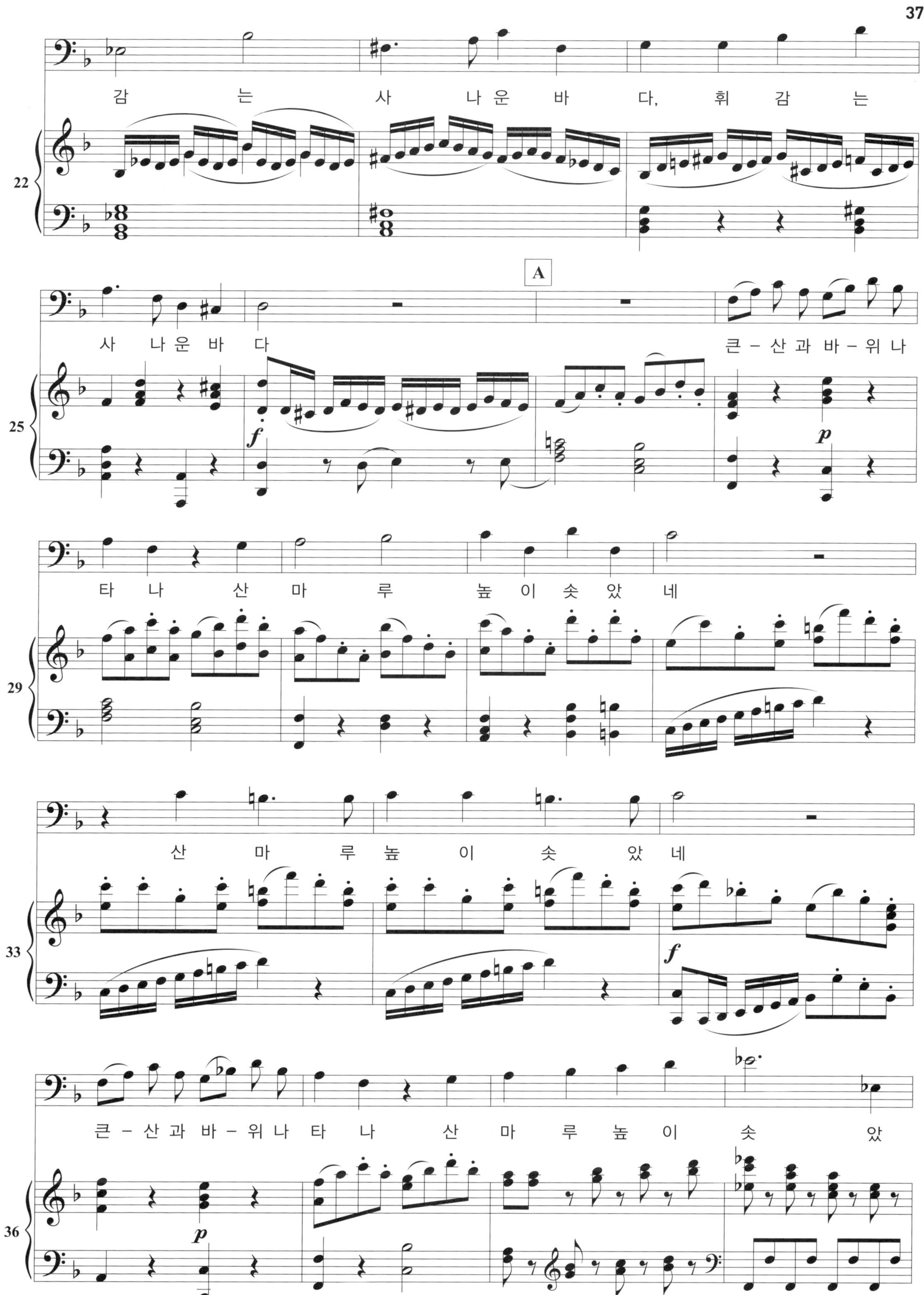
감 는 사 나 운 바 다, 휘 감 는
사 나 운 바 다
큰 - 산 과 바 - 위 나
타 나 산 마 루 높 이 솟 았 네
산 마 루 높 이 솟 았 네
큰 - 산 과 바 - 위 나 타 나 산 마 루 높 이 솟 았
A

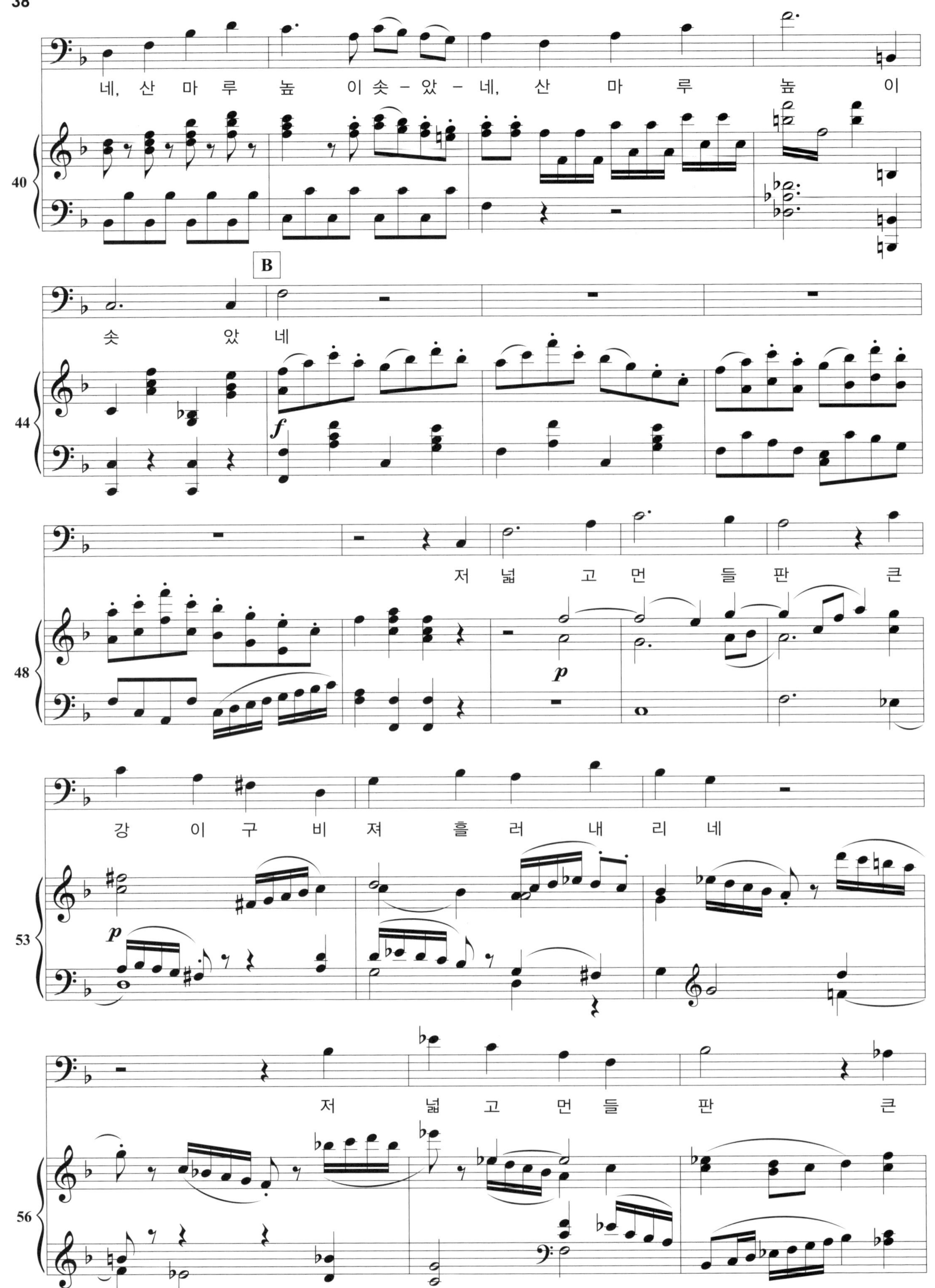
네, 산 마 루 높 이 솟 - 았 - 네, 산 마 루 높 이
솟 았 네
저 넓 고 먼 들 판 큰
강 이 구 비 져 흘 러 내 리 네
저 넓 고 먼 들 판 큰

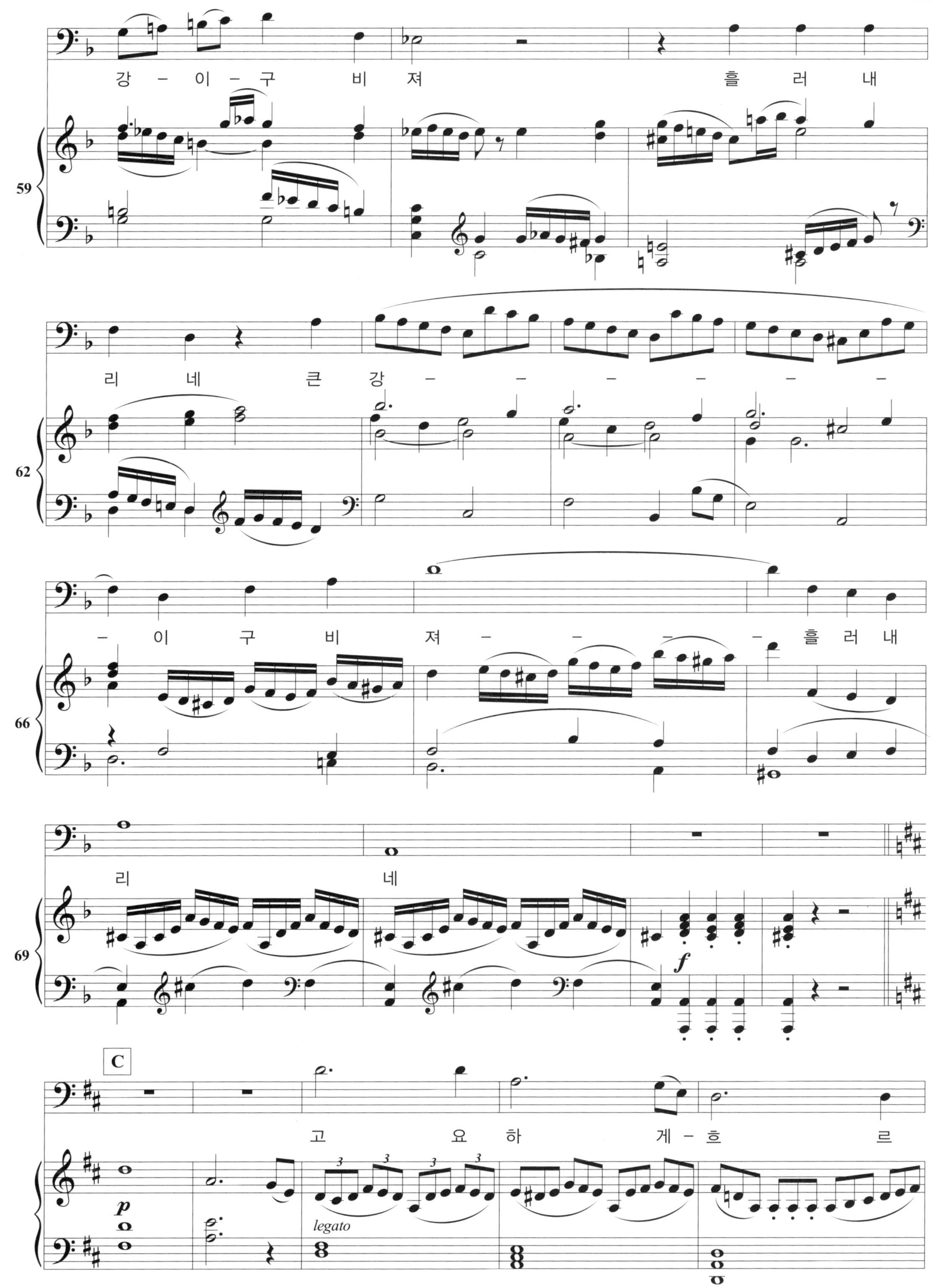
강 - 이 - 구 비 져
흘 러 내
리 네 큰 강 - - - - - -
- 이 구 비 져 - - - - 흘 러 내
리 네
고 요 하 게 - 흐 르
59
62
66
69
p
legato
f
C

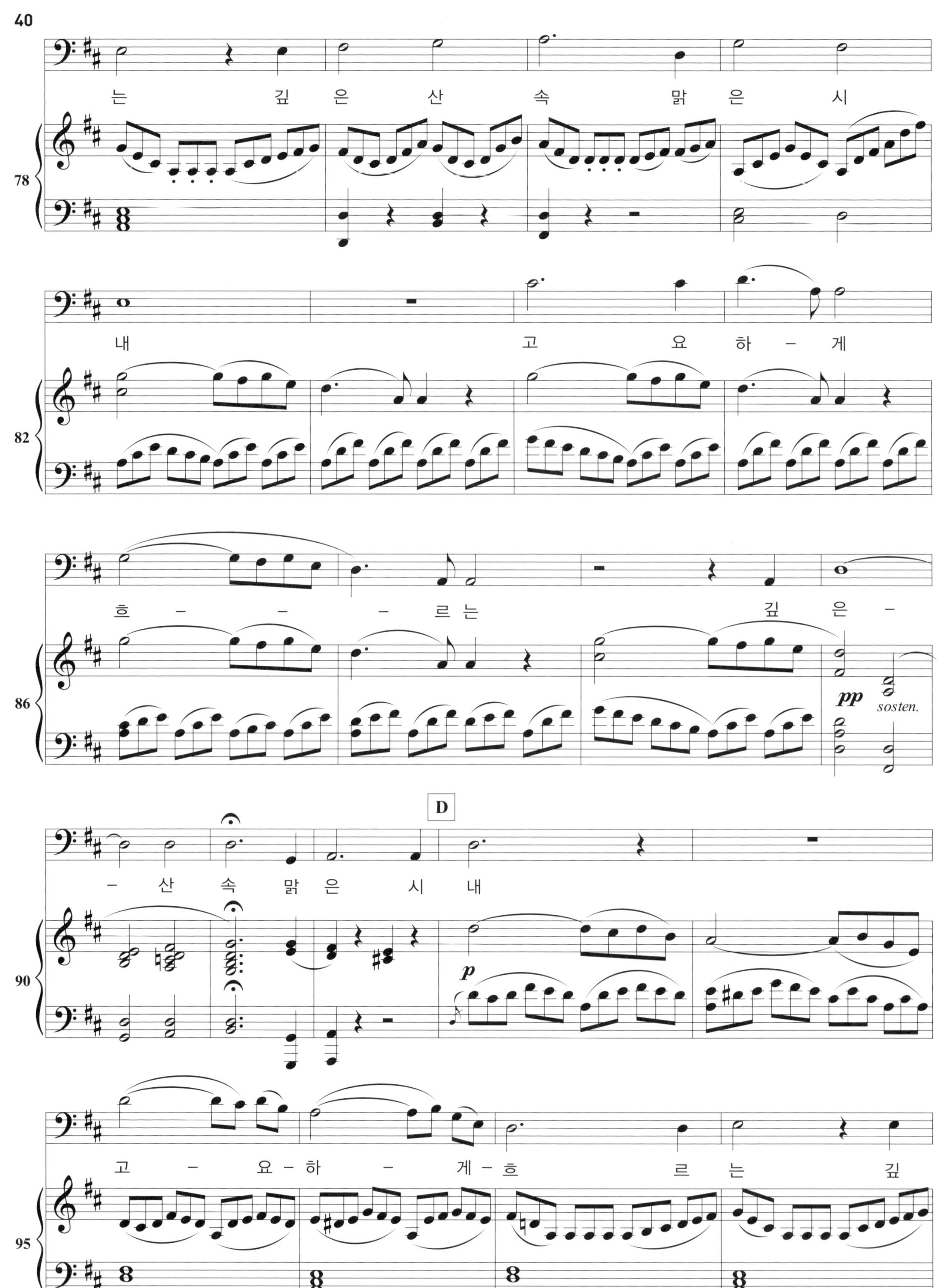
40
78
82
86
90
95
D
pp
sosten.
p
는 깊 은 산 속 맑 은 시
내
고 요 하 게
흐 르 는
깊 은
산 속 맑 은 시 내
고 요 하 게 흐 르 는 깊

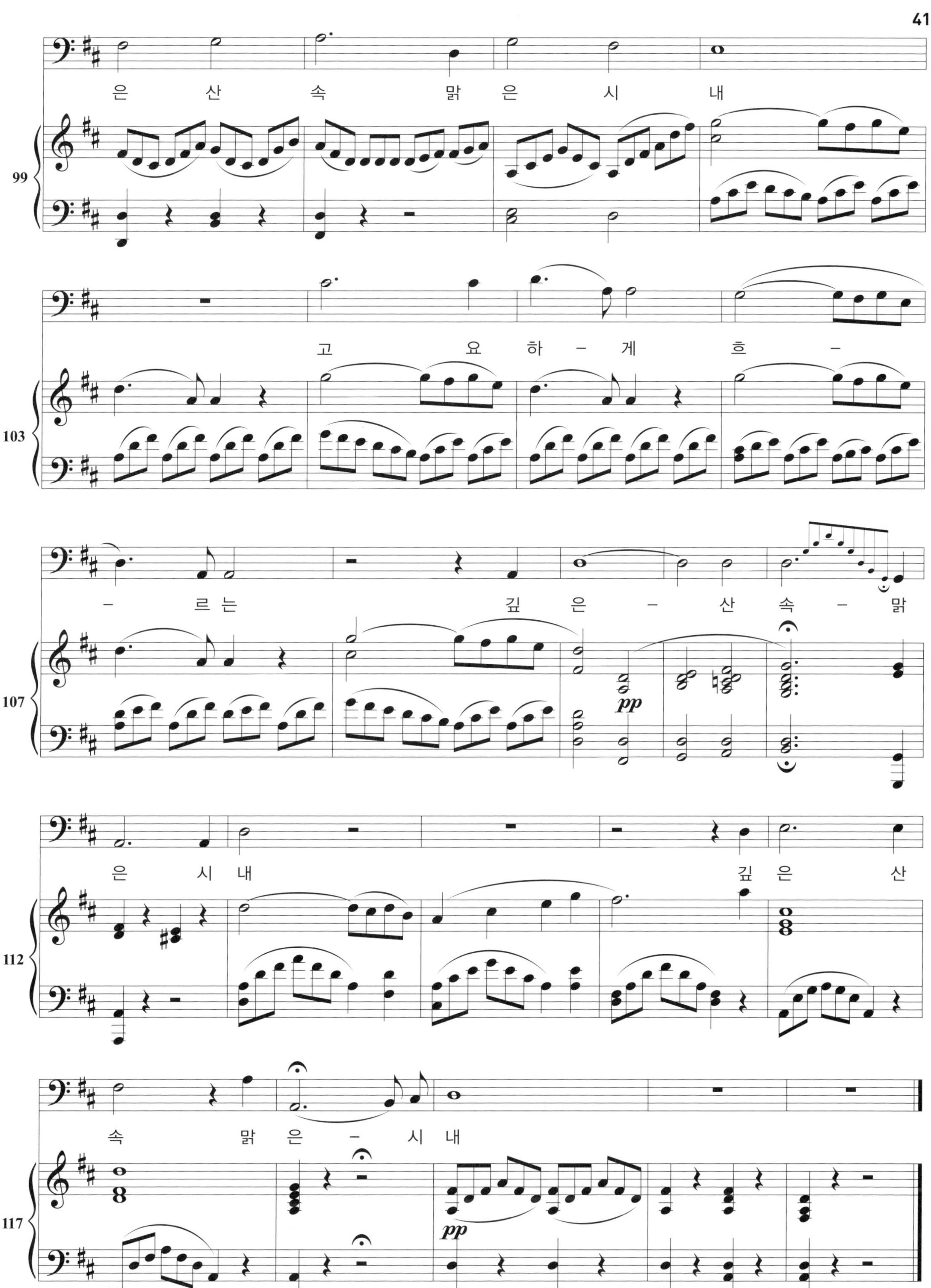
은 산 속 맑은 시 내
고 요 요 하 게 흐 —
— 르 는 깊 은 — 산 속 — 맑
은 시 내 깊 은 산
속 맑 은 — 시 내
pp
pp

7. 하나님 또 말씀하시길 땅 위에 풀들
Recit. (*Gabriel*) Und Gott sprach: Es ringe die Erde Gras hervor

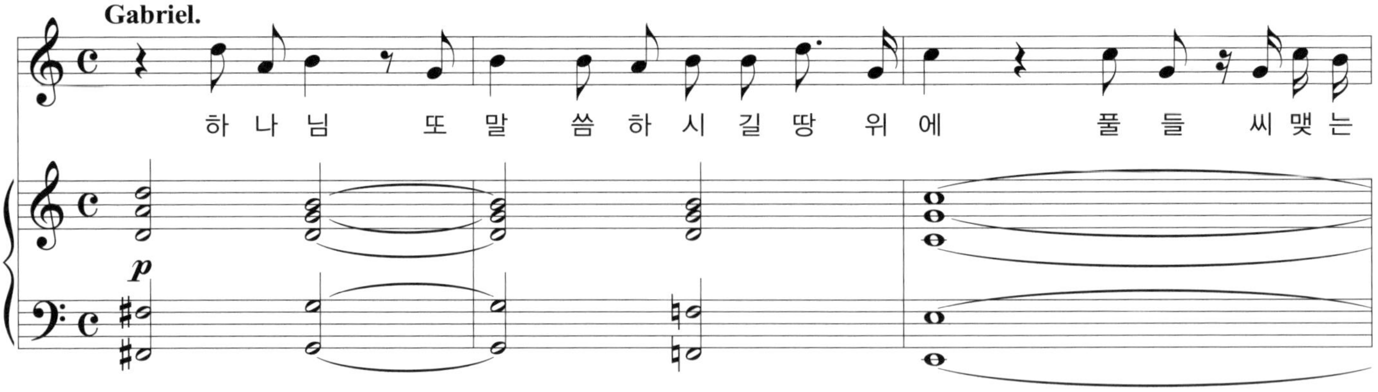

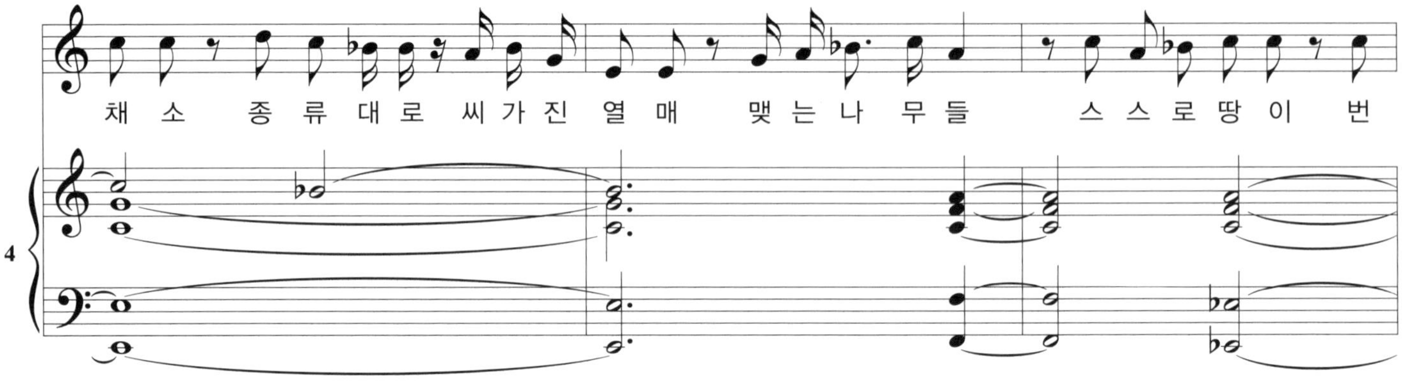

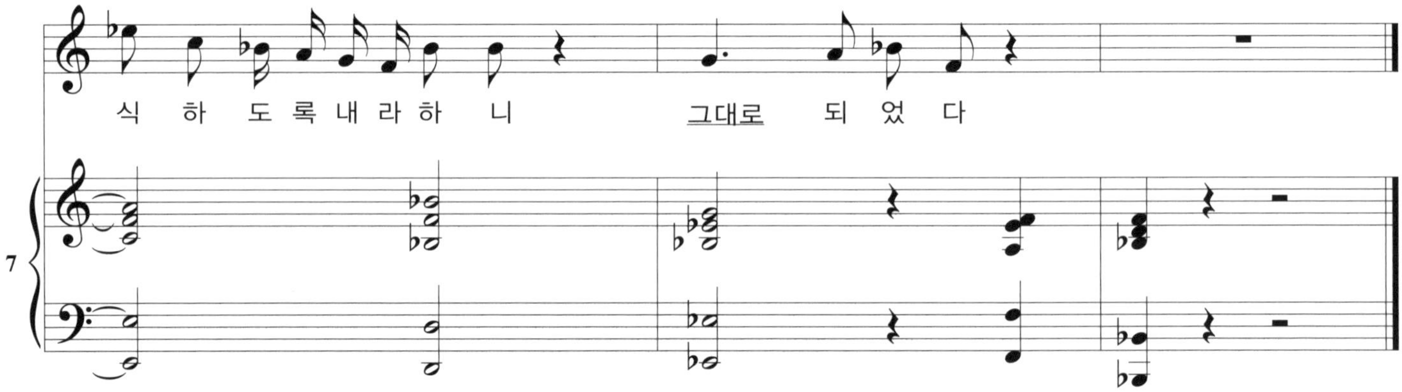

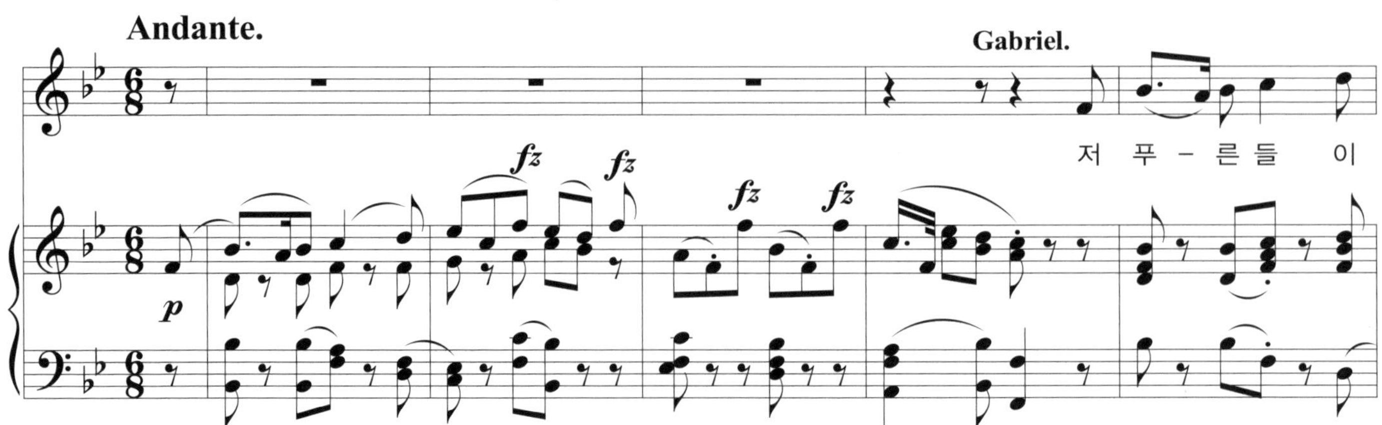

8. 저 푸른 들 이뤄지고
Arie. (*Gabriel*) Nun beut die flur das frische Grün

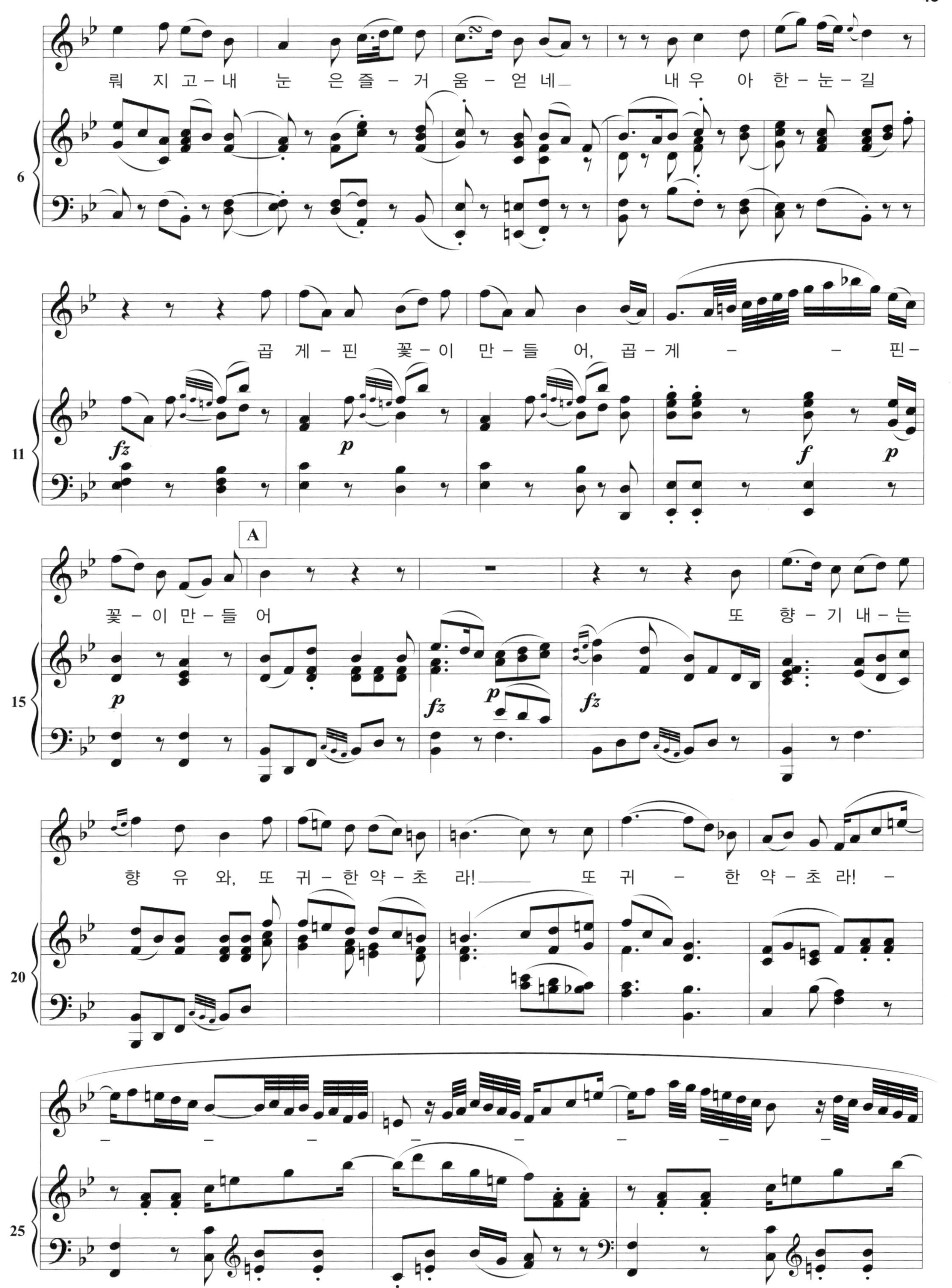

러 지 고 내 눈 은 즐 - 거 움 - 얻 네 _ 내 우 아 한 - 눈 - 길
곱 게 - 핀 꽃 - 이 만 - 들 어, 곱 - 게 - - 핀 -
꽃 - 이 만 - 들 어
또 향 - 기 내 - 는
향 유 와, 또 귀 - 한 약 - 초 라! _____ 또 귀 - 한 약 - 초 라! -

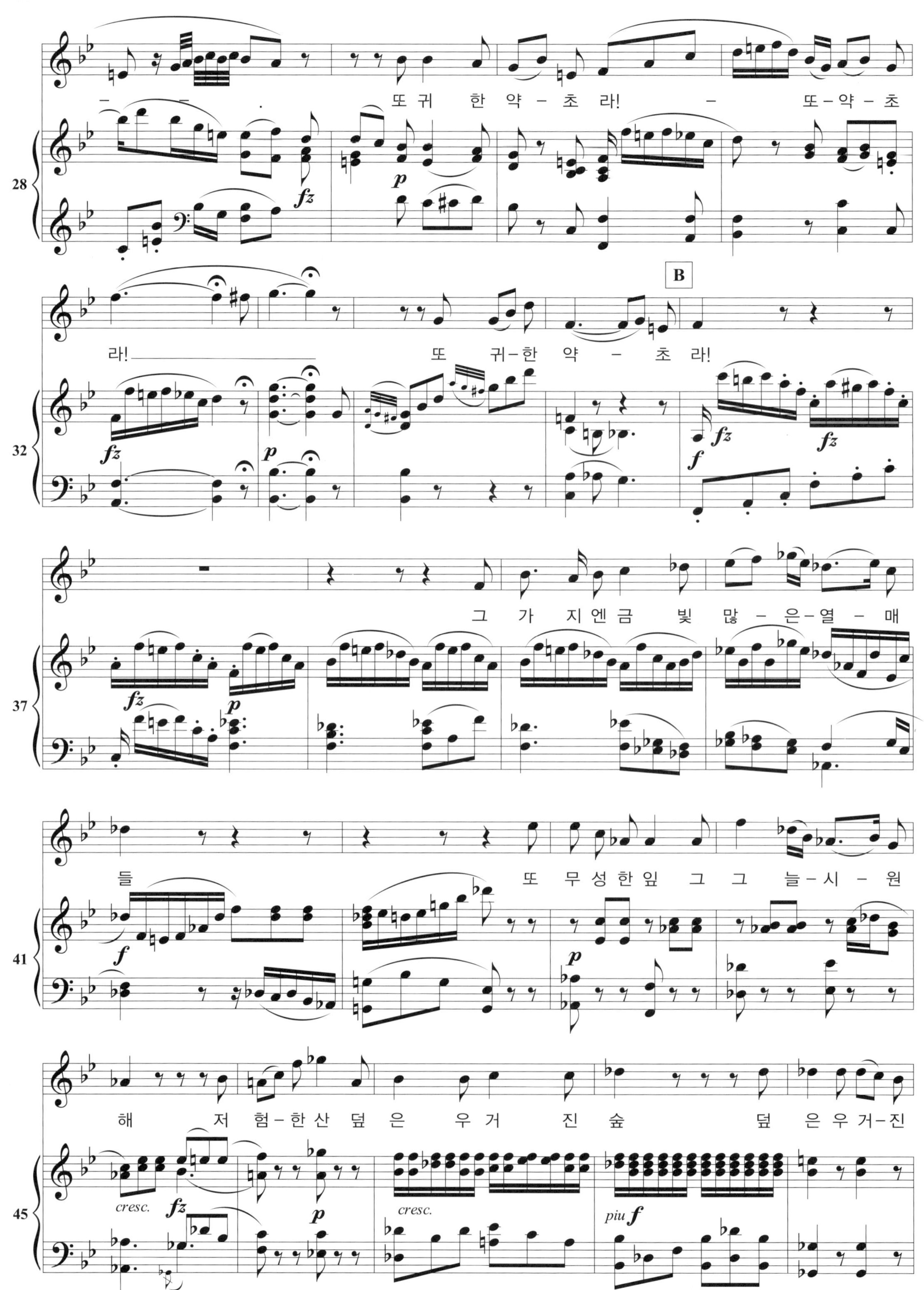
또 귀 한 약 - 초 라! - 또 - 약 - 초
라! 또 귀 - 한 약 - 초 라!
그 가 지 엔 금 빛 많 - 은 - 열 - 매
들 또 무 성 한 잎 그 그 늘 - 시 - 원
해 저 험 - 한 산 덮 은 우 거 진 숲 덮 은 우 거 - 진

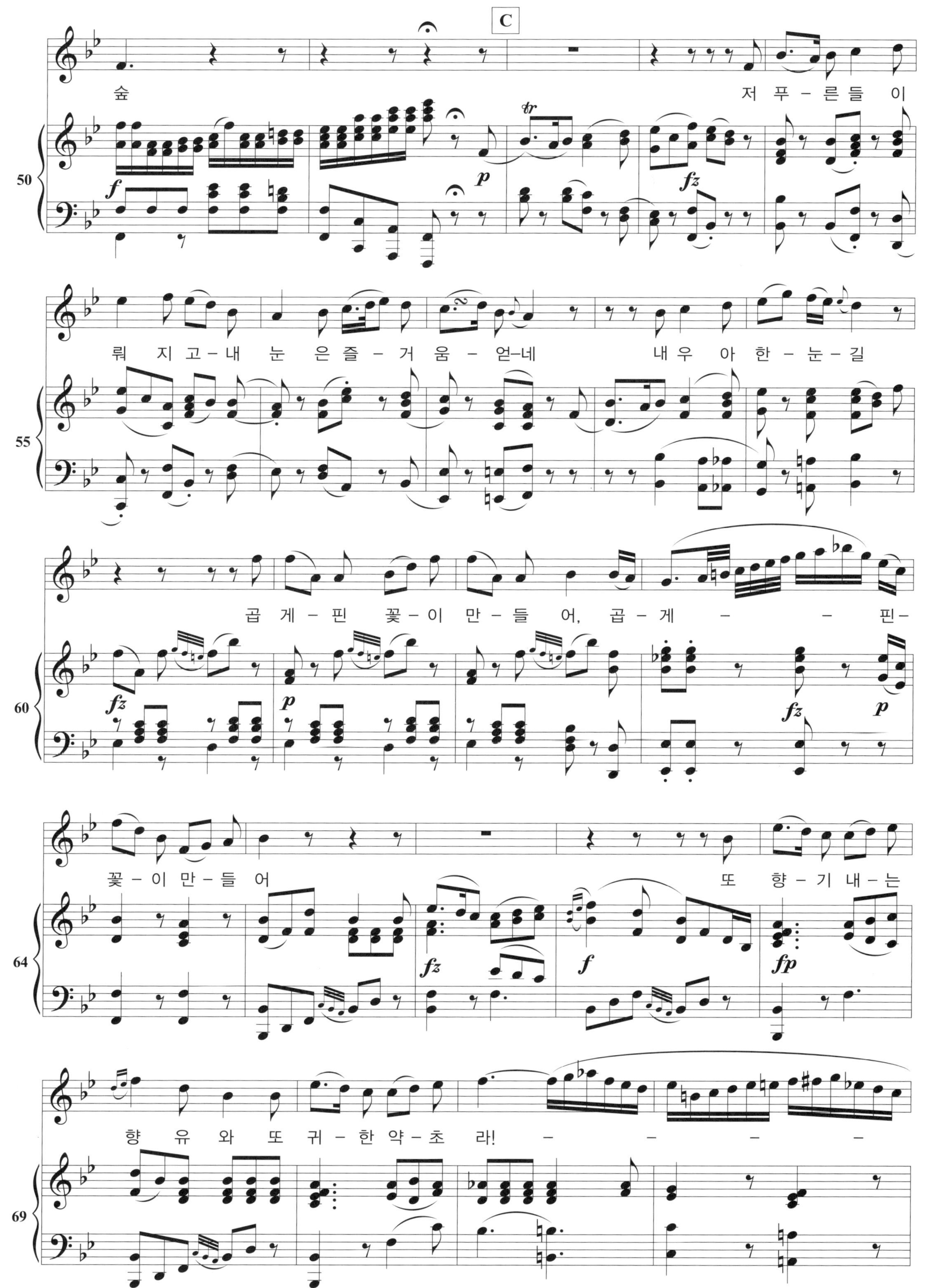
C
숲
저 푸-른 들 이
50
f
tr
p
fz
뤄 지 고 - 내 눈 은 즐 - 거 움 - 얻 - 네
내 우 아 한 - 눈 - 길
55
곱 게 - 핀 꽃 - 이 만 - 들 어, 곱 - 게 - - - 핀 -
60
fz
p
fz
p
꽃 - 이 만 - 들 어
또 향 - 기 내 - 는
64
fz
f
fp
향 유 와 또 귀 - 한 약 - 초 라!
69

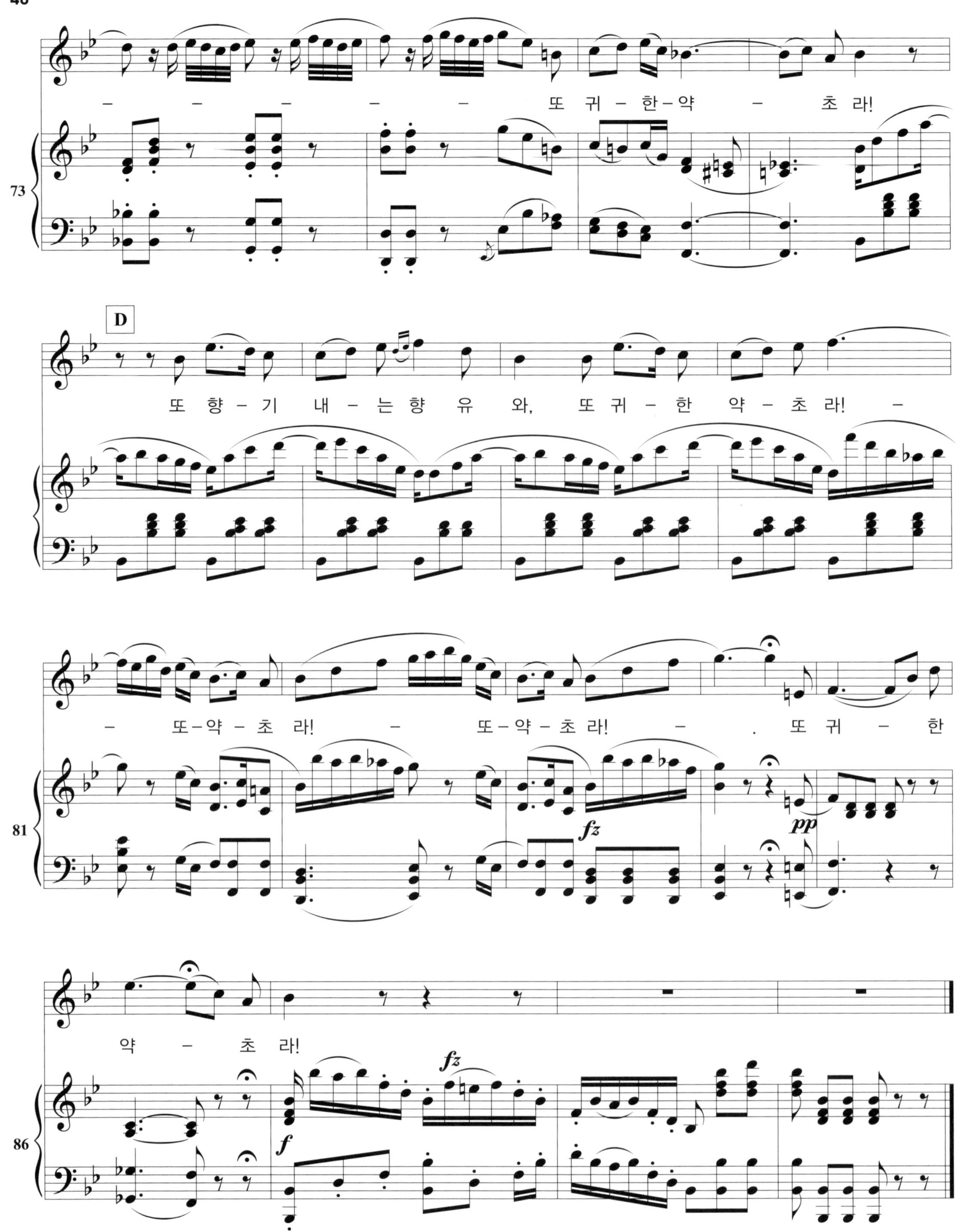
또 귀-한-약 - 초 라!
또 향-기 내-는 향 유 와, 또 귀 한 약-초 라! -
- 또-약-초 라! - 또-약-초 라! - . 또 귀 - 한
약 - 초 라!
D
fz
pp
fz
f
73
81
86

9. 또 저 하늘의 천사들
Recit. (*Uriel*) Und die himmlischen Heerschaaren

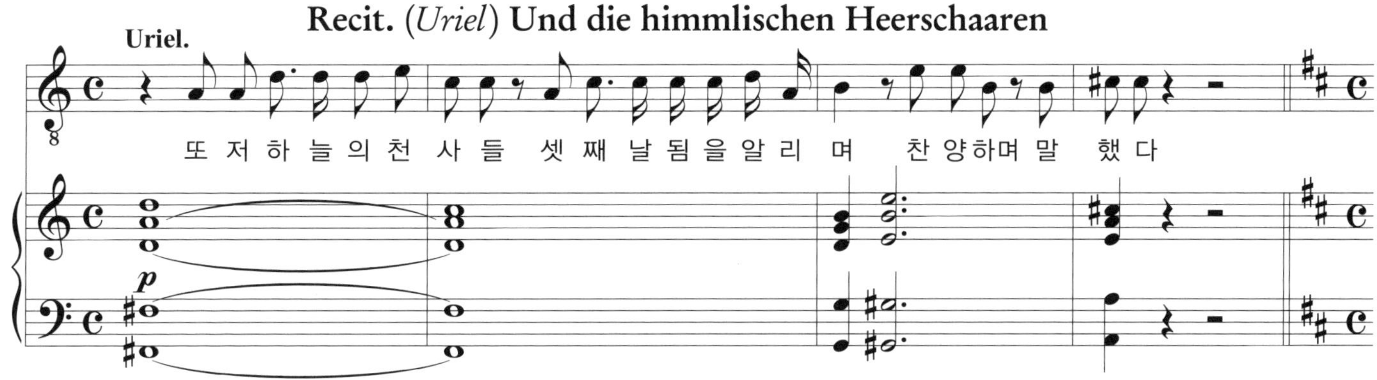

10. 거문고 들고 비파를 뜯어
Chor. Stimmt an die Saiten

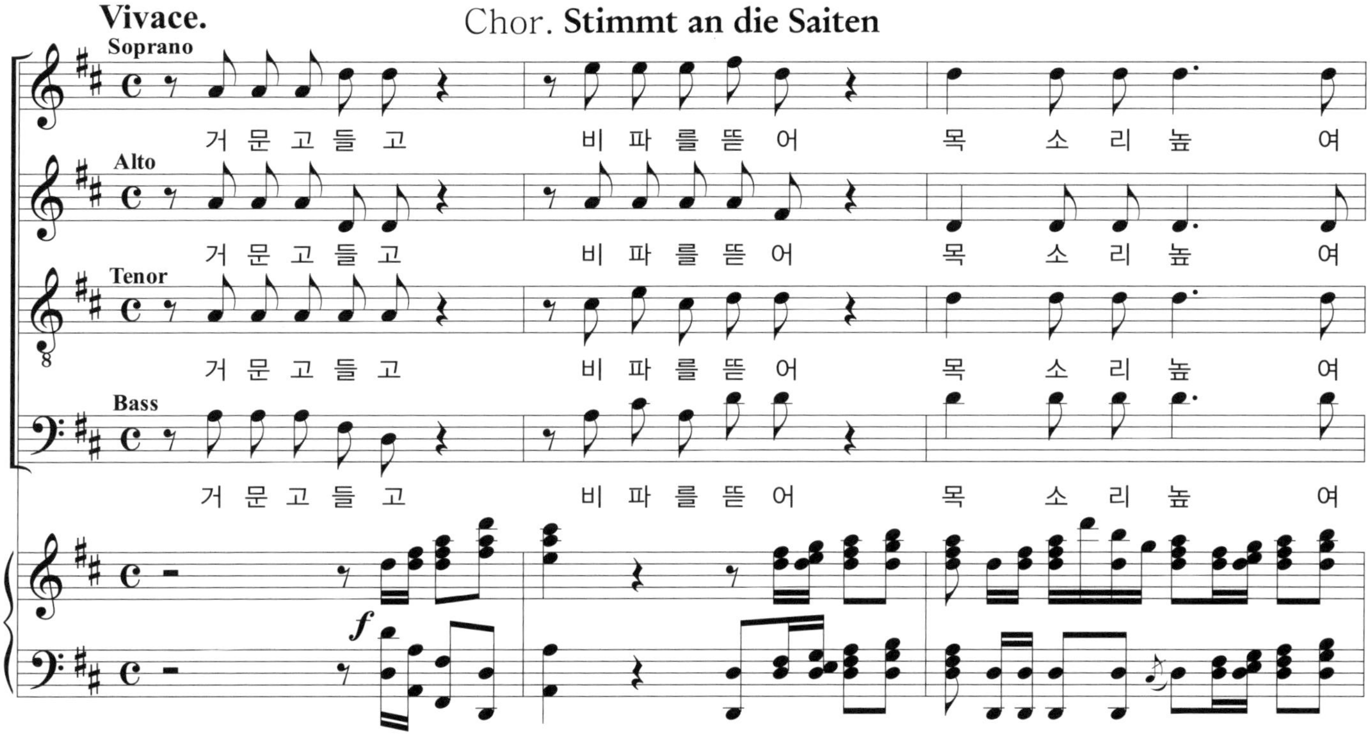

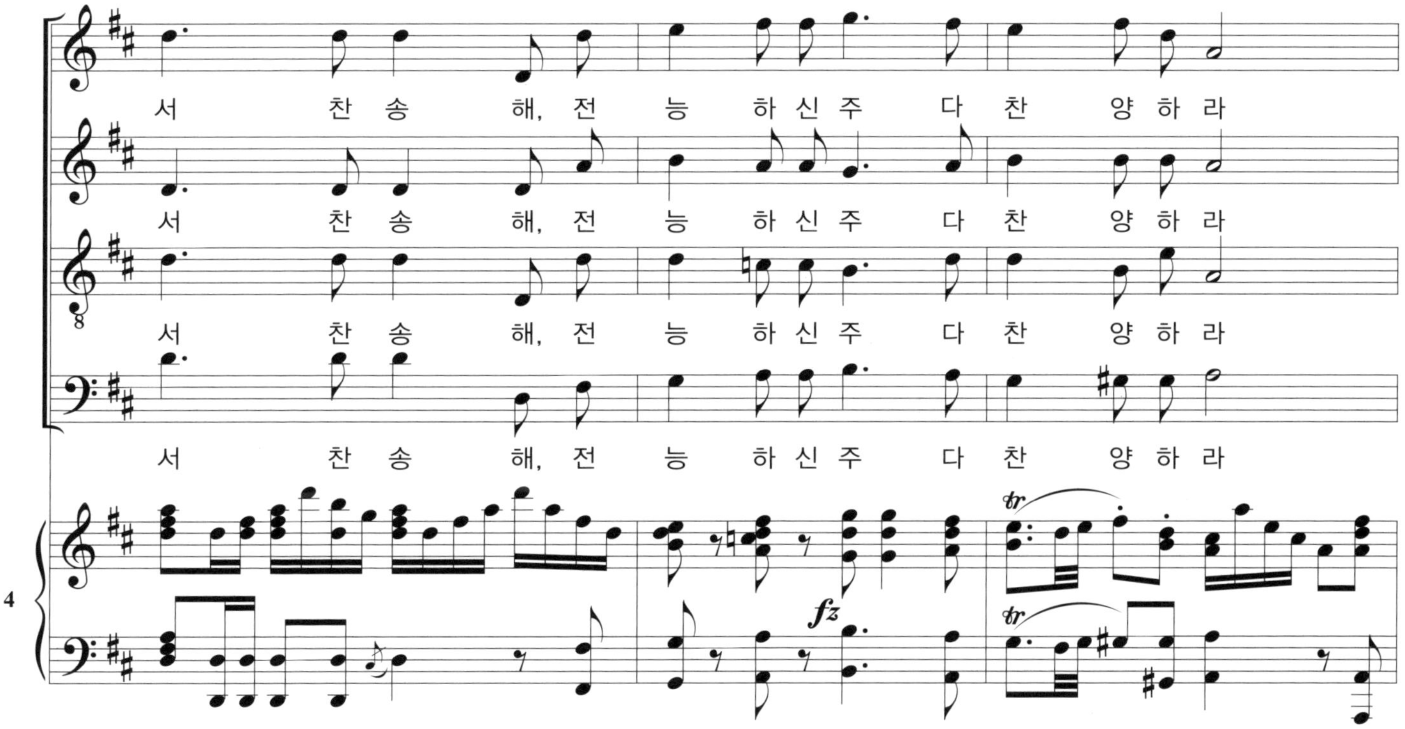

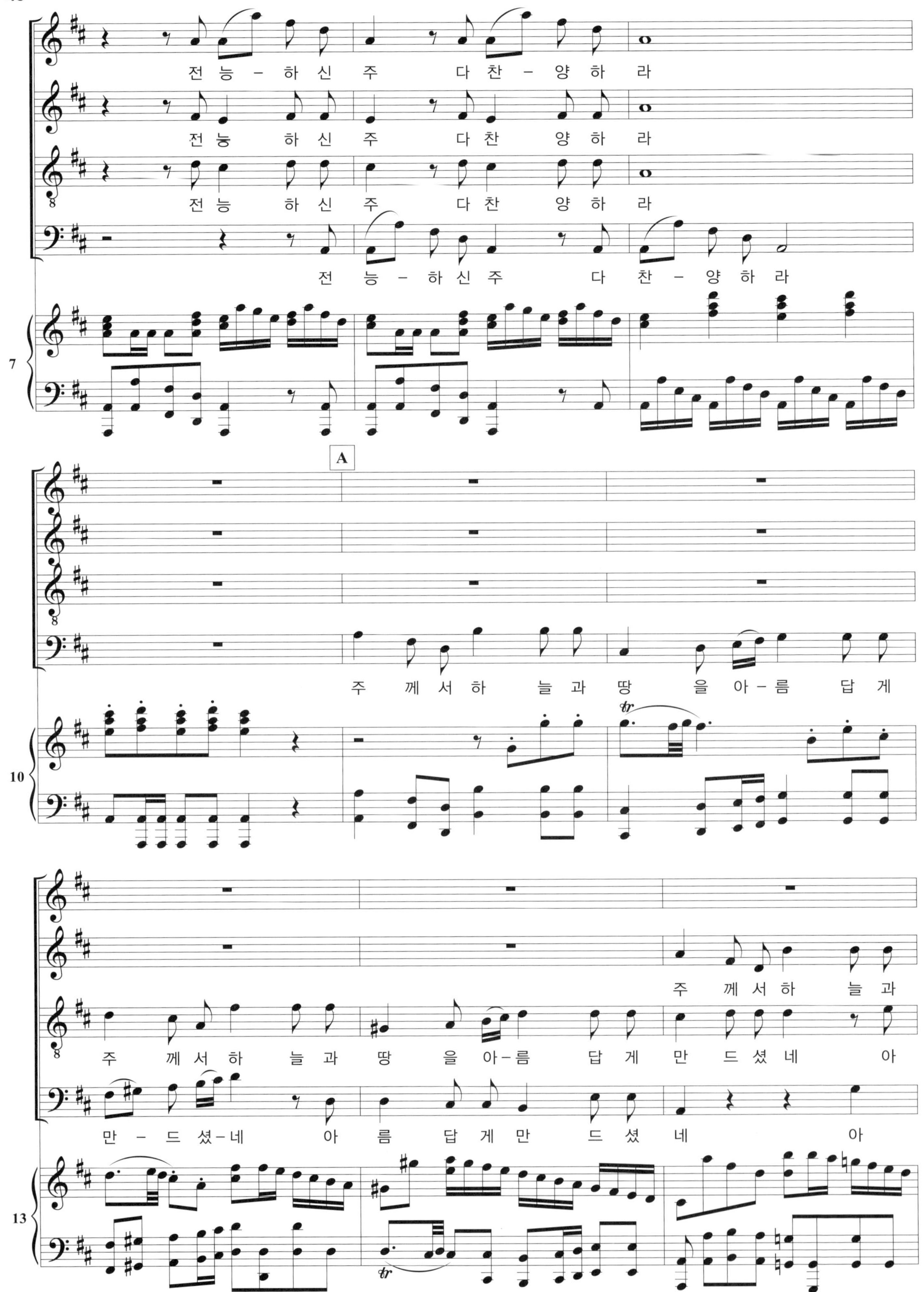

전 능－하신주 다 찬－양하라
전 능 하신주 다찬 양하라
전 능 하신주 다찬 양하라
전 능－하신주 다 찬－양하라
주 께서하 늘과 땅 을아－름 답게
주 께서하 늘과
주 께서하 늘과 땅 을아름 답게만 드셨네 아
만 － 드 셨－네 아 름 답게만 드 셨네 아

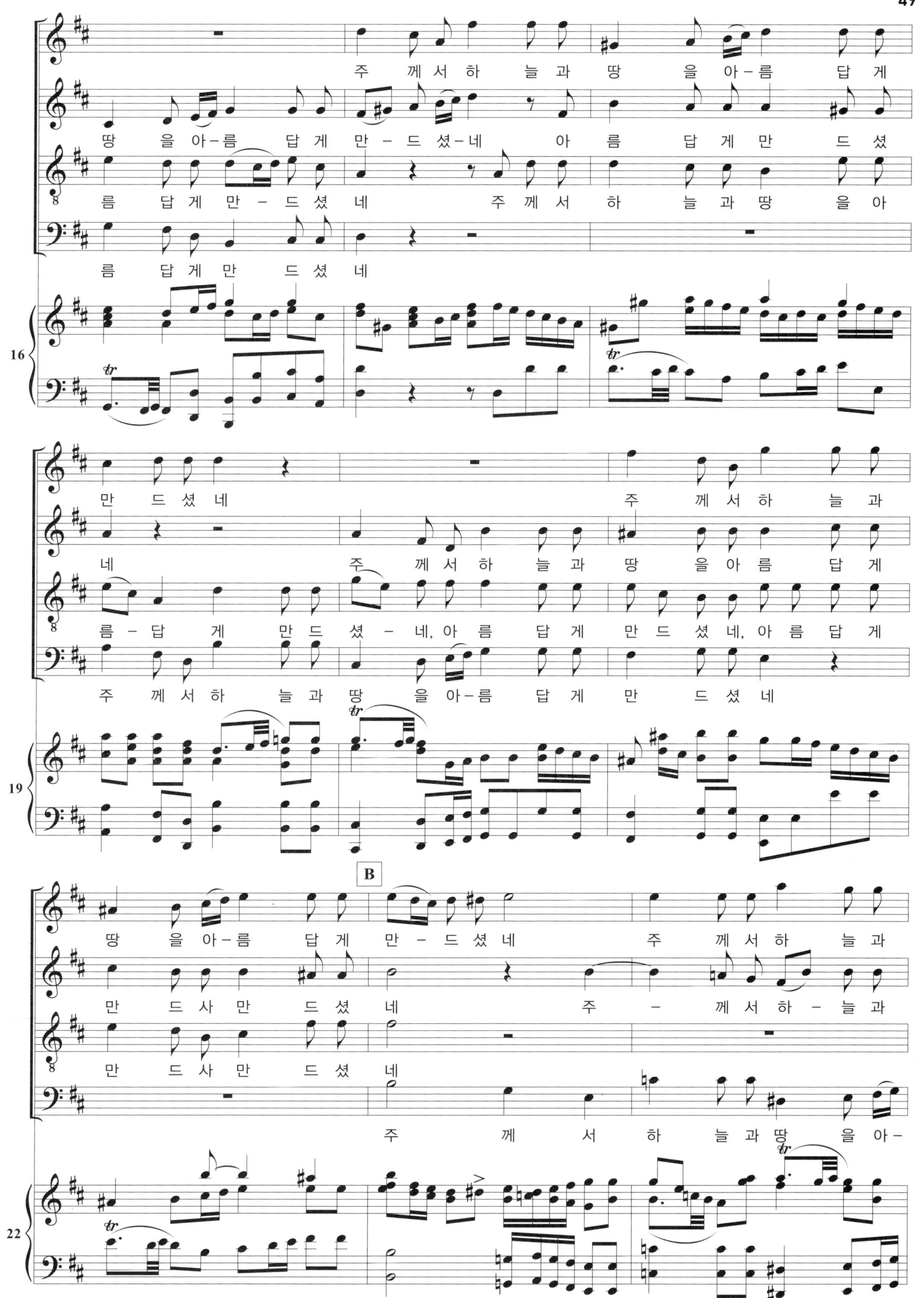
주 께서하 늘과 땅 을 아름 답게
땅 을 아름 답게 만 드 셨네 아 름 답게 만 드 셨
름 답게 만 드셨 네 주 께서 하 늘 과땅 을 아
만 드 셨네 주 께 서하 늘 과
네 주 께서하 늘과 땅 을 아름 답게
름 답 게 만 드 셨 네,아름 답 게 만 드 셨 네,아름 답게
주 께서하 늘과 땅 을 아름 답게 만 드 셨네
땅 을 아름 답게 만 드셨네 주 께서하 늘 과
만 드 사만 드 셨 네 주 께서하 늘과
만 드 사만 드 셨 네
주 께 서 하 늘 과땅 을 아

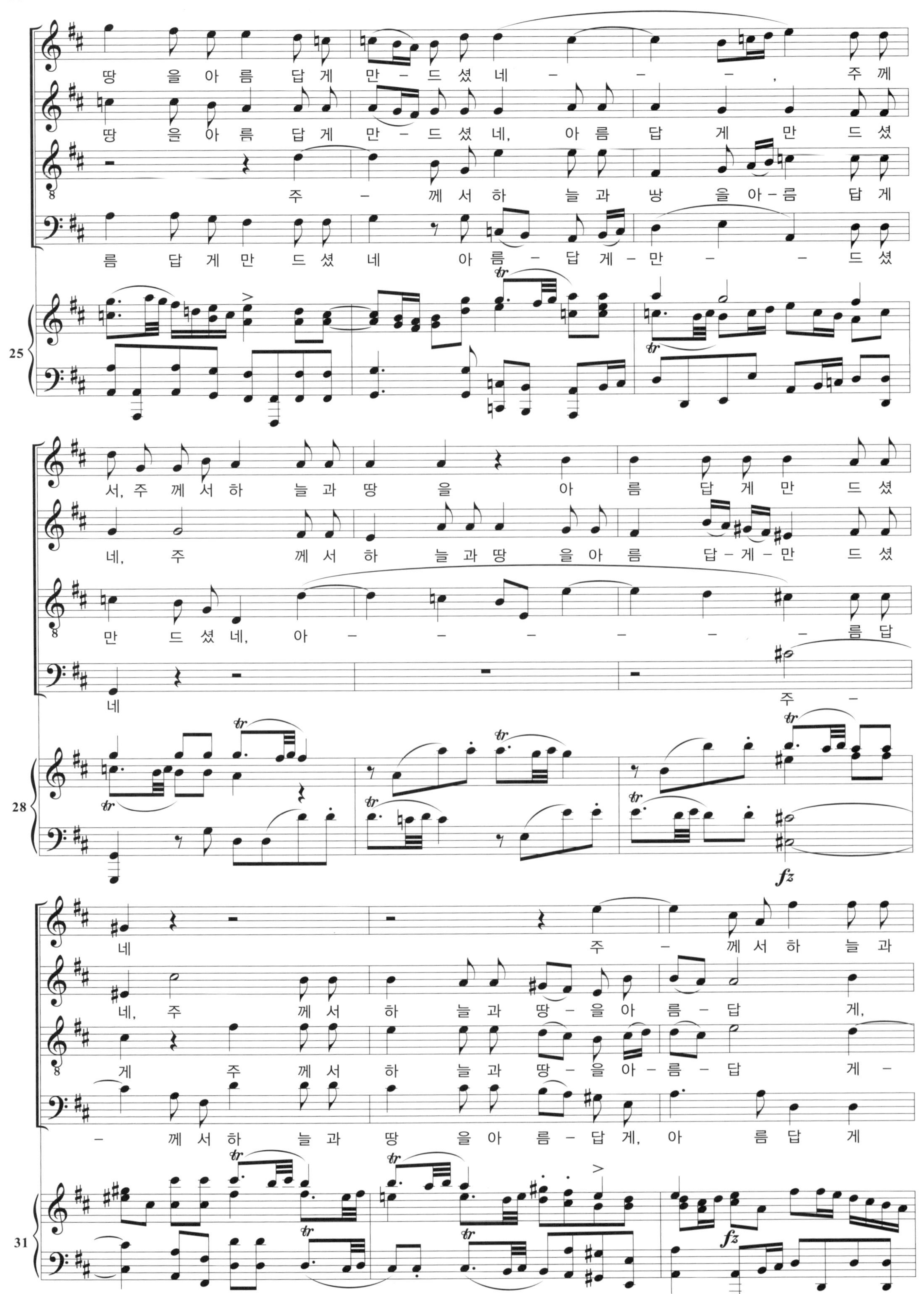
땅을아름답게만-드셨네---, 주께
땅을아름답게만-드셨네, 아름답게만드셨
주-께서하늘과낭을아름답게
름답게만드셨네아름-답게-만--드셨
서, 주께서하늘과땅을아름답게만드셨
네, 주께서하늘과땅을아름답-게-만드셨
만드셨네, 아--------름답
네
네
네, 주께서하늘과땅-을아름-답게,
게주께서하늘과땅-을아름-답게-
-께서하늘과땅을아름-답게, 아름답게

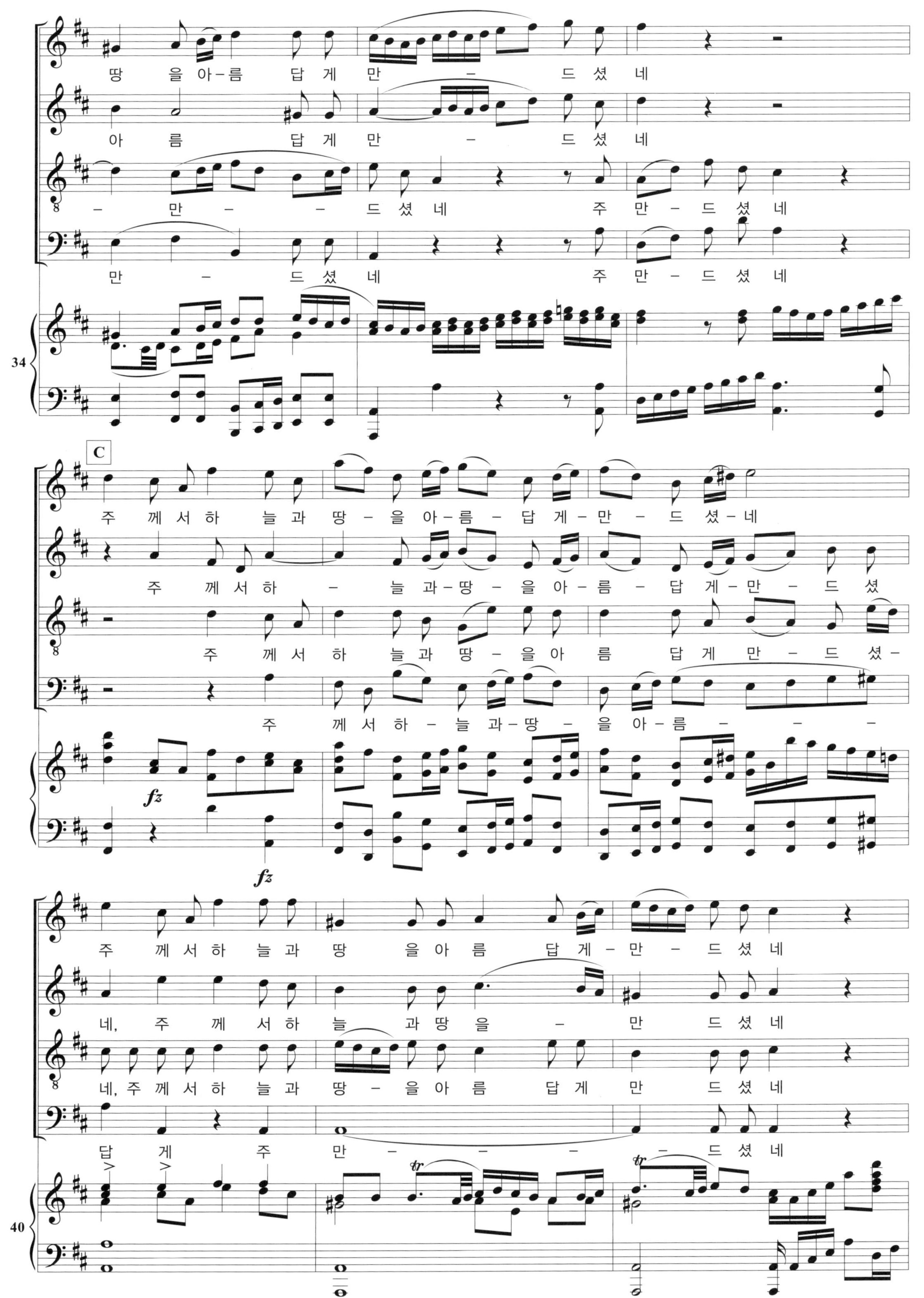
땅을 아름 답게 만 - 드셨네
아 름 답게 만 - 드셨네
만 - - 드셨네 주 만 드셨네
만 - 드셨네 주 만 - 드셨네
주 께서하 늘과 땅 - 을 아름 - 답게만 - 드 셨 - 네
주 께서하 - 늘과 땅 - 을 아름 - 답게 만 - 드 셨
주 께서 하 늘과 땅 - 을아 름 답게 만 드 셨 -
주 께서하 늘과 땅 - 을 아름 - - -
주 께서하늘과 땅 을아름 답게 - 만 - 드셨네
네, 주 께서하늘 과 땅을 - 만 드셨네
네, 주께서하 늘과 땅 - 을아 름 답게 만 드 셨네
답 게 주 만 - - - 드셨네
fz
fz
tr
tr

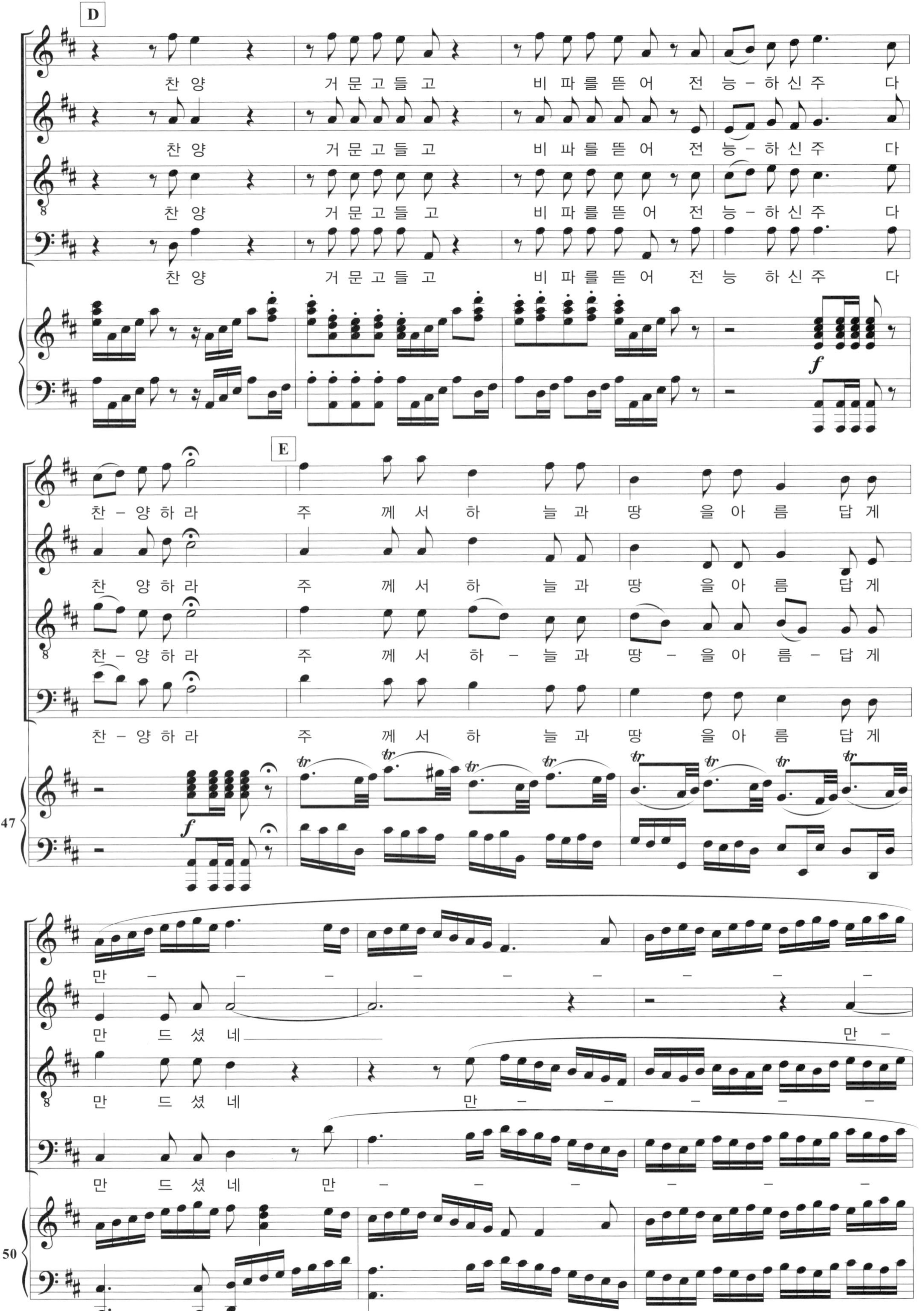
찬양 거문고들고 비파를뜯어 전능-하신주 다
찬양 거문고들고 비파를뜯어 전능-하신주 다
찬양 거문고들고 비파를뜯어 전능-하신주 다
찬양 거문고들고 비파를뜯어 전능하신주 다
찬-양하라 주 께서하 늘과 땅 을아 름 답게
찬 양하라 주 께서하 늘과 땅 을아 름 답게
찬-양하라 주 께서하 늘과 땅-을아 름-답게
찬-양하라 주 께서하 늘과 땅-을아 름 답게
만 - - - - - - -
만 드셨네 만 -
만 드셨네 만 - - - -
만 드셨네 만 - - - -

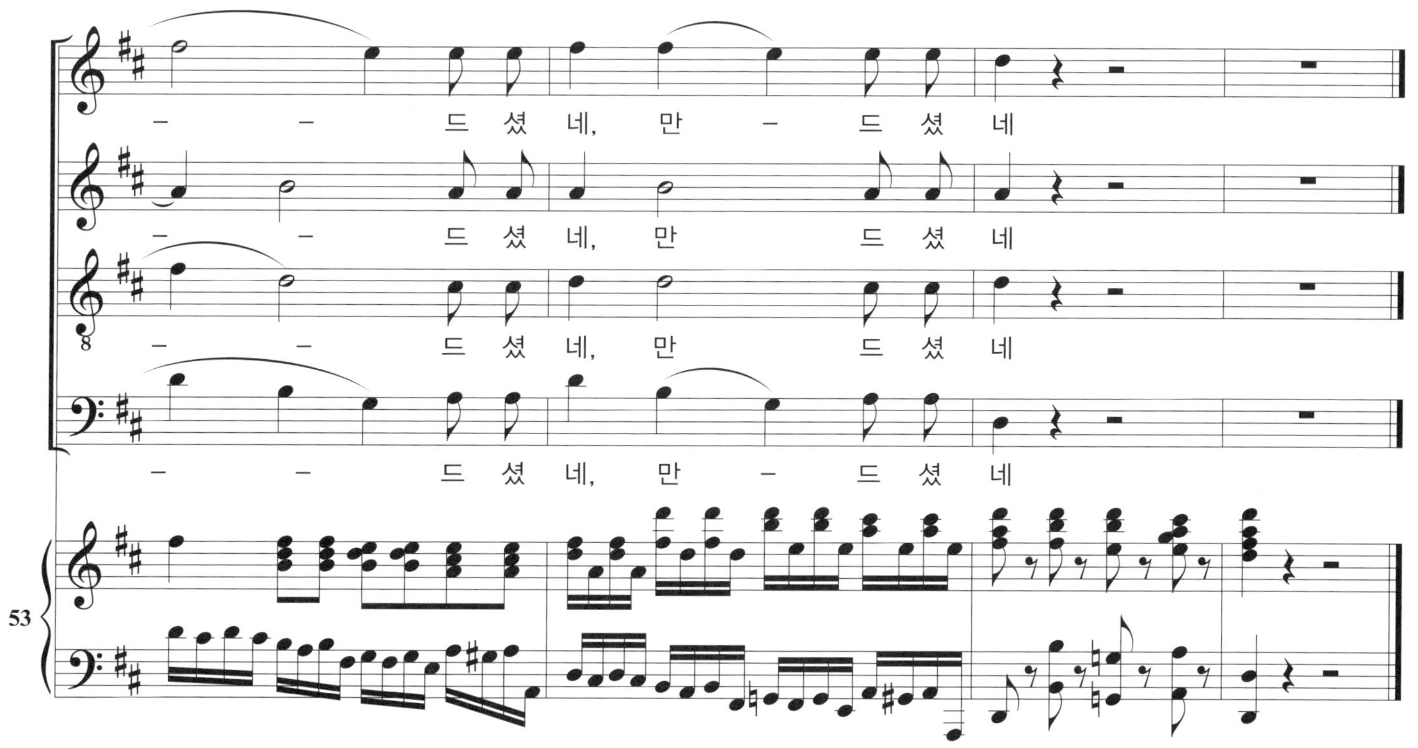

11. 주께서 하늘 창공에 빛나는 빛 생겨

Recit. (*Uriel*) Und Gott sprach: Es sei'n Lichter an der Feste

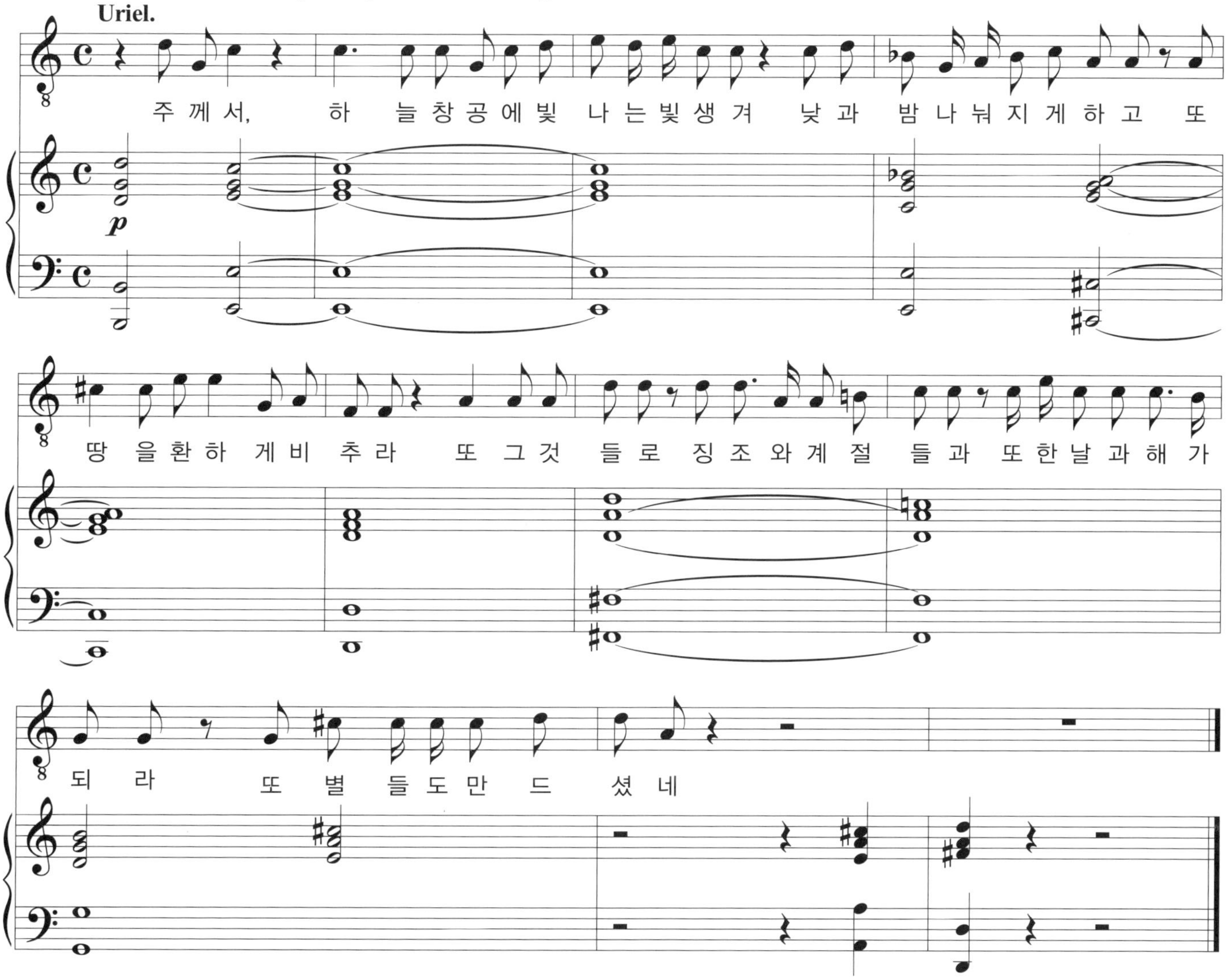

12. 밝은 빛으로 떠오르는 해가 찬란해
Recit. (*Uriel*) In vollem Glanze steiget jetzt

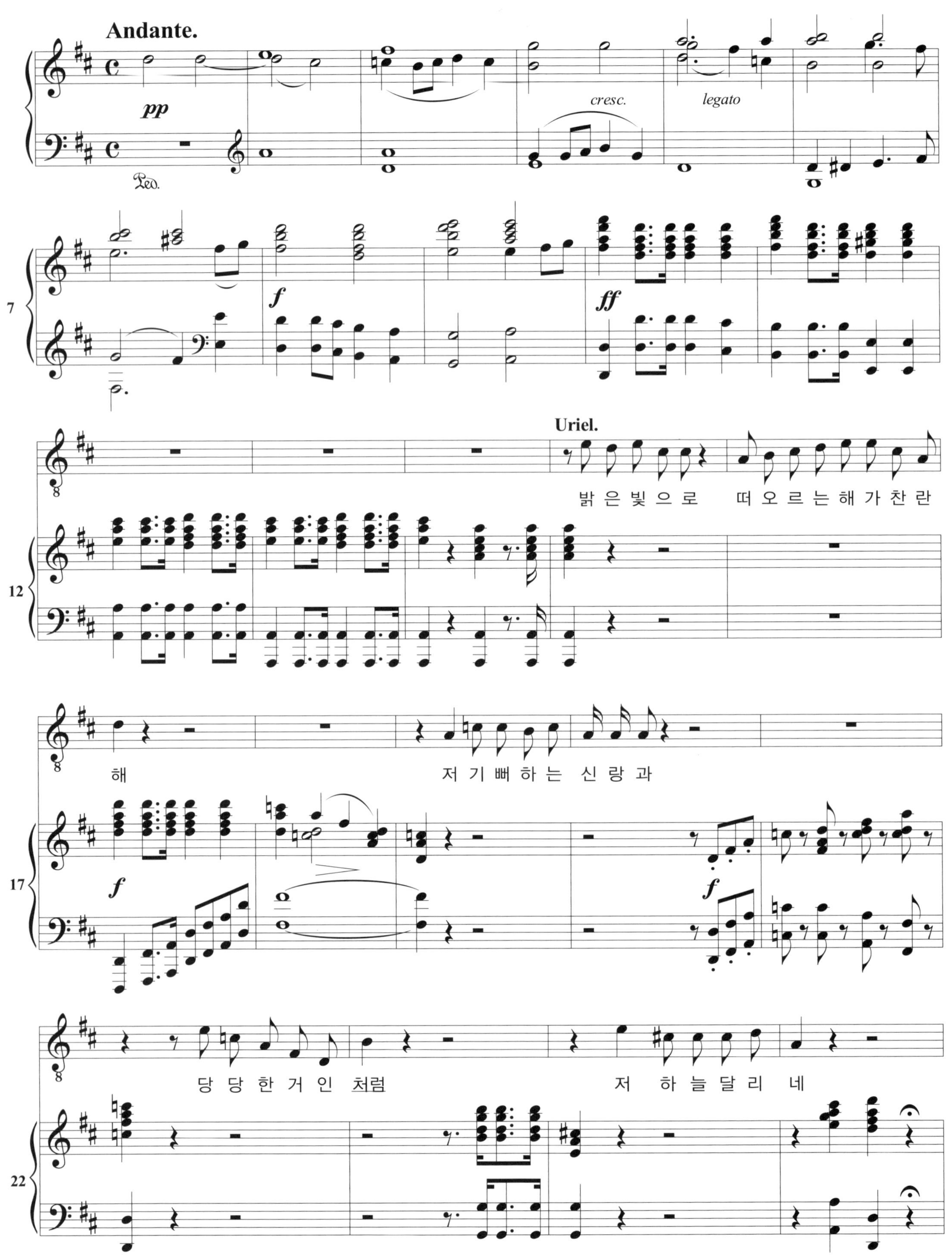

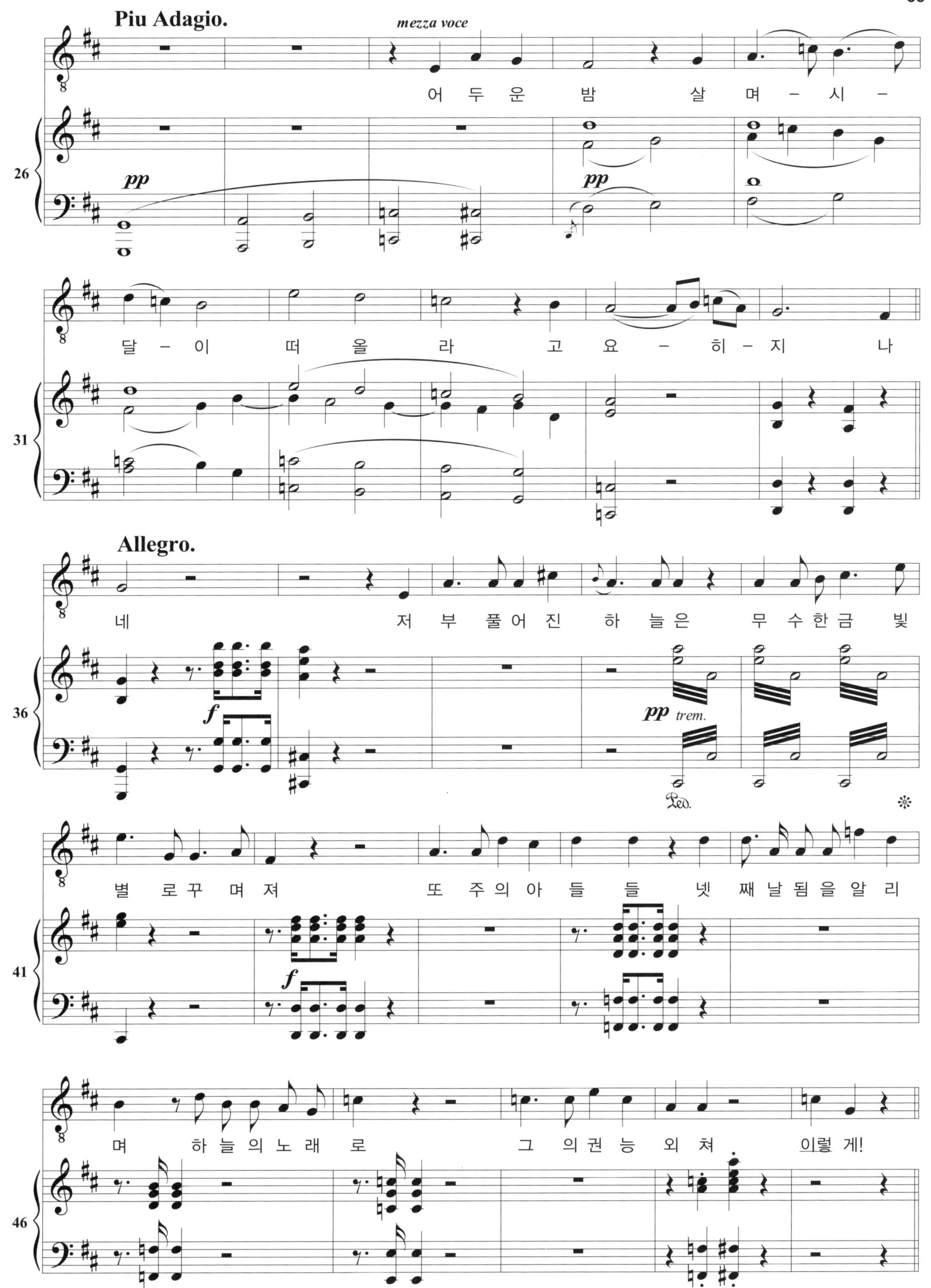
Piu Adagio.
mezza voce
pp
어두운밤 살며 - 시 -
달 - 이 떠 올 라 고 요 - 히 - 지 나
Allegro.
f
pp trem.
네   저 부 풀 어 진 하 늘 은 무 수 한 금 빛
Ped.
별 로 꾸 며 저   또 주 의 아 들 들 넷 째 날 됨 을 알 리
f
며 하 늘 의 노 래 로   그 의 권 능 외 쳐 이 렇 게!

13. 저 하늘 말하네 하나님 영광

Chor mit Terzett. (*Gabriel, Uriel, Raphael*) Die Himmel erzählen die Ehre Gottes

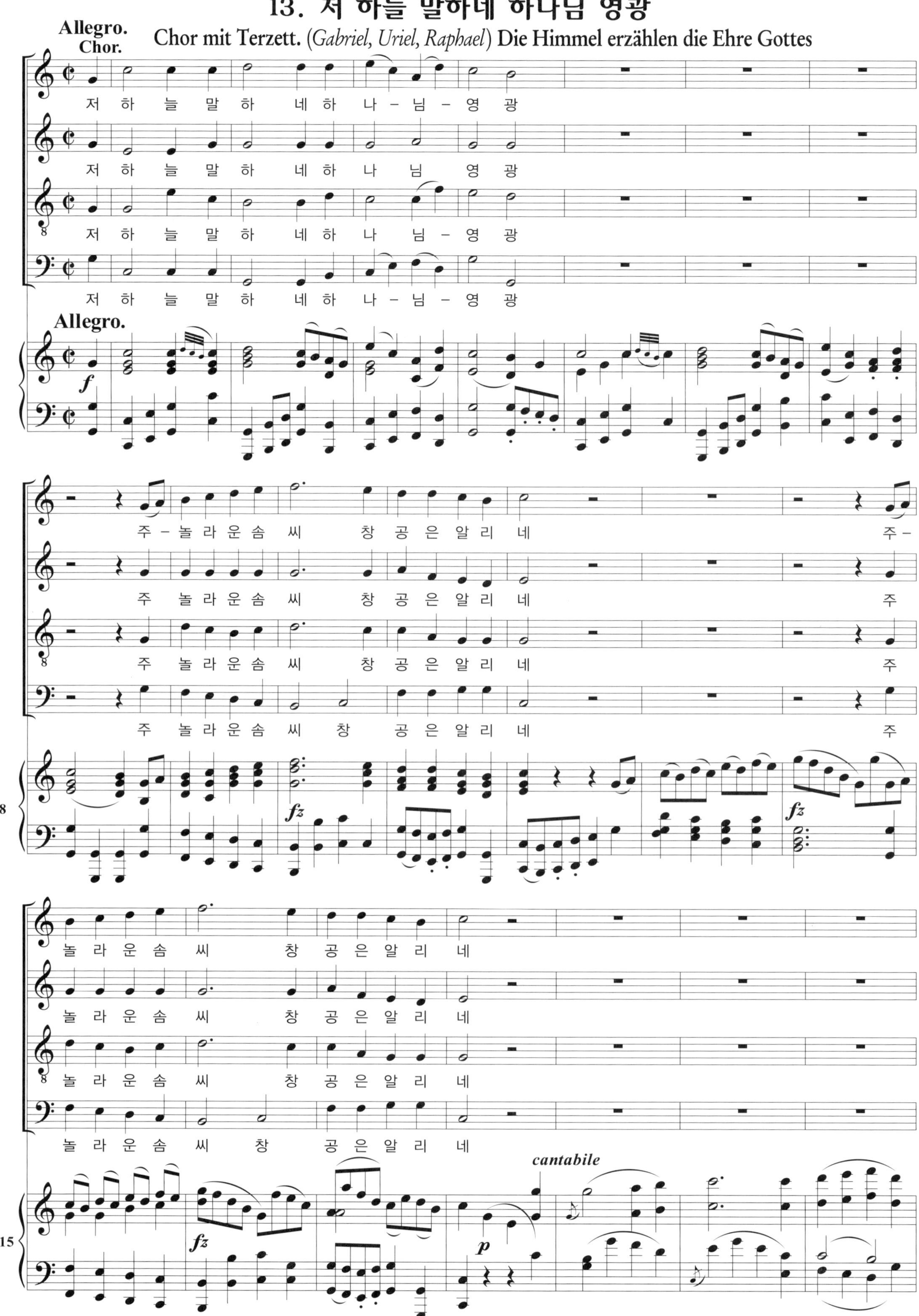

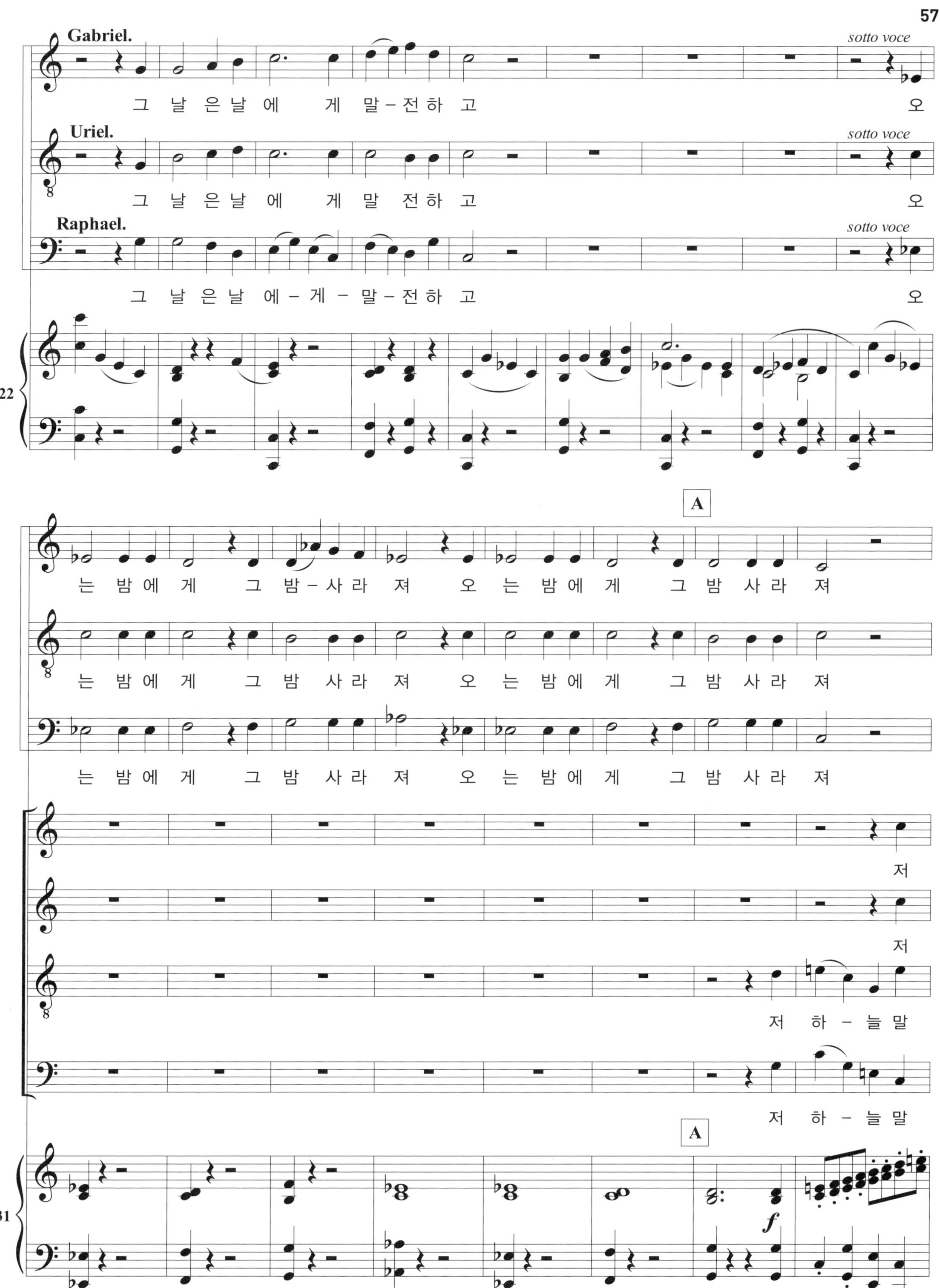
Gabriel.
sotto voce
그 날은 날에 게 말-전하고
오
Uriel.
sotto voce
그 날은 날에 게 말 전하고
오
Raphael.
sotto voce
그 날은 날 에-게-말-전하고
오
A
는 밤에 게 그 밤-사 라 져 오 는 밤에 게 그 밤 사 라 져
는 밤에 게 그 밤 사 라 져 오 는 밤에 게 그 밤 사 라 져
는 밤에 게 그 밤 사 라 져 오 는 밤에 게 그 밤 사 라
저
저
저 하 - 늘 말
저 하 - 늘 말
A
f

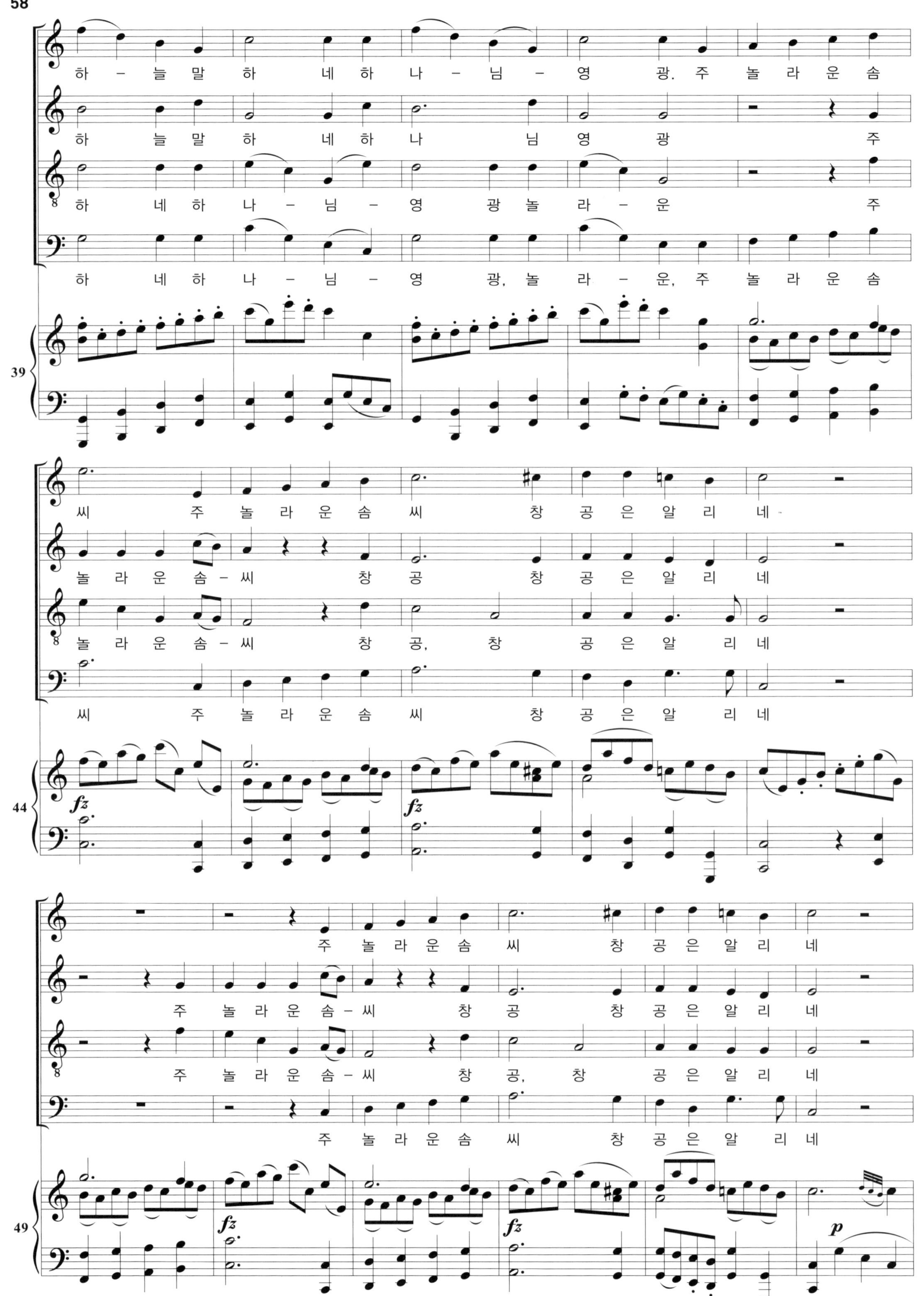
하 - 늘 말 하 네 하 나 - 님 - 영 광. 주 놀 라 운 솜
하 늘 말 하 네 하 나 님 영 광 주
하 네 하 나 - 님 - 영 광 놀 라 - 운 주
하 네 하 나 님 - 영 광, 놀 라 - 운, 주 놀 라 운 솜
씨 주 놀 라 운 솜 씨 창 공 은 알 리 네 -
놀 라 운 솜 - 씨 창 공 창 공 은 알 리 네
놀 라 운 솜 - 씨 창 공, 창 공 은 알 리 네
씨 주 놀 라 운 솜 씨 창 공 은 알 리 네
주 놀 라 운 솜 씨 창 공 은 알 리 네
주 놀 라 운 솜 - 씨 창 공 창 공 은 알 리 네
주 놀 라 운 솜 - 씨 창 공, 창 공 은 알 리 네
주 놀 라 운 솜 씨 창 공 은 알 리 네

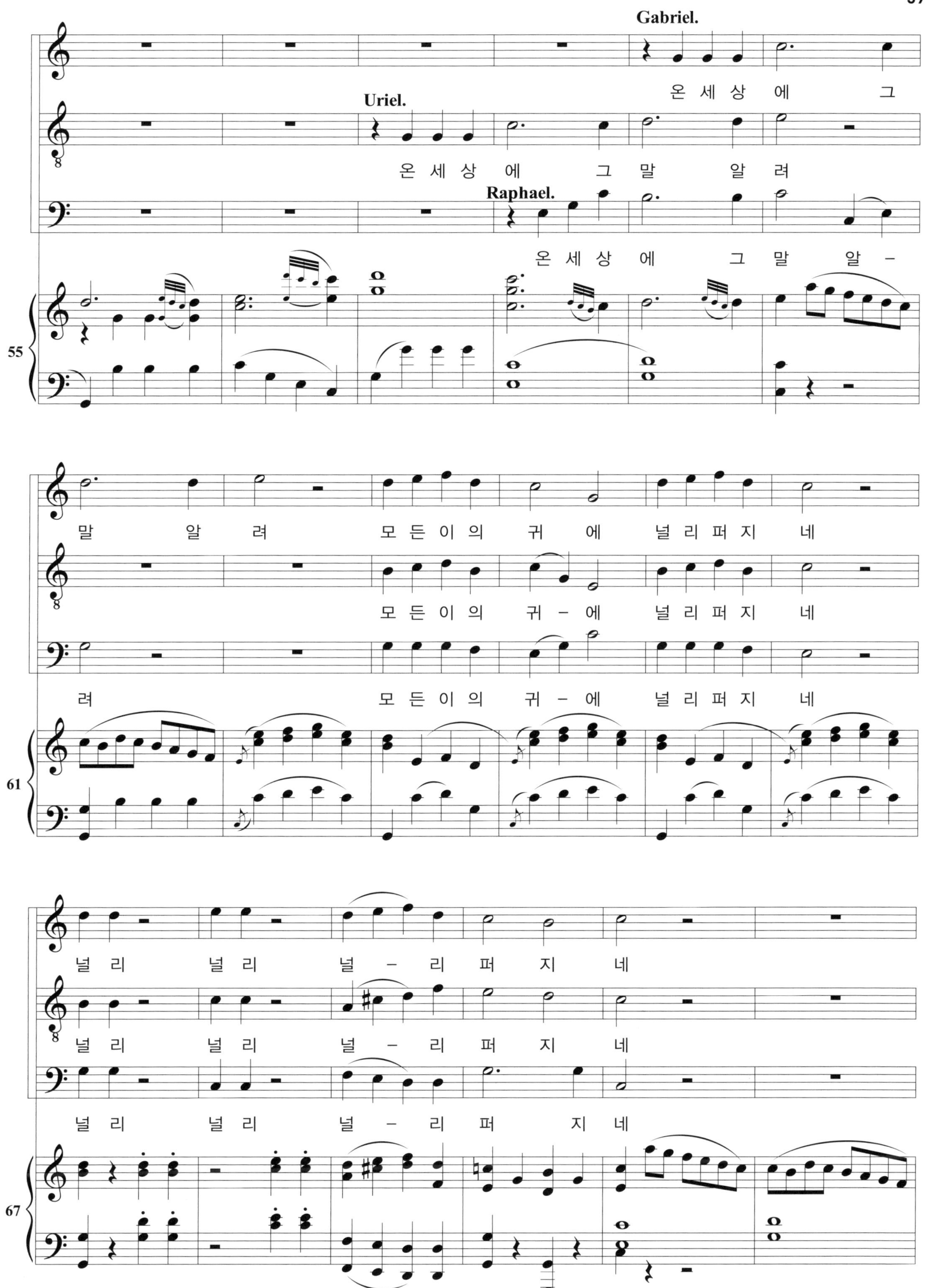
Gabriel.
Uriel.
Raphael.
온 세 상 에 그
온 세 상 에 그 말 알 려
온 세 상 에 그 말 알 -
말 알 려 모 든 이 의 귀 에 널 리 퍼 지 네
모 든 이 의 귀 - 에 널 리 퍼 지 네
려 모 든 이 의 귀 - 에 널 리 퍼 지 네
널 리 널 리 널 - 리 퍼 지 네
널 리 널 리 널 - 리 퍼 지 네
널 리 널 리 널 - 리 퍼 지 네

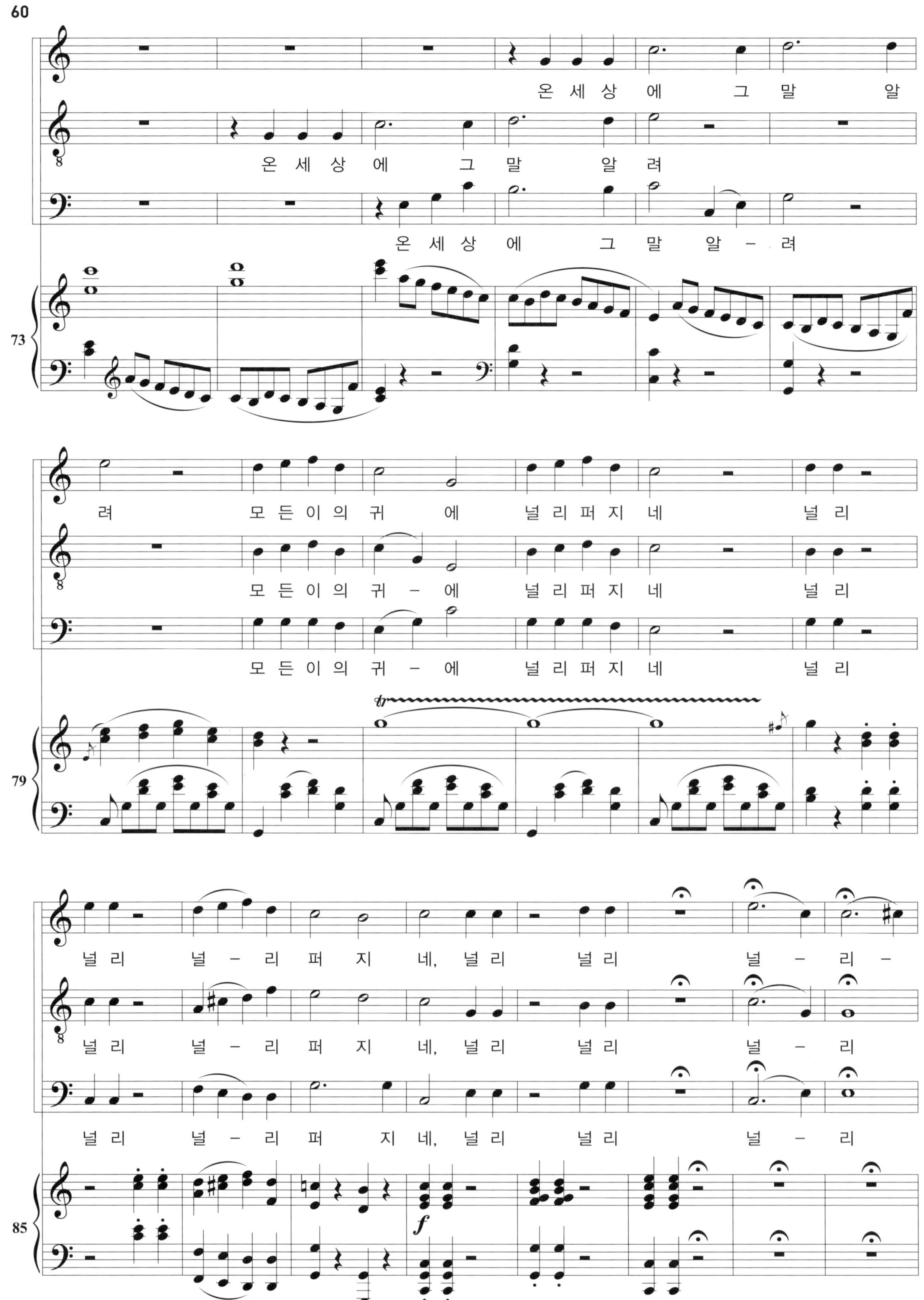
온 세 상 에 그 말 알
온 세 상 에 그 말 알 려
온 세 상 에 그 말 알 - 려
려 모 든 이 의 귀 에 널리퍼지네 널 리
모 든 이 의 귀 - 에 널리퍼지네 널 리
모 든 이 의 귀 - 에 널리퍼지 네 널 리
널 리 널 - 리 퍼 지 네, 널 리 널 리 널 - 리 -
널 리 널 - 리 퍼 지 네, 널 리 널 리 널 - 리
널 리 널 - 리 퍼 지 네, 널 리 널 리 널 - 리

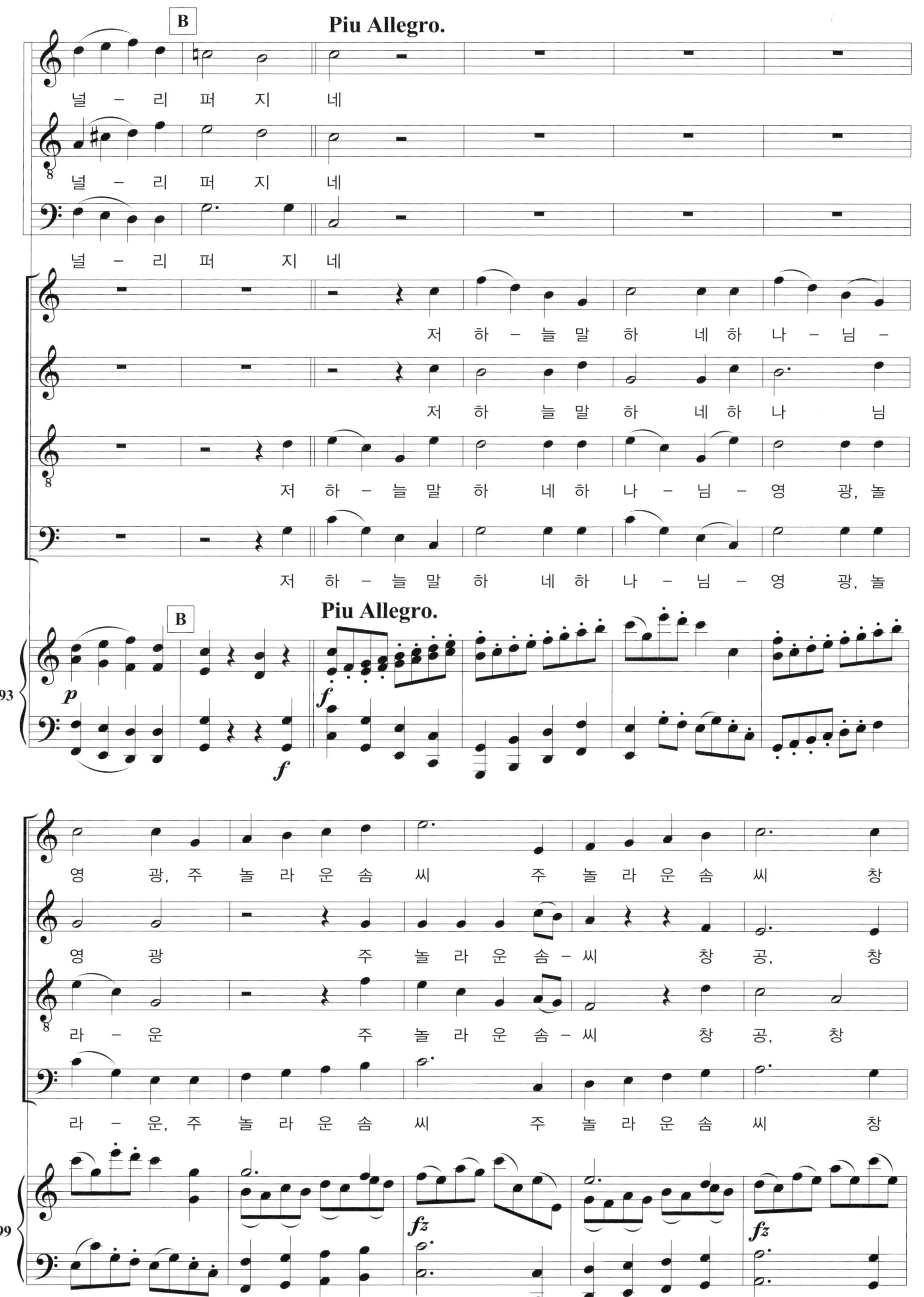
B
Piu Allegro.
넬 – 리 퍼 지 네
넬 – 리 퍼 지 네
넬 – 리 퍼 지 네
저 하 – 늘 말 하 네 하 나 – 님 –
저 하 늘 말 하 네 하 나 님
저 하 – 늘 말 하 네 하 나 – 님 – 영 광, 놀
저 하 – 늘 말 하 네 하 나 – 님 – 영 광, 놀
B
Piu Allegro.
p
f
f
영 광, 주 놀 라 운 솜 씨 주 놀 라 운 솜 씨 창
영 광 주 놀 라 운 솜 – 씨 창 공, 창
라 – 운 주 놀 라 운 솜 – 씨 창 공, 창
라 – 운, 주 놀 라 운 솜 씨 주 놀 라 운 솜 씨 창
fz
fz

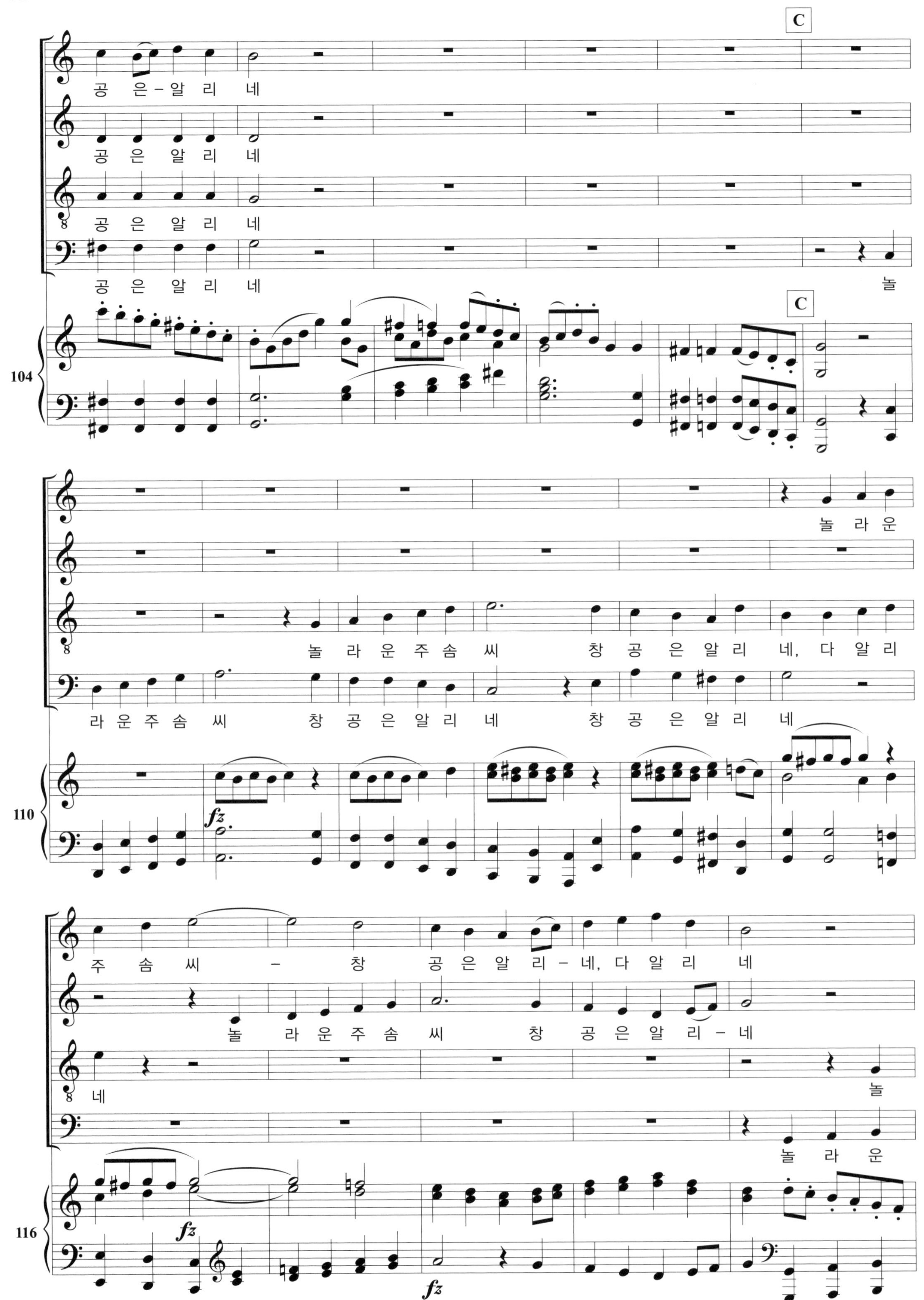
C
공 은-알 리 네
공 은 알 리 네
공 은 알 리 네
공 은 알 리 네
C
놀
놀 라 운
놀 라 운 주 솜 씨 창 공 은 알 리 네, 다 알 리
라 운 주 솜 씨 창 공 은 알 리 네 창 공 은 알 리 네
fz
주 솜 씨 — 창 공 은 알 리 네, 다 알 리 네
놀 라 운 주 솜 씨 창 공 은 알 리 네
네 놀
놀 라 운
fz
fz

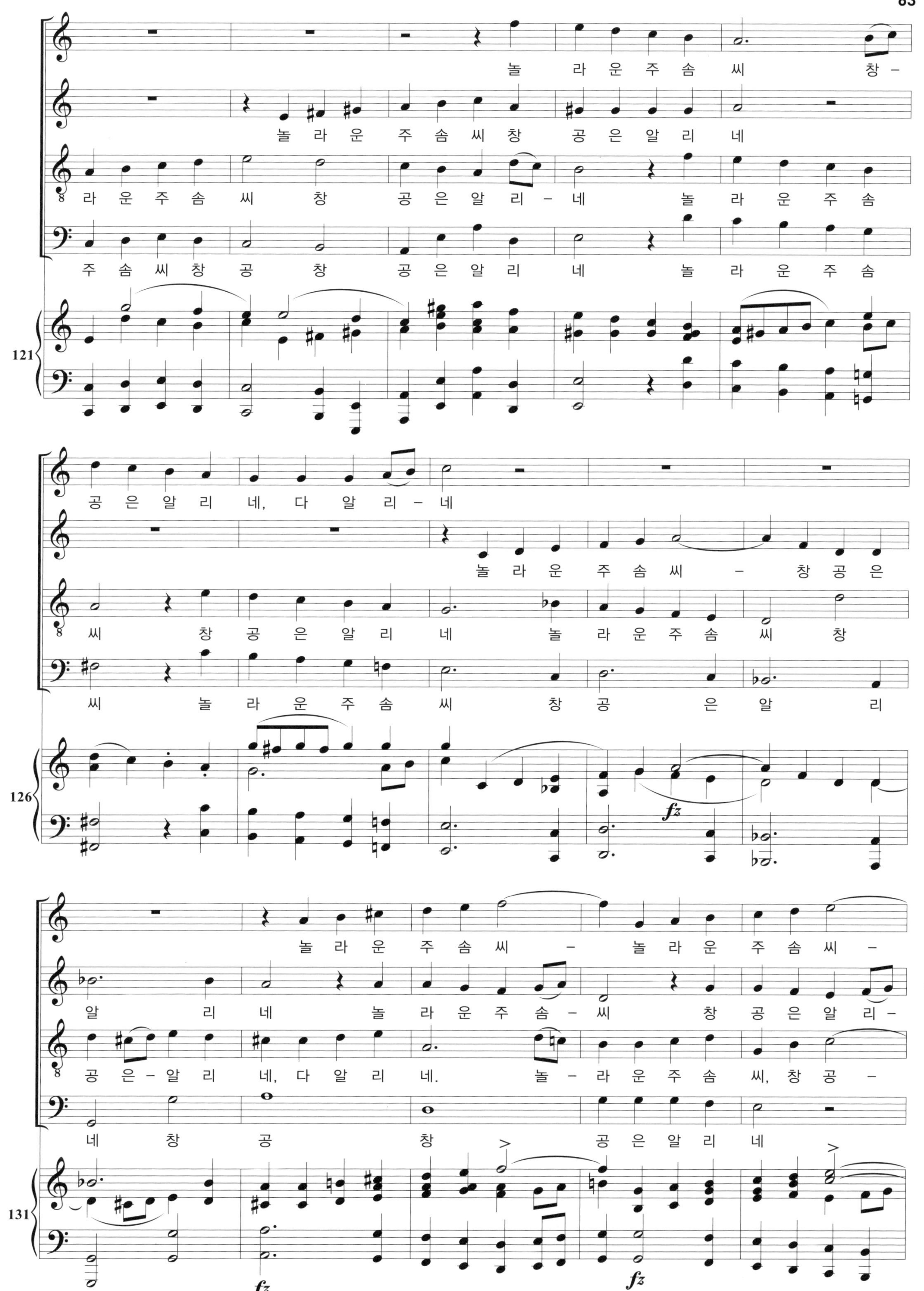
놀 라 운 주 솜 씨 창 -
놀 라 운 주 솜 씨 창 공 은 알 리 네
라 운 주 솜 씨 창 공 은 알 리 - 네 놀 라 운 주 솜
주 솜 씨 창 공 창 공 은 알 리 네 놀 라 운 주 솜
121

공 은 알 리 네, 다 알 리 - 네
놀 라 운 주 솜 씨 - 창 공 은
씨 창 공 은 알 리 네 놀 라 운 주 솜 씨 창
씨 놀 라 운 주 솜 씨 창 공 은 알 리
126

놀 라 운 주 솜 씨 - 놀 라 운 주 솜 씨 -
알 리 네 놀 라 운 주 솜 - 씨 창 공 은 알 리 -
공 은 알 리 네, 다 알 리 네. 놀 라 운 주 솜 씨, 창 공 -
네 창 공 창 공 은 알 리 네
131

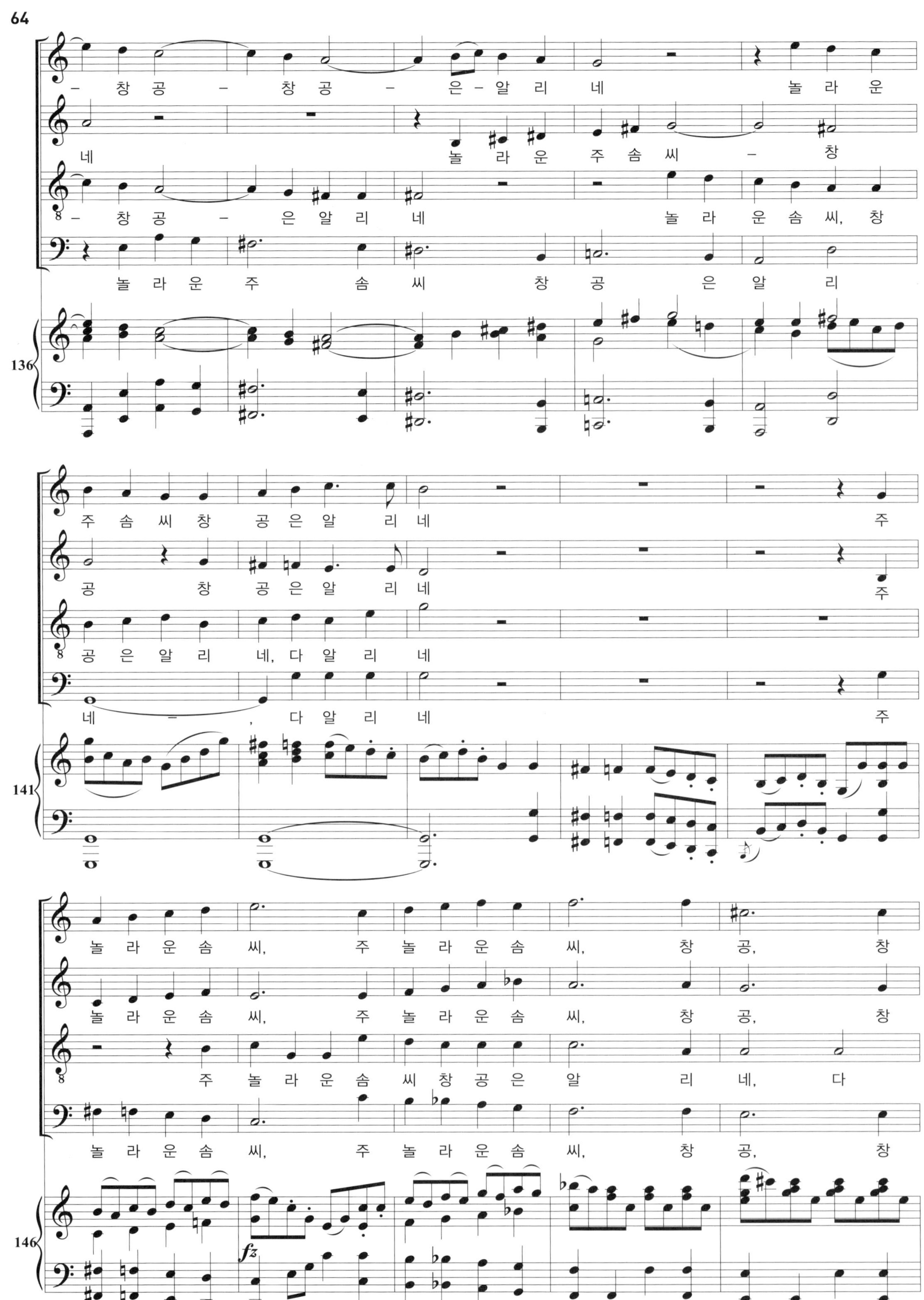
창 공 창 공 은 알 리 네 놀 라 운
네
놀 라 운 주 솜 씨 창
창 공 은 알 리 네 놀 라 운 솜 씨, 창
놀 라 운 주 솜 씨 창 공 은 알 리
주 솜 씨 창 공 은 알 리 네 주
공 창 공 은 알 리 네 주
공 은 알 리 네, 다 알 리 네
네 다 알 리 네 주
놀 라 운 솜 씨, 주 놀 라 운 솜 씨, 창 공, 창
놀 라 운 솜 씨, 주 놀 라 운 솜 씨, 창 공, 창
주 놀 라 운 솜 씨 창 공 은 알 리 네, 다
놀 라 운 솜 씨, 주 놀 라 운 솜 씨, 창 공, 창
fz

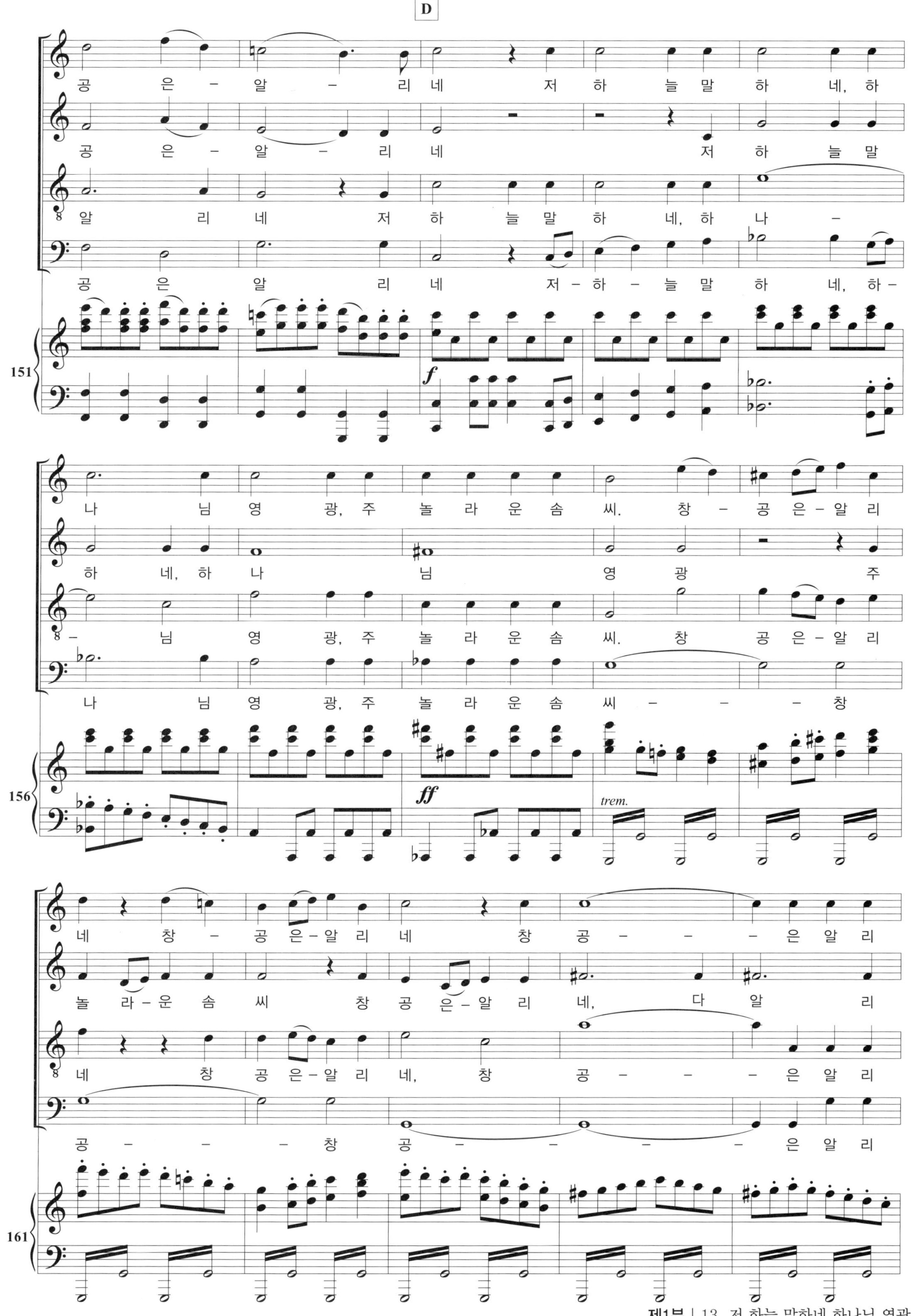
D
공 은 - 알 - 리 네 저 하 늘 말 하 네, 하
공 은 - 알 - 리 네 저 하 늘 말
알 리 네 저 하 늘 말 하 네, 하 나 -
공 은 알 리 네 저 - 하 - 늘 말 하 네, 하 -
151
f
나 님 영 광, 주 놀 라 운 솜 씨. 창 - 공 은 - 알 리
하 네, 하 나 님 영 광 주
- 님 영 광, 주 놀 라 운 솜 씨. 창 공 은 - 알 리
나 님 영 광, 주 놀 라 운 솜 씨 - - - 창
156
ff
trem.
네 창 - 공 은 - 알 리 네 창 공 - - 은 알 리
놀 라 운 솜 씨 창 공 은 - 알 리 네, 다 알 리
네 창 공 은 - 알 리 네, 창 공 - - 은 알 리
공 - - - 창 공 - - - - 은 알 리
161

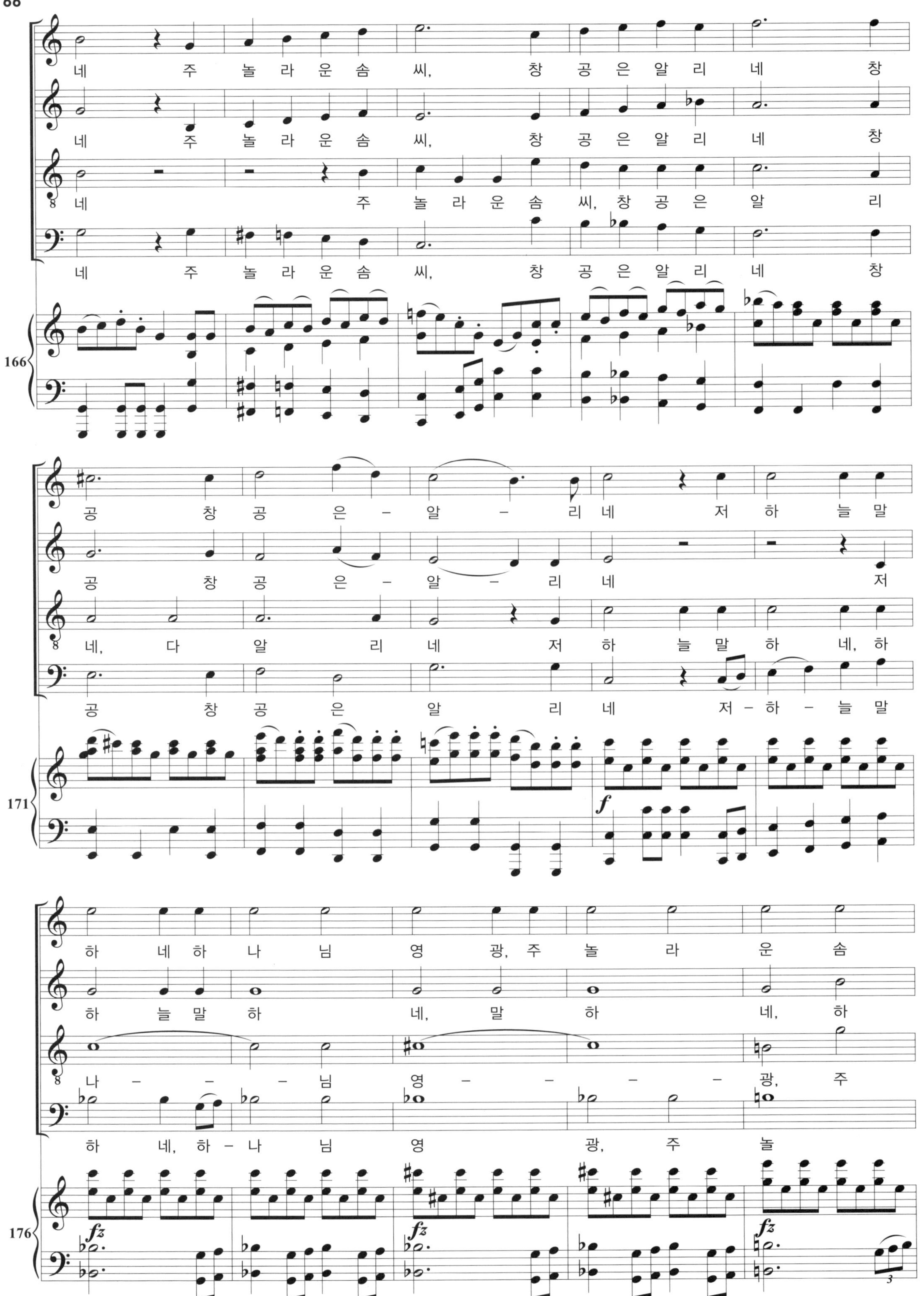
네 주 놀 라 운 솜 씨, 창 공 은 알 리 네 창
네 주 놀 라 운 솜 씨, 창 공 은 알 리 네 창
네 주 놀 라 운 솜 씨, 창 공 은 알 리
네 주 놀 라 운 솜 씨, 창 공 은 알 리 네 창
공 창 공 은 알 리 네 저 하 늘 말
공 창 공 은 알 리 네 저
네, 다 알 리 네 저 하 늘 말 하 네, 하
공 창 공 은 알 리 네 저 하 늘 말
하 네 하 나 님 영 광, 주 놀 라 운 솜
하 늘 말 하 네, 말 하 네, 하
나 님 영 광, 주
하 네, 하 나 님 영 광, 주 놀

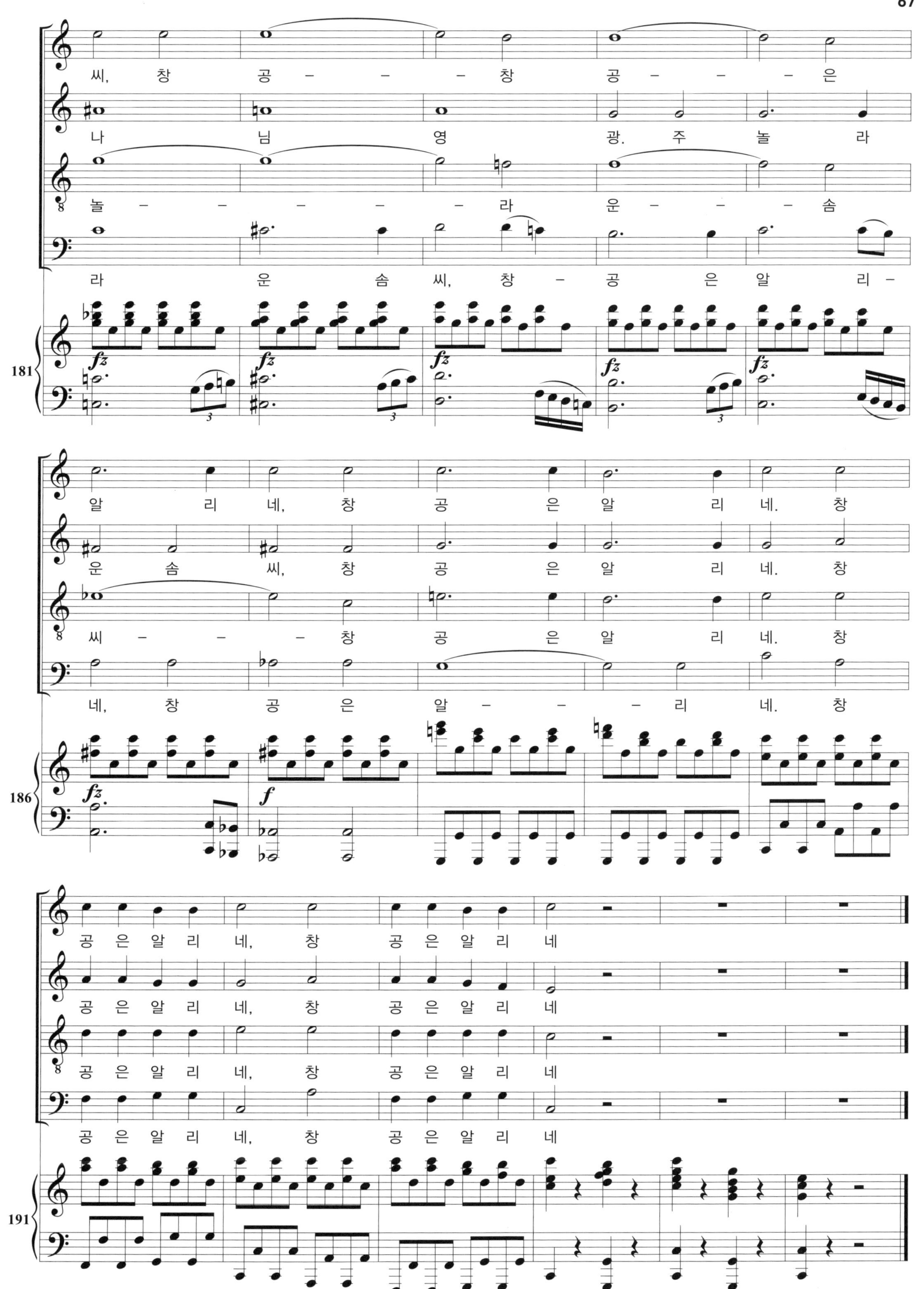
씨, 창 공 창 공 은
나 님 영 광. 주 놀 라
놀 라 운 솜
라 운 솜 씨, 창 공 은 알 리
알 리 네, 창 공 은 알 리 네. 창
운 솜 씨, 창 공 은 알 리 네. 창
씨 창 공 은 알 리 네. 창
네, 창 공 은 알 리 네. 창
공 은 알 리 네, 창 공 은 알 리 네
공 은 알 리 네, 창 공 은 알 리 네
공 은 알 리 네, 창 공 은 알 리 네
공 은 알 리 네, 창 공 은 알 리 네

제2부

14. 주께서 저 바다엔

Recit. (*Gabriel*) Und Gott sprach: Es bringe das Wasser

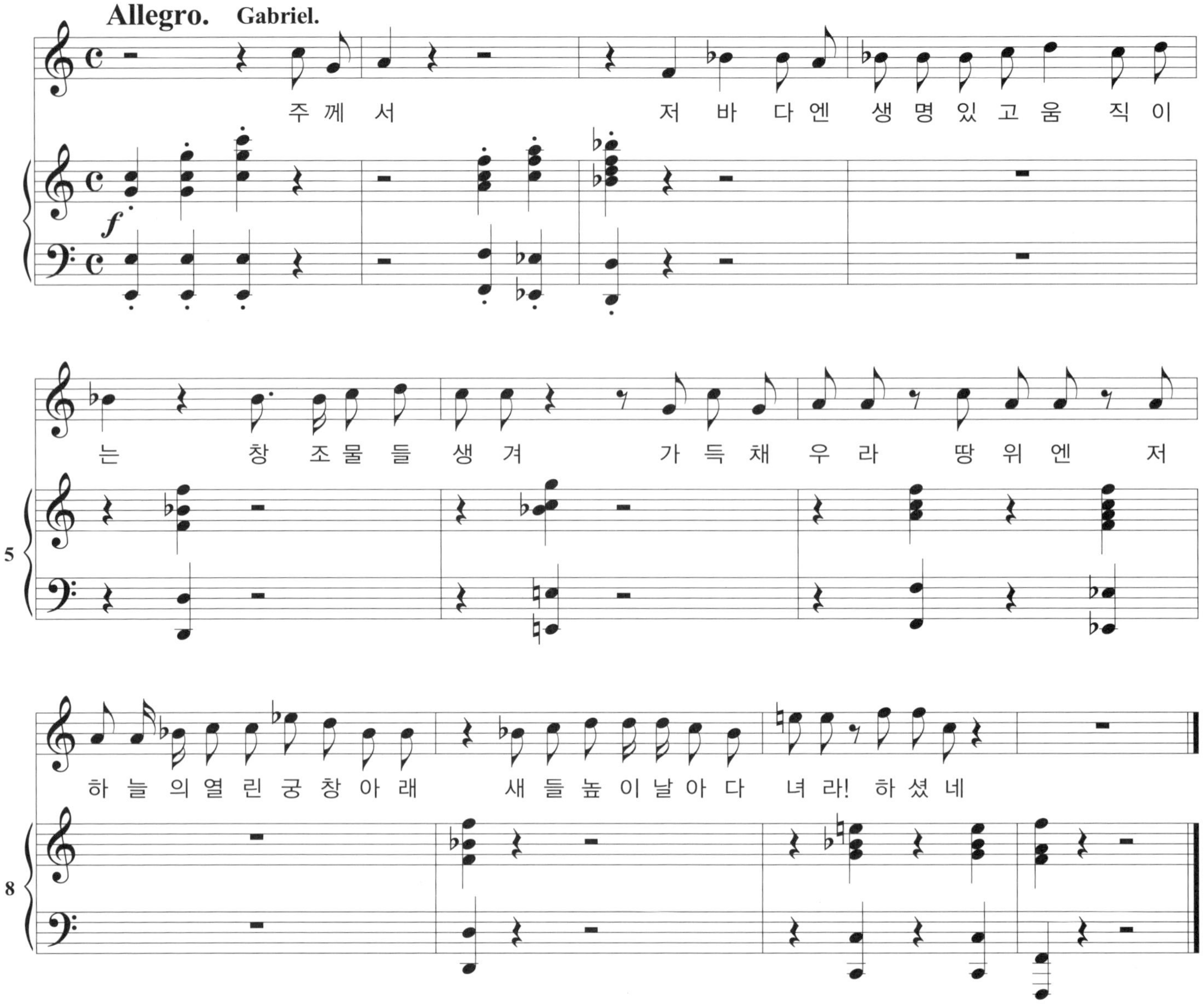

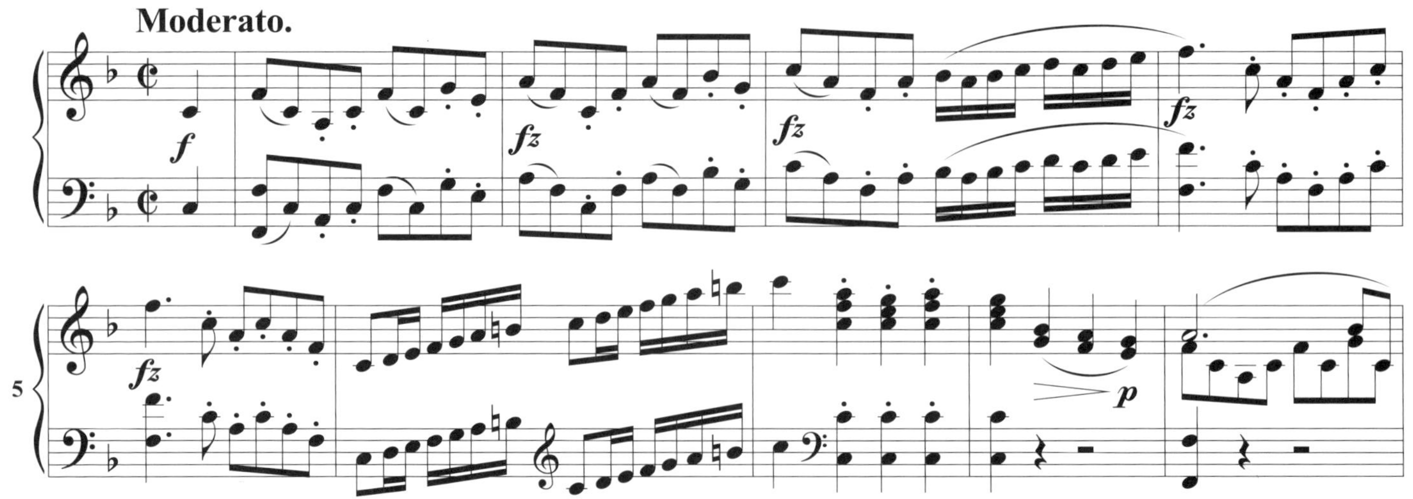

15. 저 강한 날개로 힘차게 나는 독수리

Arie. (*Gabriel*) Auf starkem fittige schwinget sich

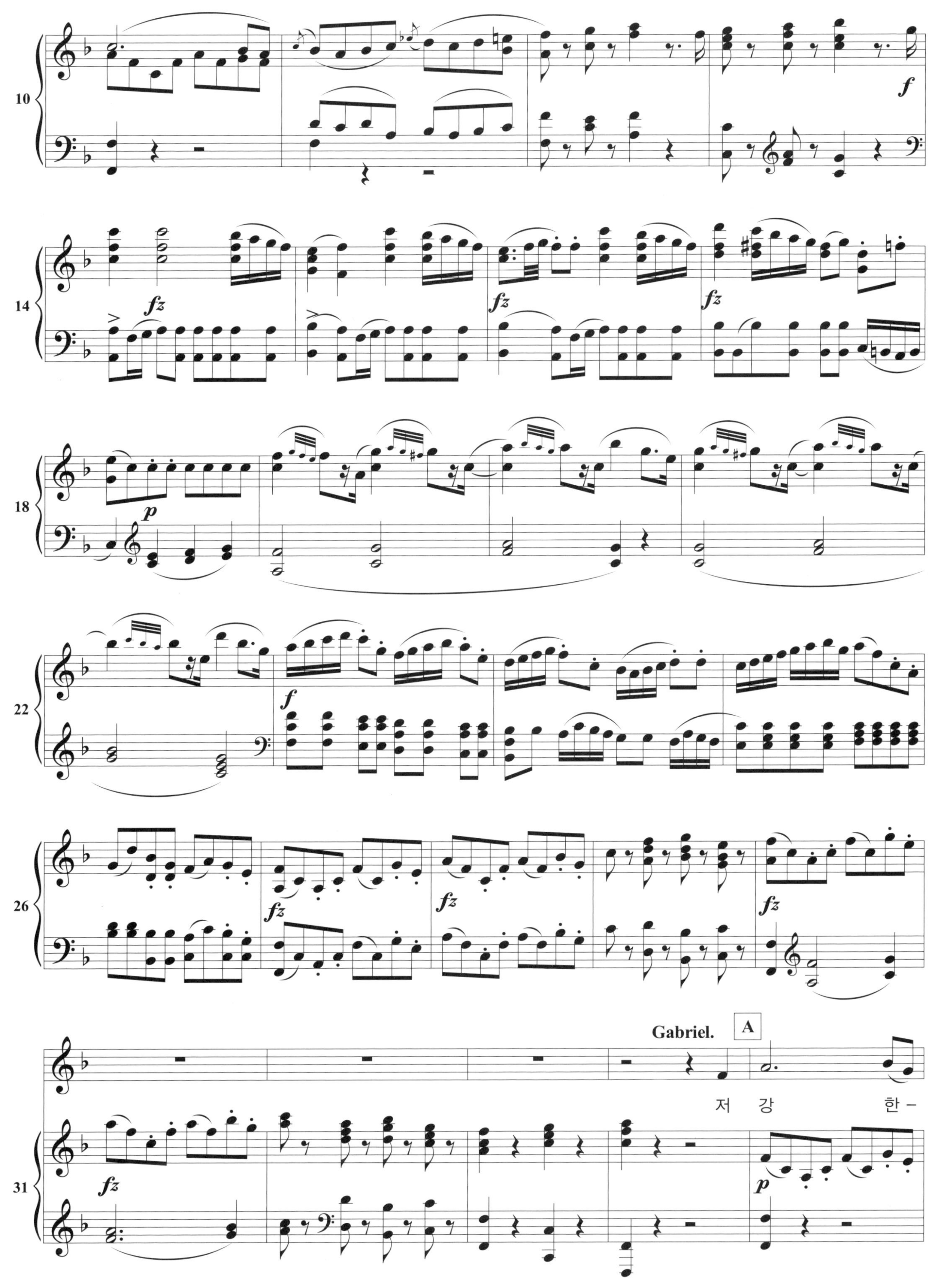
Gabriel.
A
저 강 한 —
제2부 | 14. 주께서 저 바다엔

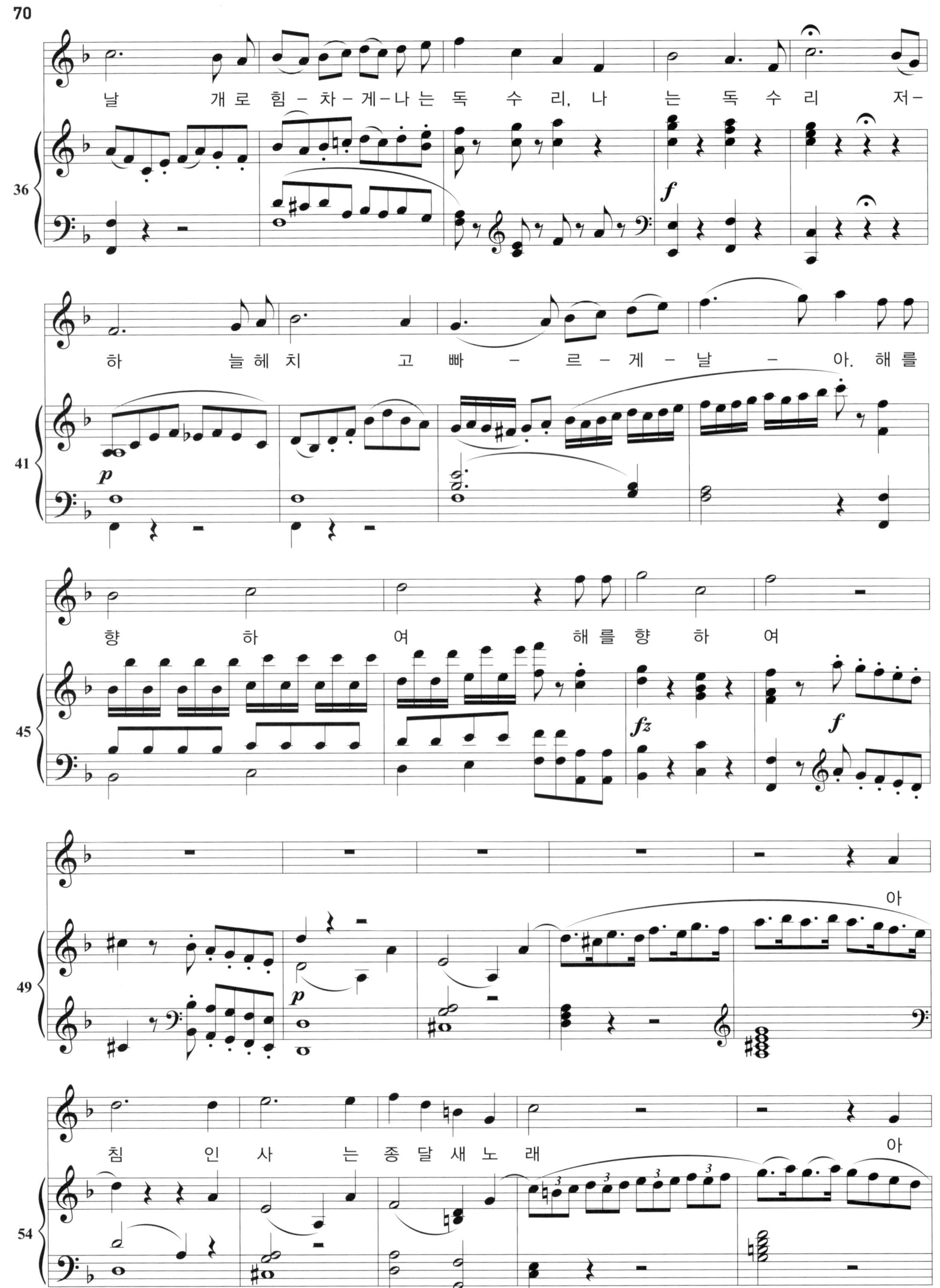
날 개로힘－차－게－나는 독 수 리, 나 는 독 수 리 저－
하 늘헤치 고 빠－르－게－날 － 아. 해를
향 하 여 해를향 하 여
아
침 인 사 는 종달새노래
아

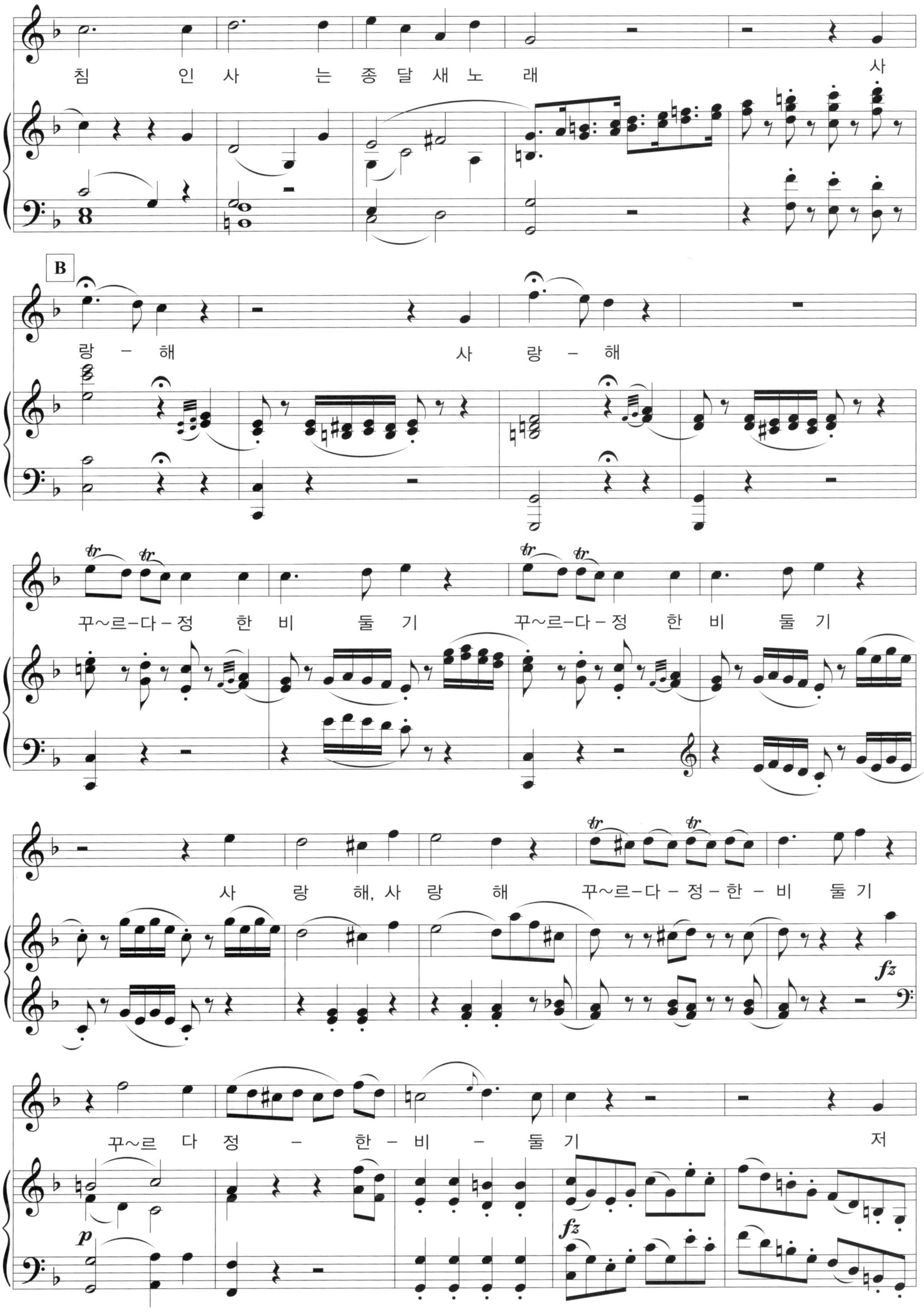

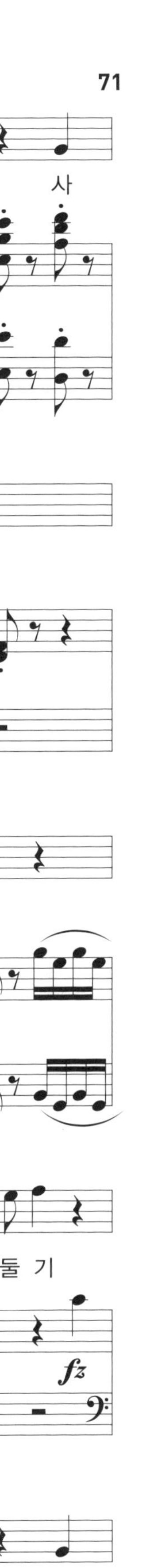

침 인 사 는 종 달 새 노 래
사
랑 - 해
사 랑 - 해
꾸~르-다-정 한 비 둘 기
꾸~르-다-정 한 비 둘 기
사 랑 해, 사 랑 해
꾸~르-다-정-한-비 둘 기
꾸~르 다 정 - 한-비-둘 기
저

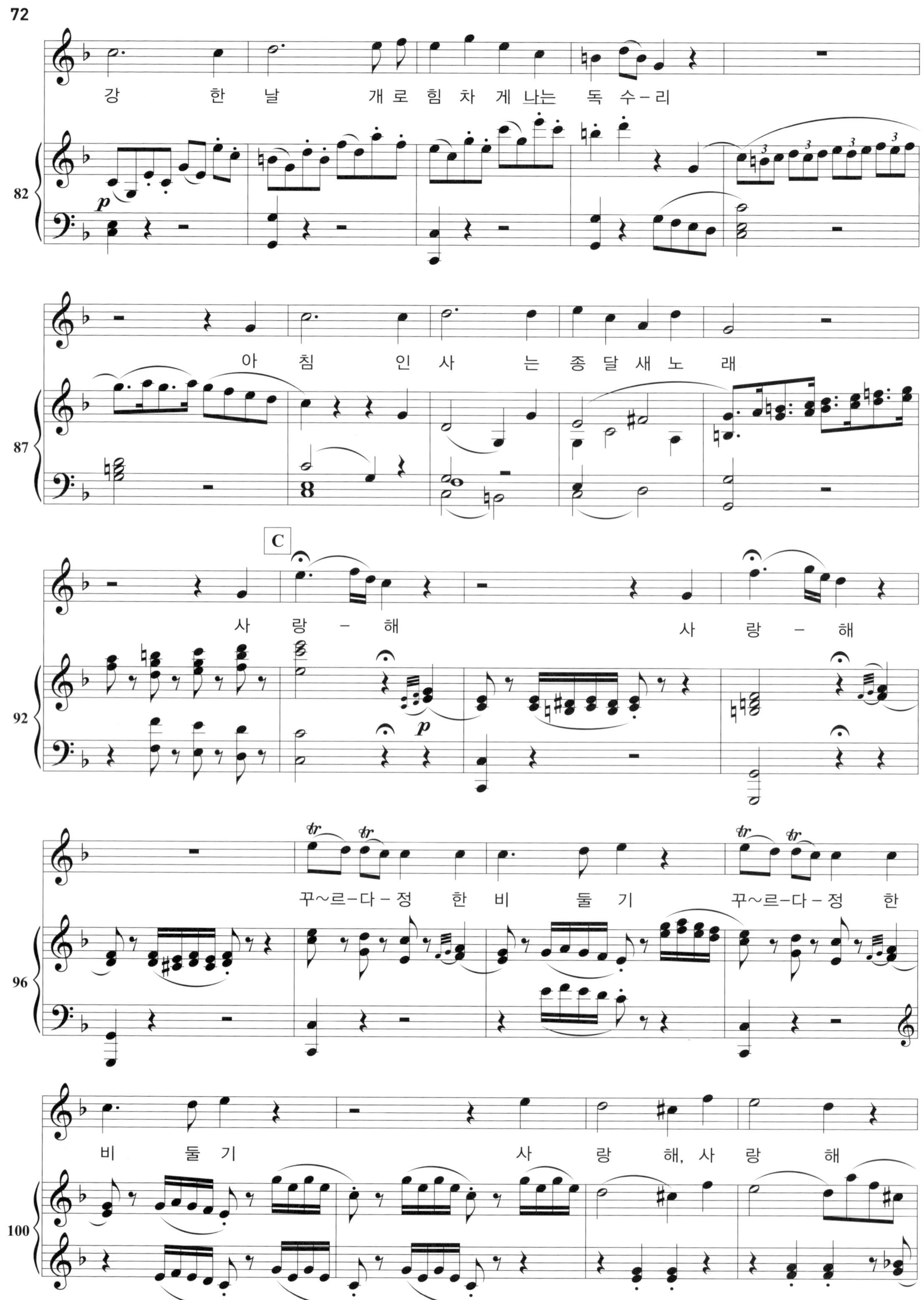

강 한 날 개로 힘차게 나는 독 수 ― 리
아 침 인 사 는 종 달 새 노 래
C
사 랑 ― 해   사 랑 ― 해
꾸~르-다-정 한 비 둘 기   꾸~르-다-정 한
비 둘 기   사 랑 해, 사 랑 해

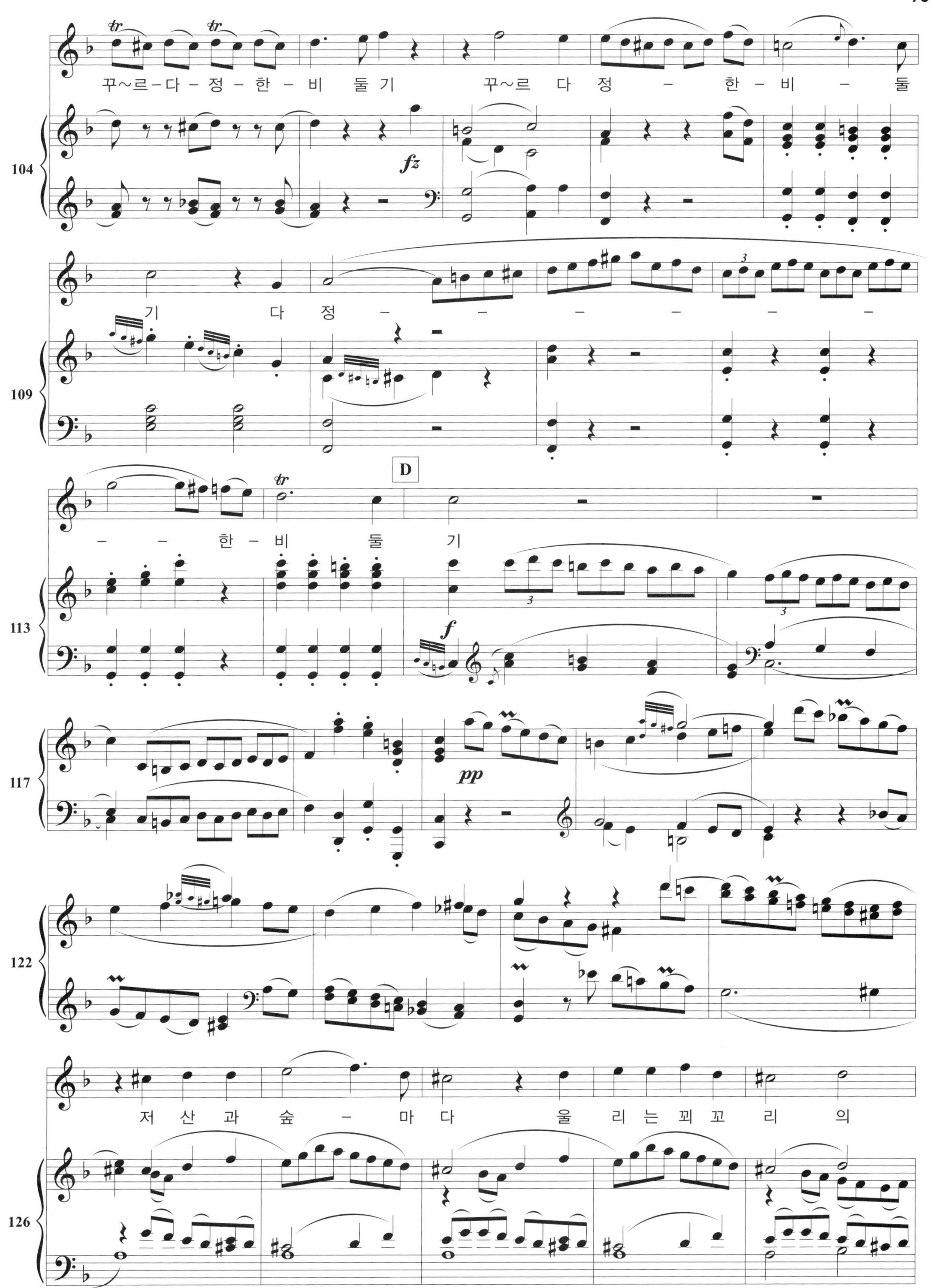
꾸~르−다−정−한−비둘기 꾸~르 다 정 − 한−비 − 둘
기 다 정 −
− − 한 − 비 둘 기
저 산과 숲 − 마 다 울 리는꾀꼬리의

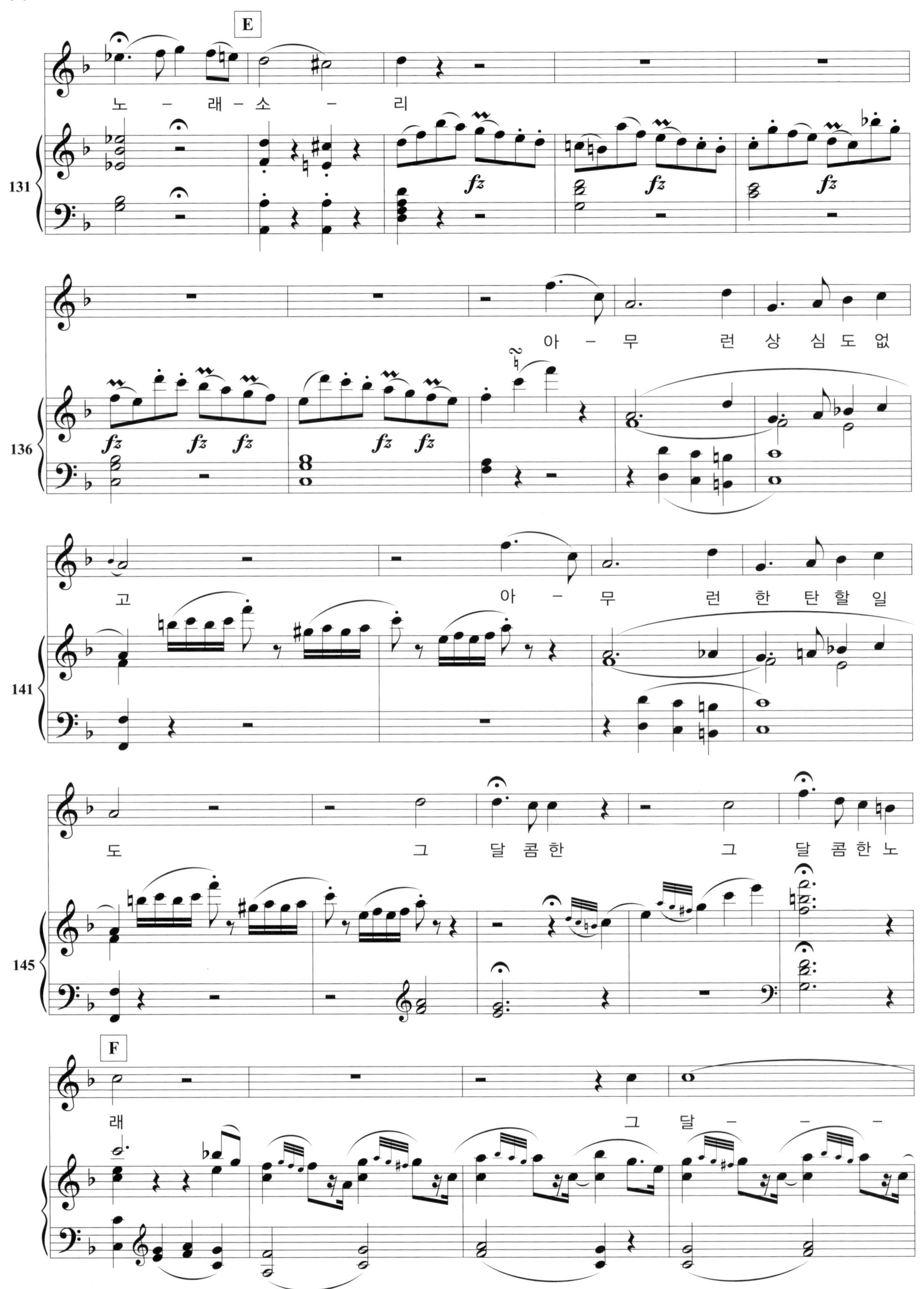
E
노 - 래 소 - 리
아 - 무 런 상 심 도 없
고
아 - 무 런 한 탄 할 일
도
그 달 콤 한
그 달 콤 한 노
F
래
그 달 - - -
131
136
141
145

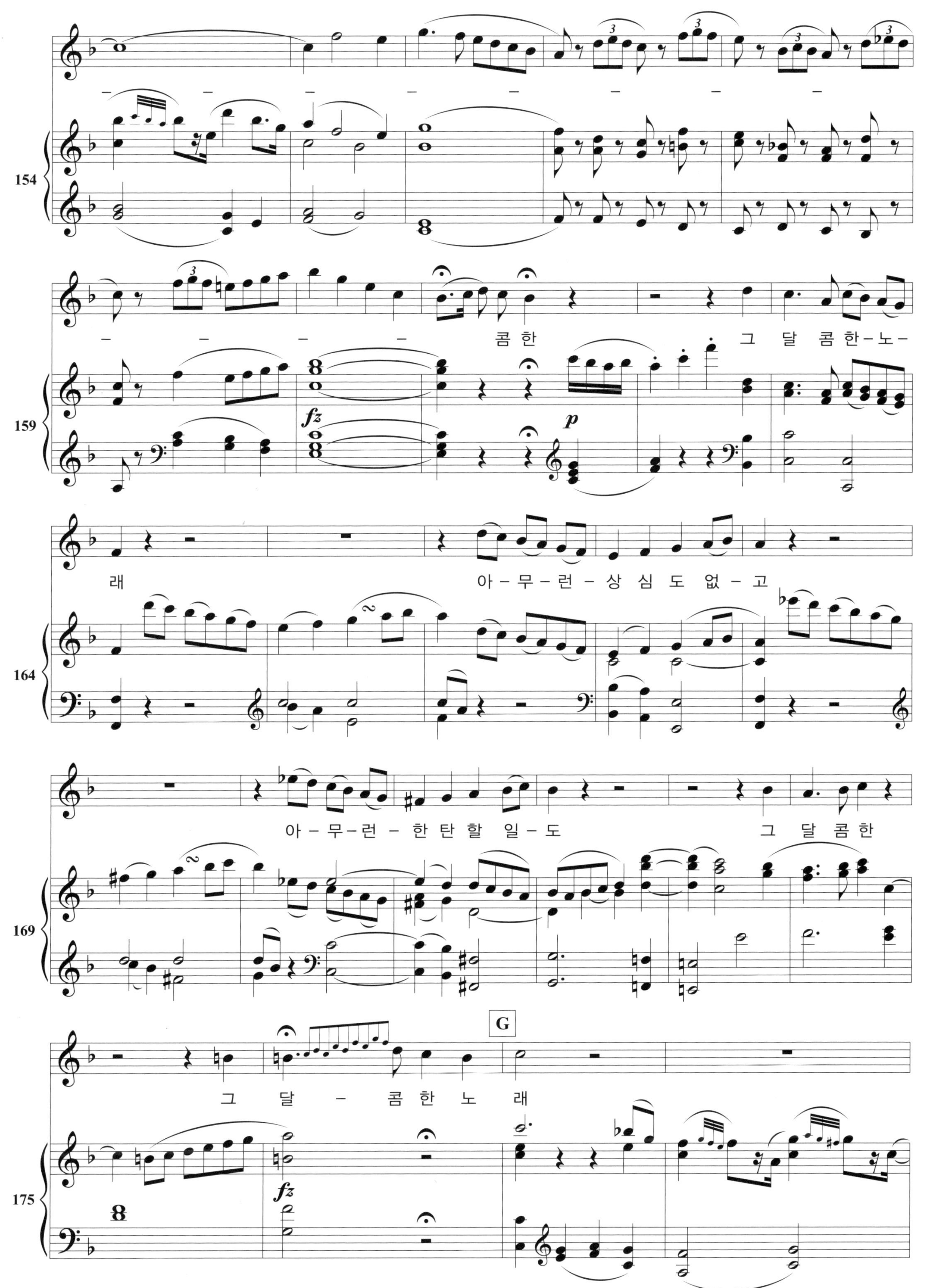
콤 한
그 달 콤한-노-
래
아-무-런-상 심 도 없-고
아-무-런-한 탄할 일-도
그 달콤한
그 달 - 콤한노 래
fz
p
fz
G
제2부 | 14. 주께서 저 바다엔

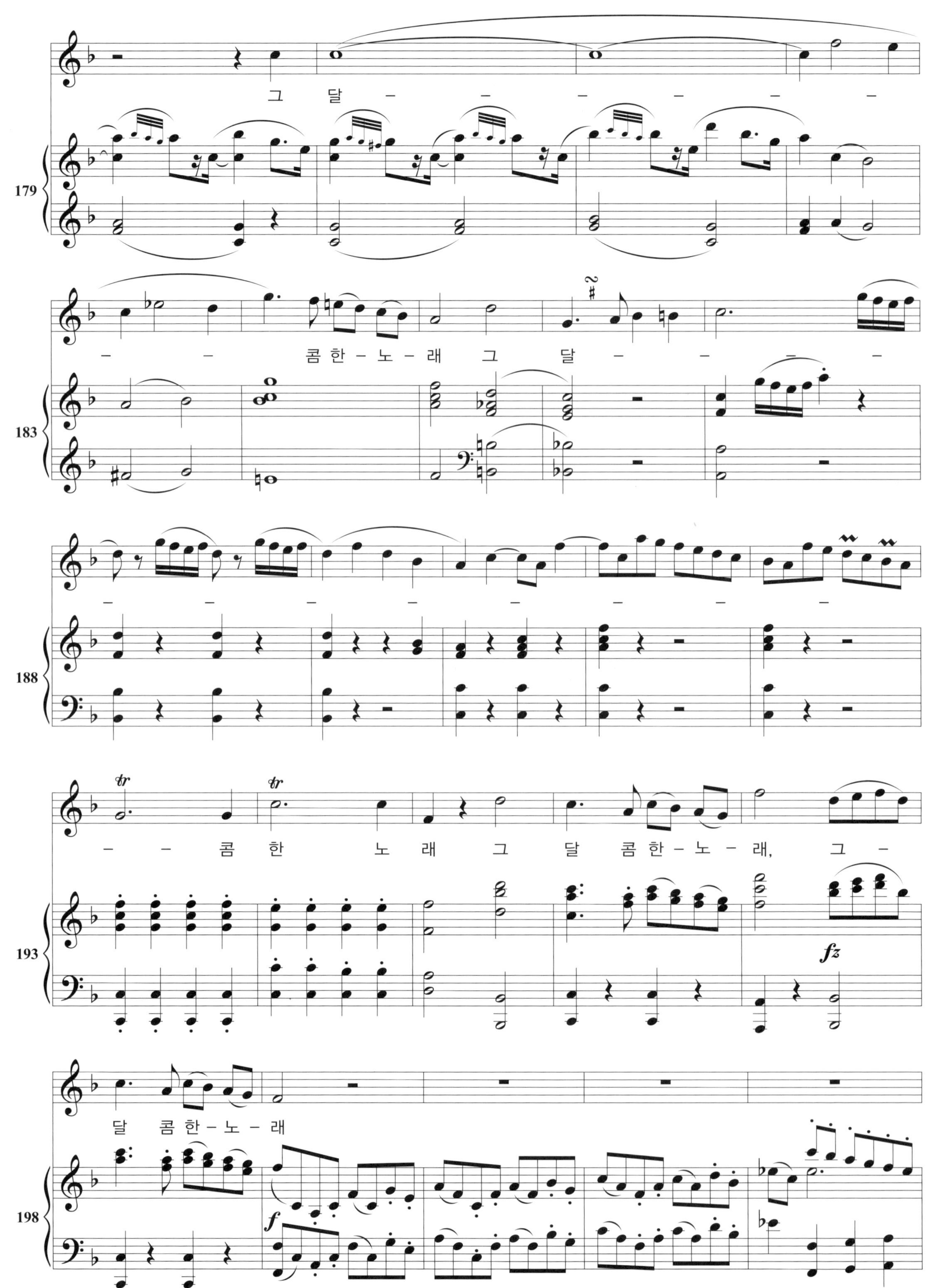
그 달
콤한─노─래 그 달
콤 한 노 래 그 달 콤한─노─래, 그─
달 콤한─노─래

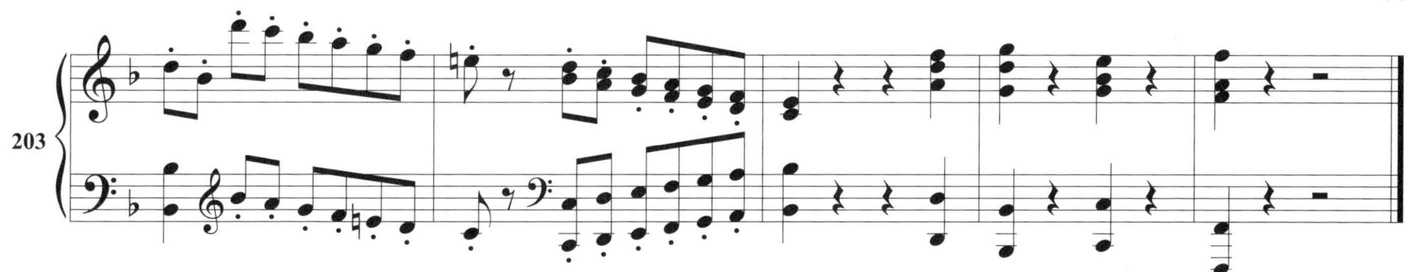

16. 또 하나님 큰 고래와 또한 모든 움직이는

Recit. (*Raphael*) Und Gott schuf grosse Wallfische

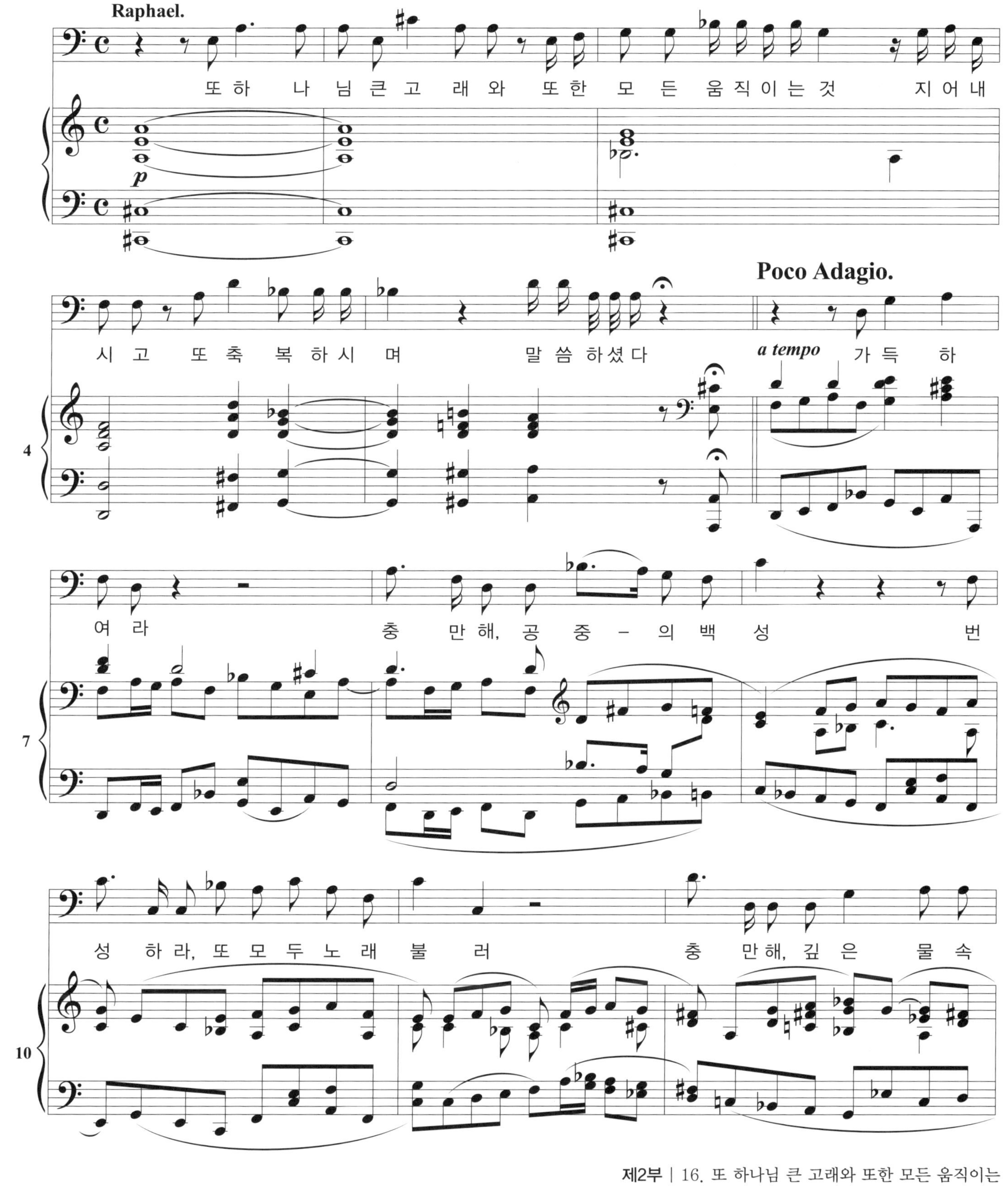

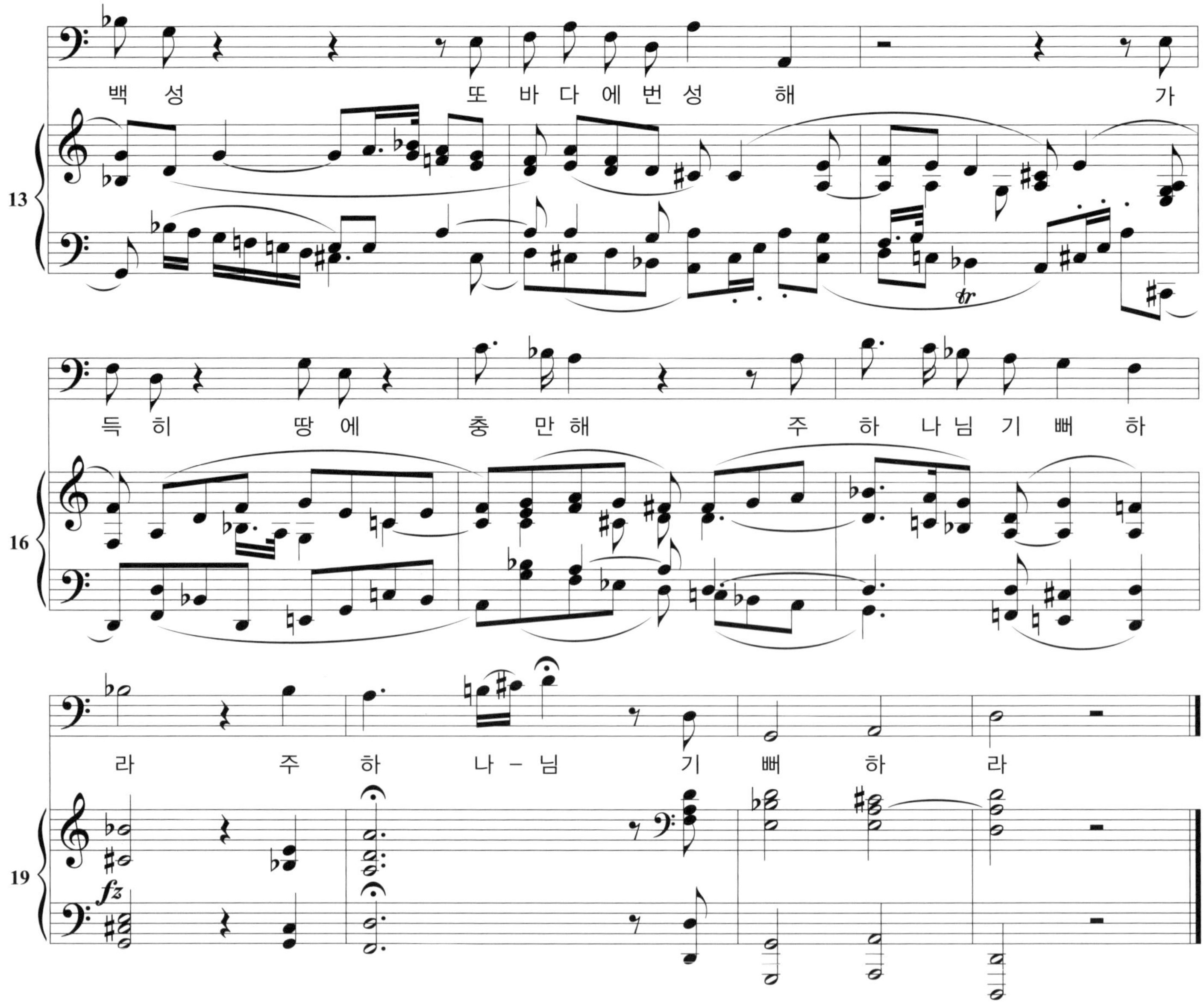

17. 그리고서 천사들이 하프를 켜고

Recit. (*Raphael*) Und die Engel ruhrten ihre Harfen

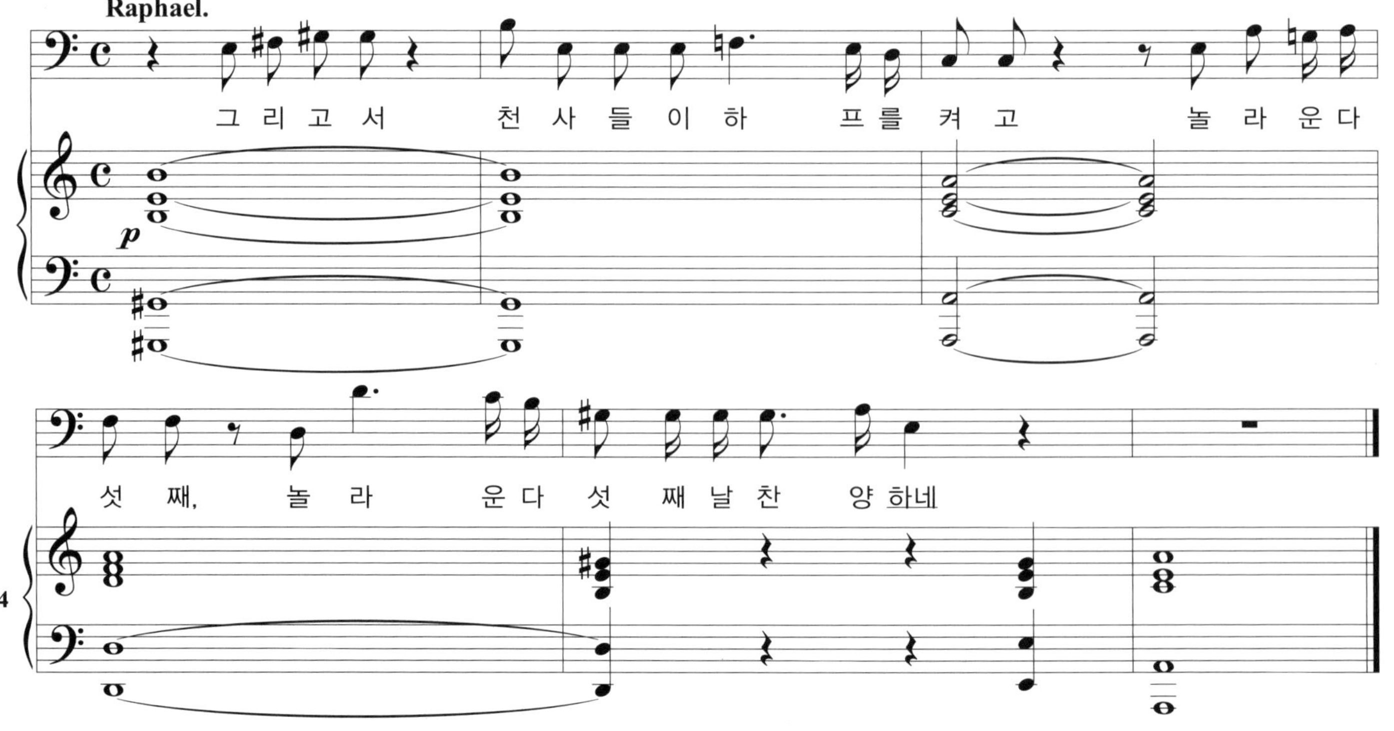

18. 오 아름답도다! 초록색 옷 입은 멋진 푸른 언덕들

Terzett. (*Gabriel, Uriel, Raphael*) **In holder anmuth stehn, mit jungem Grum**

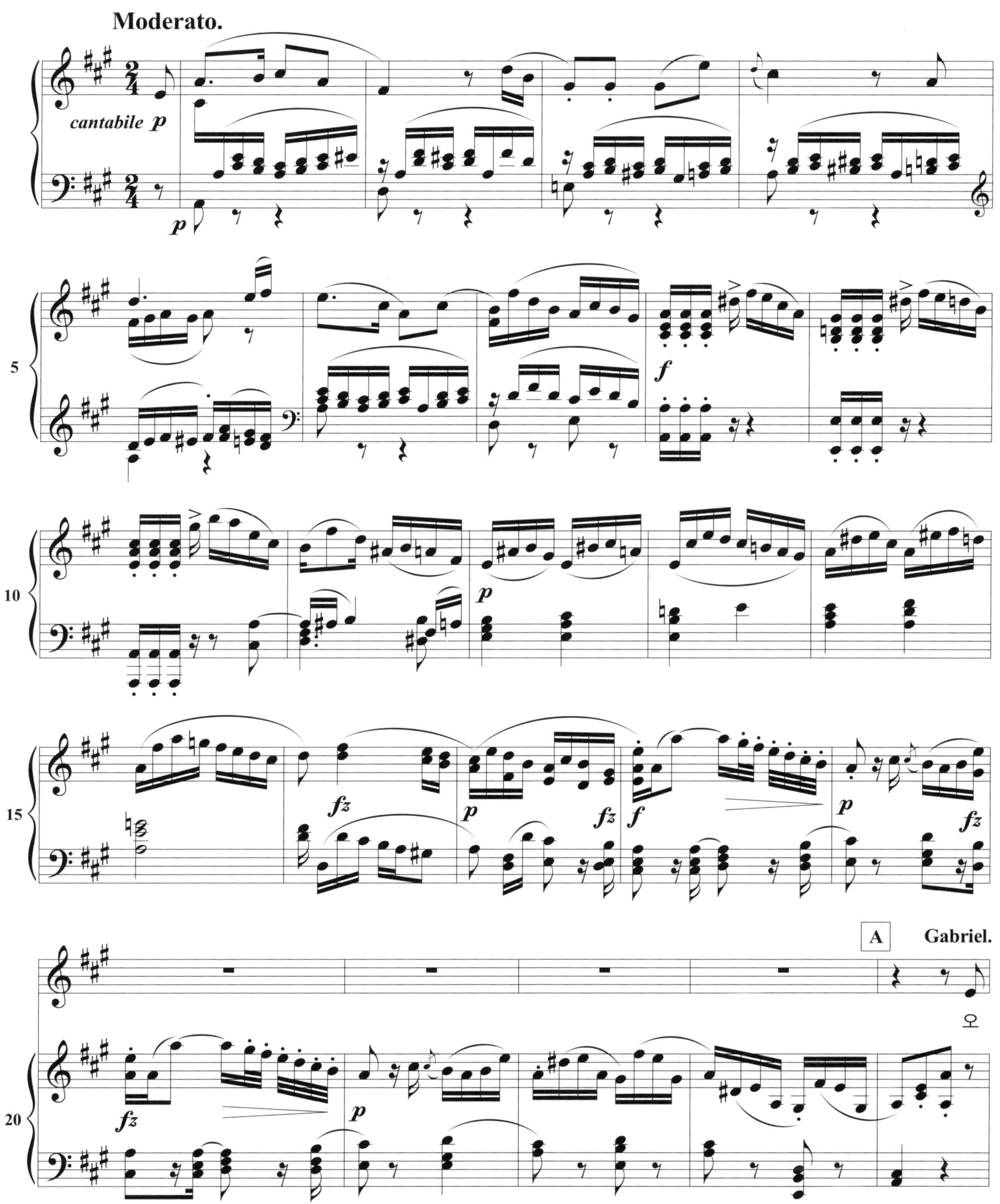

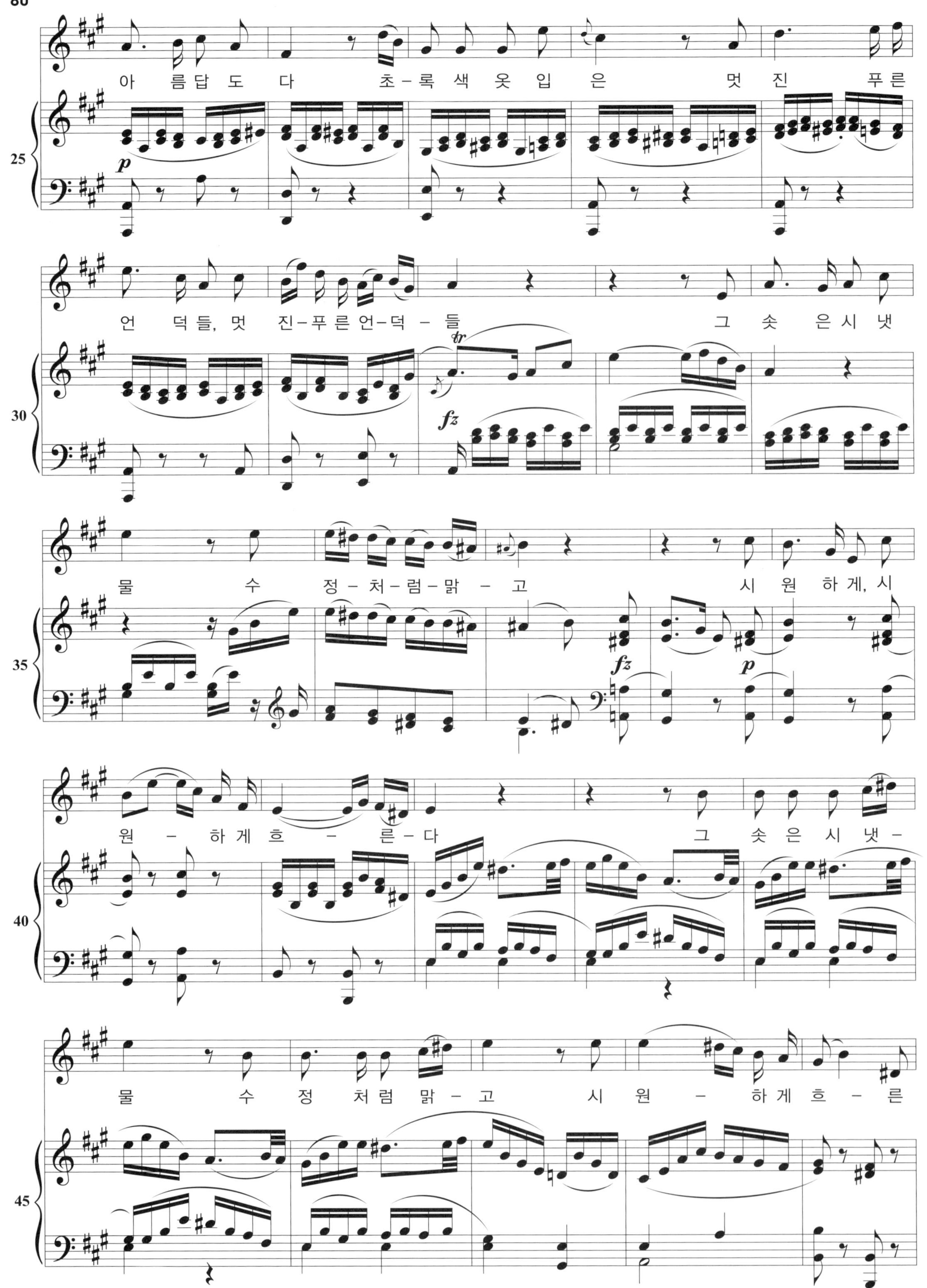
아 름 답 도 다 초－록색 옷 입 은 멋 진 푸른
언 덕 들, 멋 진－푸른언－덕 － 들 그 솟 은 시 냇
물 수 정 －처－럼－맑 － 고 시 원 하 게, 시
원 － 하 게 흐 － 른 다 그 솟 은 시 냇 －
물 수 정 처럼 맑 － 고 시 원 － 하 게 흐 르 른

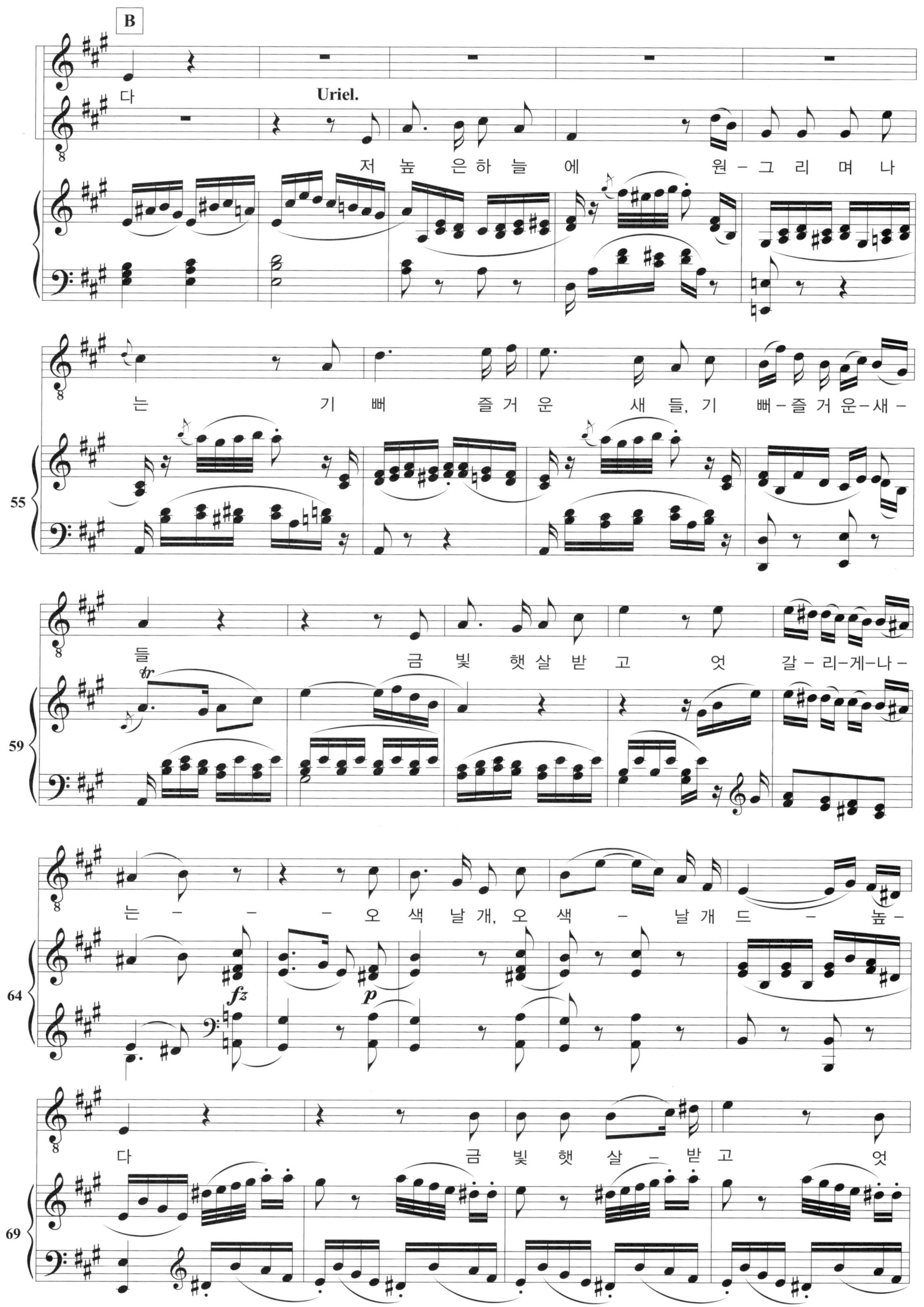
B
Uriel.
다
저 높 은 하 늘 에   원 - 그 리 며 나
는   기 뻐   즐 거 운   새 들, 기 뻐 - 즐 거 운 - 새 -
들   금 빛 햇 살 받 고   엇   갈 - 리 - 게 나 -
는 - - - 오 색 날 개, 오 색 - 날 개 드 - 높 -
다   금 빛 햇 살 - 받 고   엇
fz
p
tr

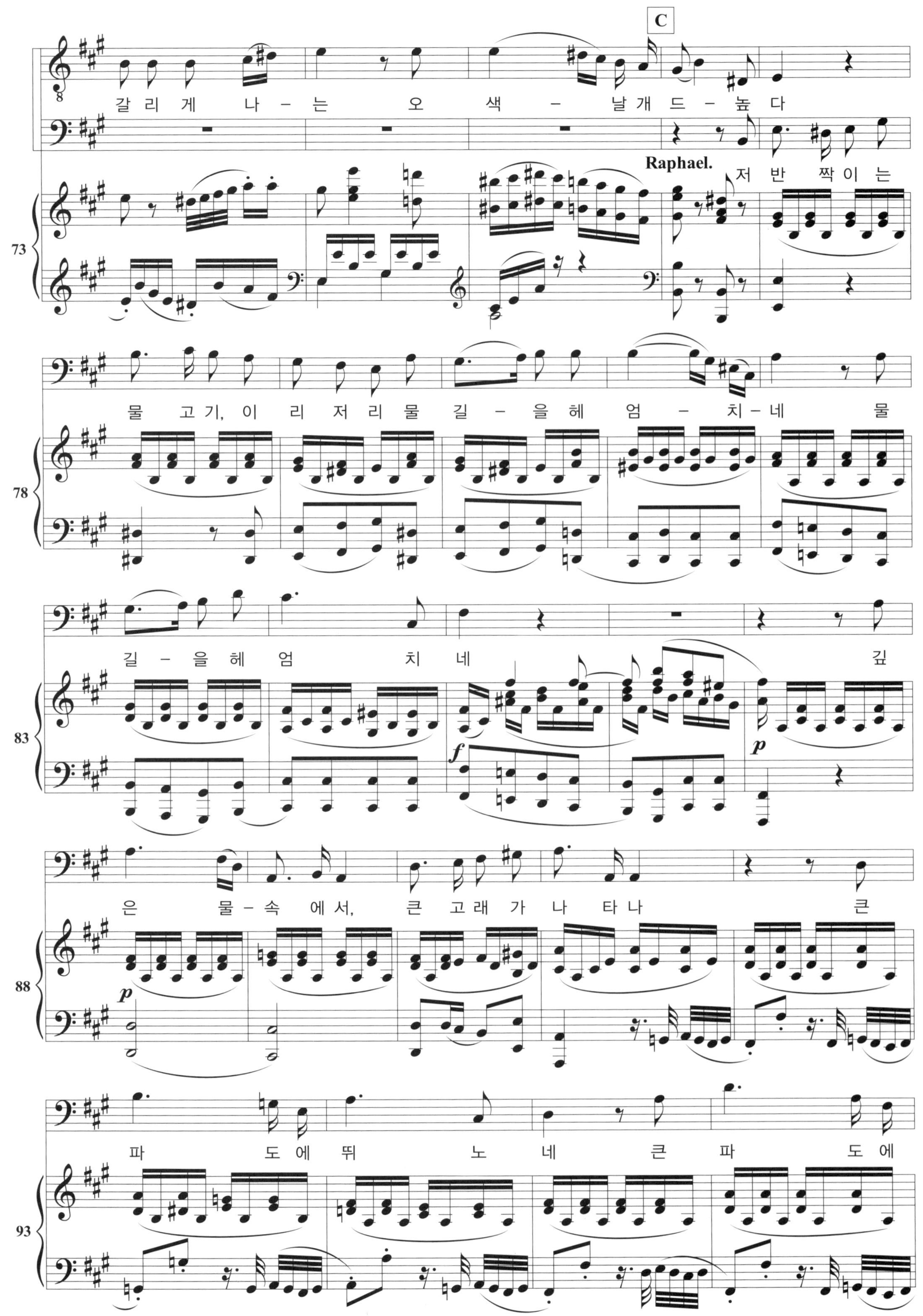
C
갈 리 게 나 ― 는 오 색 ― 날 개 드 ― 높 다
Raphael.
저 반 짝 이 는
물 고 기, 이 리 저 리 물 길 ― 을 헤 엄 ― 치 네 물
길 ― 을 헤 엄 치 네 깊
은 물 ― 속 에 서, 큰 고 래 가 나 타 나 큰
파 도 에 뛰 노 네 큰 파 도 에
p
f
p
p
73
78
83
88
93

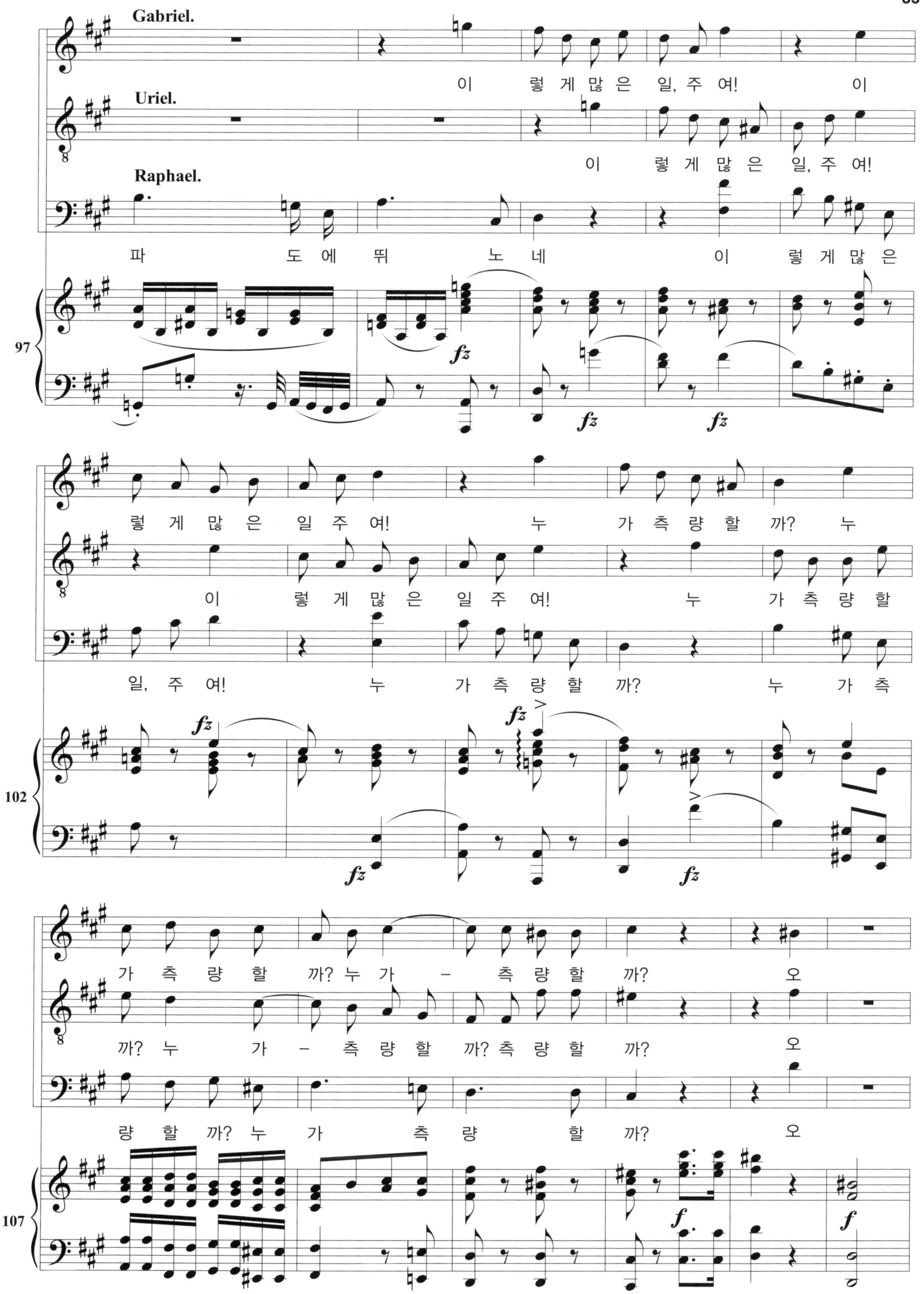

Gabriel.
Uriel.
Raphael.
이 렇게많은 일, 주 여! 이
이 렇게많은 일, 주 여!
파 도에뛰 노 네 이 렇게많은
렇게많은 일주 여! 누 가측 량할 까? 누
이 렇게많은 일주 여! 누 가측 량할
일, 주 여! 누 가측 량할 까? 누 가측
가 측 량 할 까? 누 가 - 측 량할 까? 오
까? 누 가 - 측 량할 까? 측 량할 까? 오
량 할 까? 누 가 측 량 할 까? 오
97
102
107

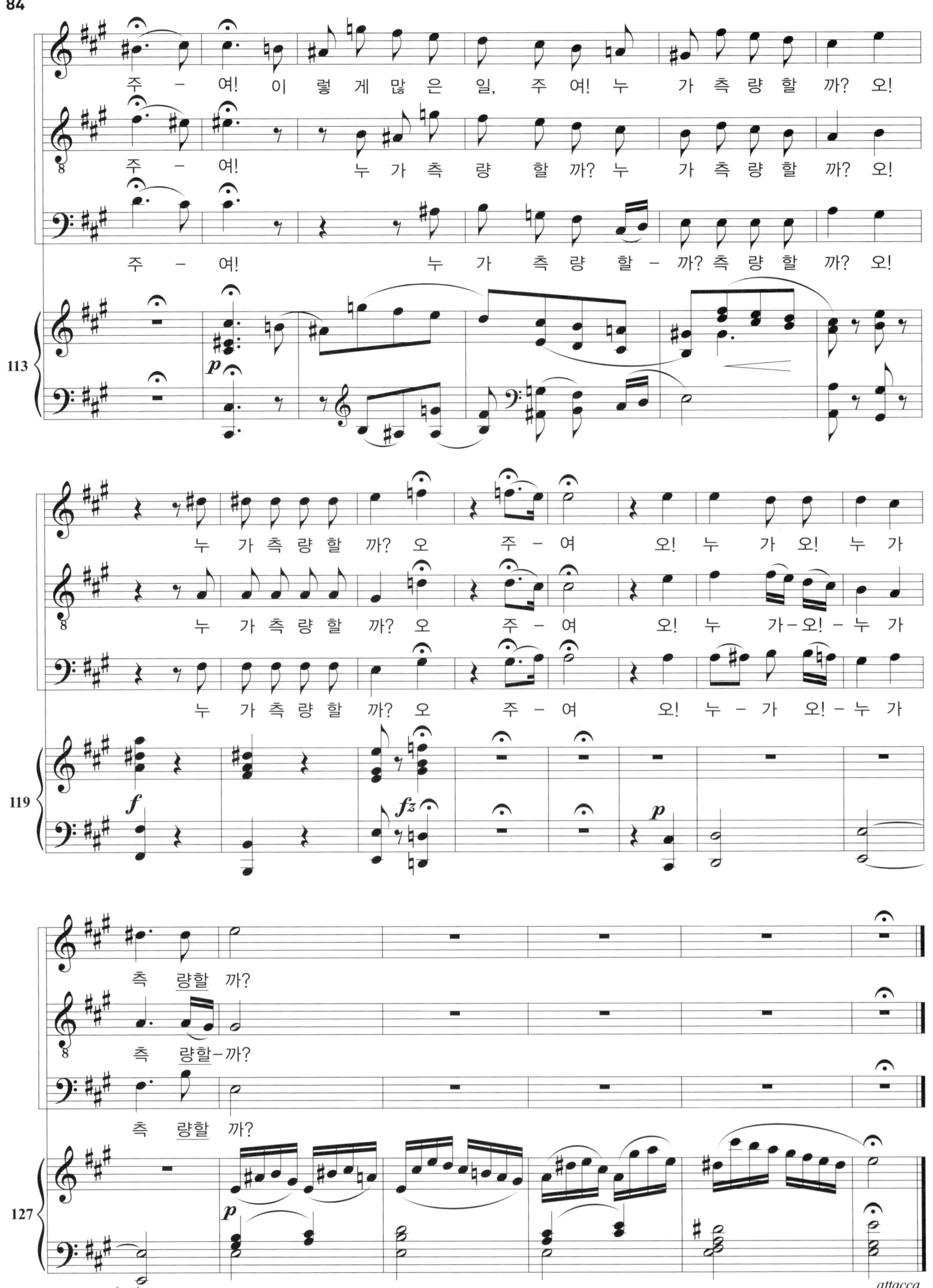
주 - 여! 이렇게 많은 일, 주여! 누 가 측 량 할 까? 오!
주 - 여! 누 가 측 량 할 까? 누 가 측 량 할 까? 오!
주 - 여! 누 가 측 량 할 - 까? 측 량 할 까? 오!
누 가 측 량 할 까? 오 주 - 여 오! 누 가 오! 누 가
누 가 측 량 할 까? 오 주 - 여 오! 누 가 오! 누 가
누 가 측 량 할 까? 오 주 - 여 오! 누 - 가 오! - 누 가
측 량할 까?
측 량할 - 까?
측 량할 까?
attacca

19. 주의 권능 위대하다

Terzett. (*Gabriel, Uriel, Raphael*) und Chor. **Der Herr ist gross in seiner Macht**

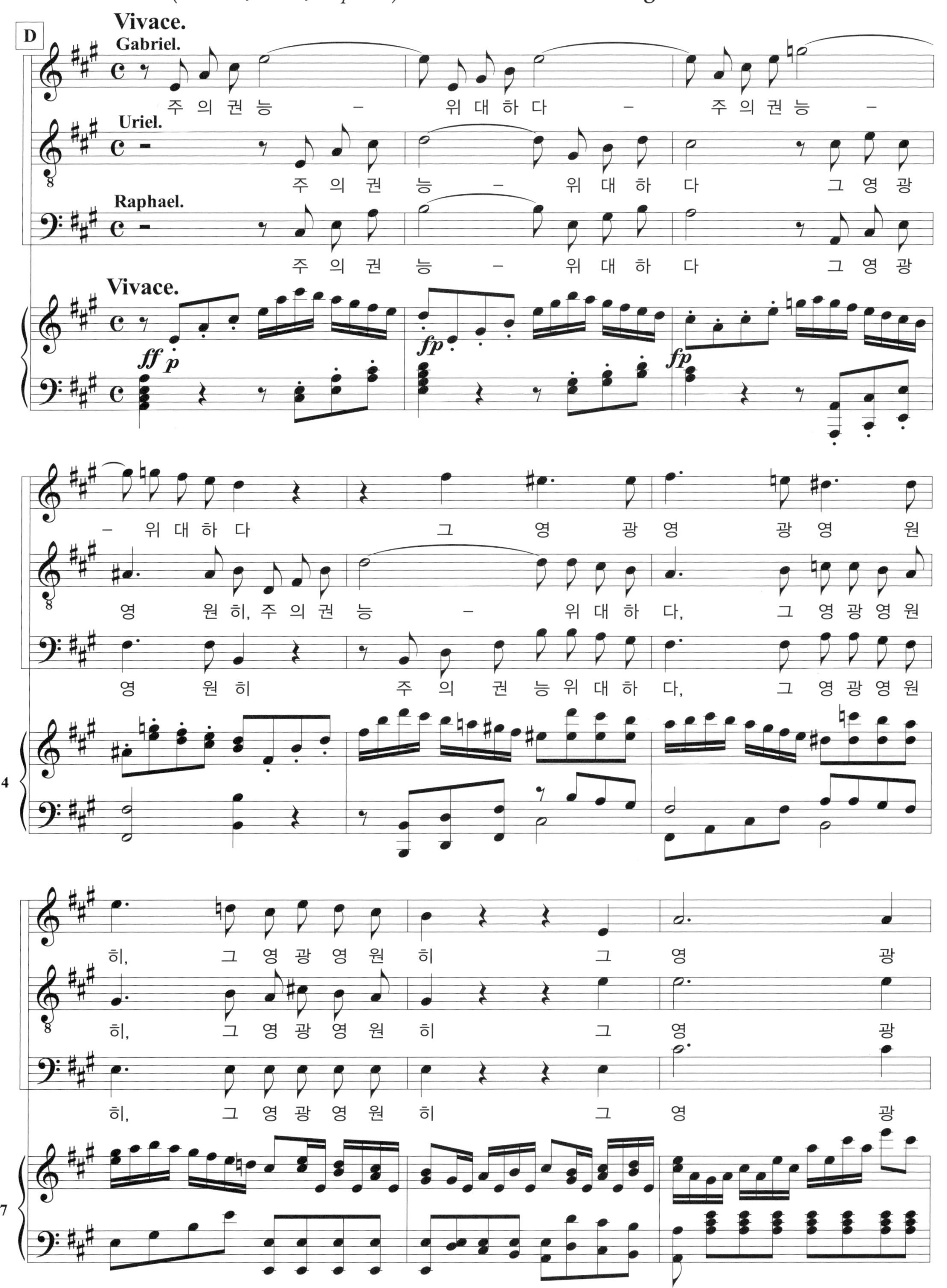

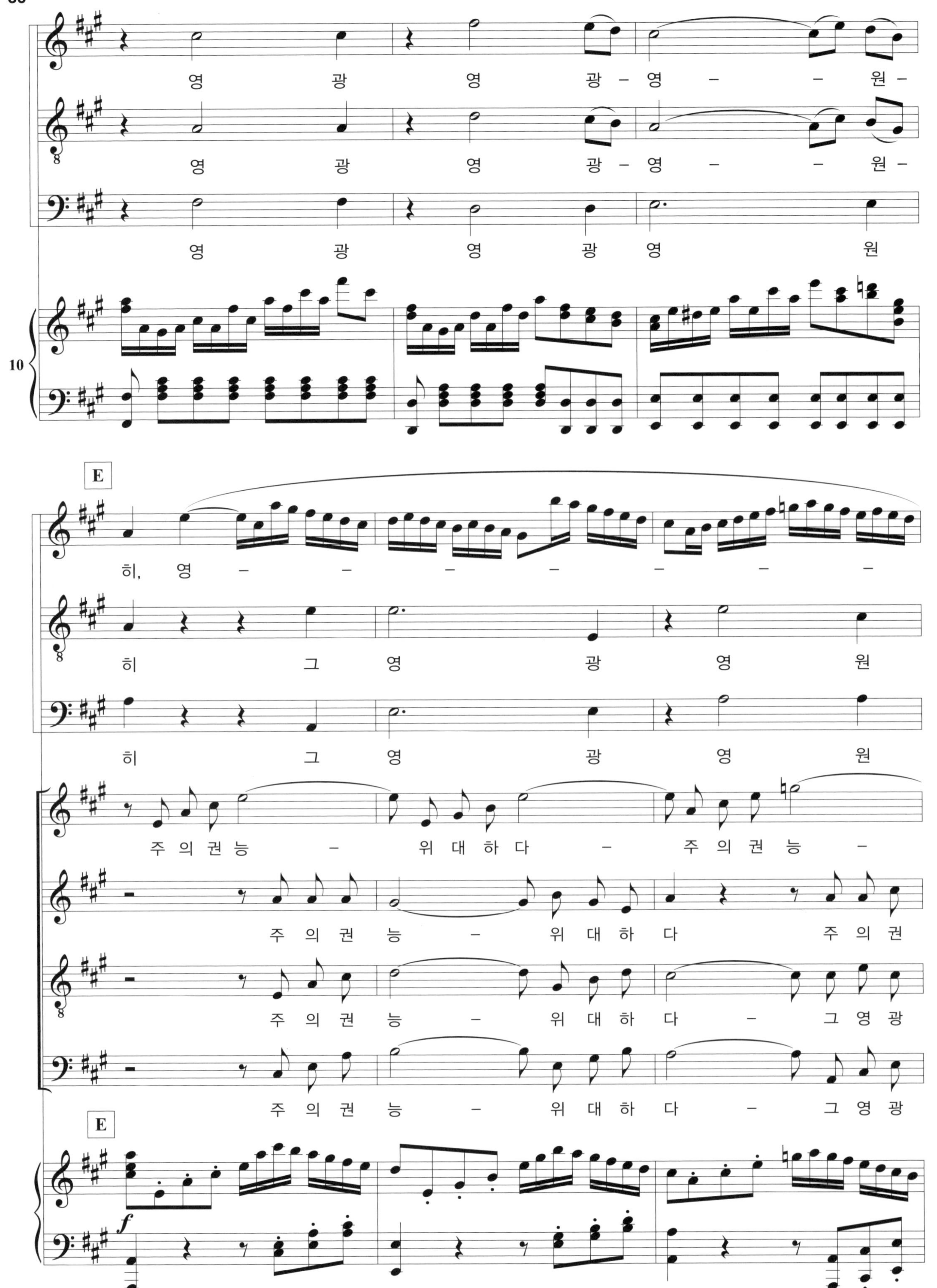
영 광 영 광 영 원 -
영 광 영 광 영 원 -
영 광 영 광 영 원
히, 영 - - - - - 히 -
히 그 영 광 영 원
히 그 영 광 영 원
주 의 권 능 - 위 대 하 다 - 주 의 권 능 -
주 의 권 능 - 위 대 하 다 주 의 권
주 의 권 능 - 위 대 하 다 - 그 영 광
주 의 권 능 - 위 대 하 다 - 그 영 광

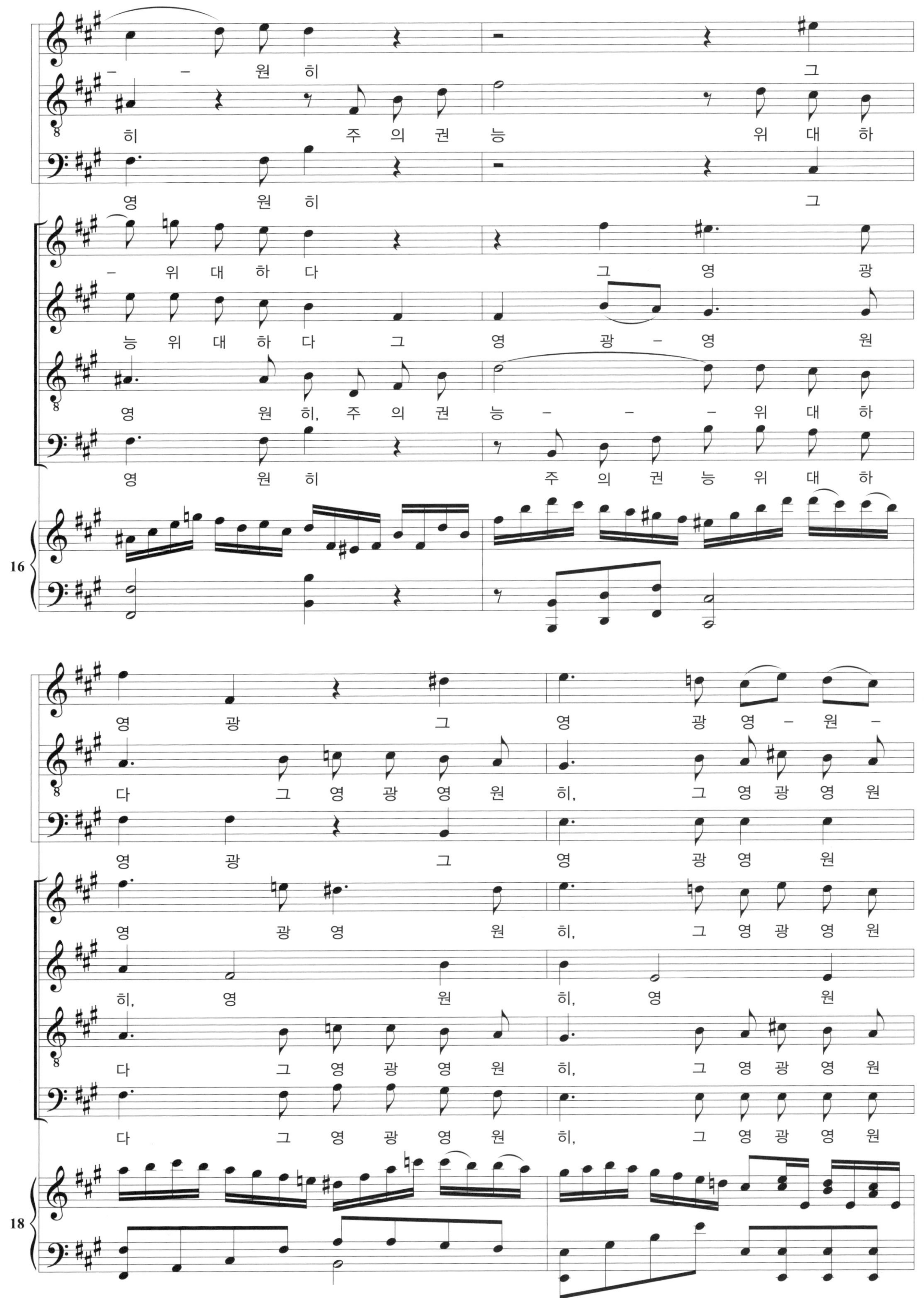
원히
그
히
주 의 권 능
위 대 하
영 원 히
그
영 원 히
위 대 하 다
그 영 광
능 위 대 하 다 그 영 광 영 원
영
원 히, 주 의 권 능
위 대 하
영 원 히
주 의 권 능 위 대 하
영 광
그
영
광 영 원
다
그 영 광 영 원 히,
그 영 광 영 원
영
광
그
영
광 영 원
영
광 영
원 히,
그 영 광 영 원
히,
영
원
히,
영
원
다
그 영 광 영 원 히,
그 영 광 영 원

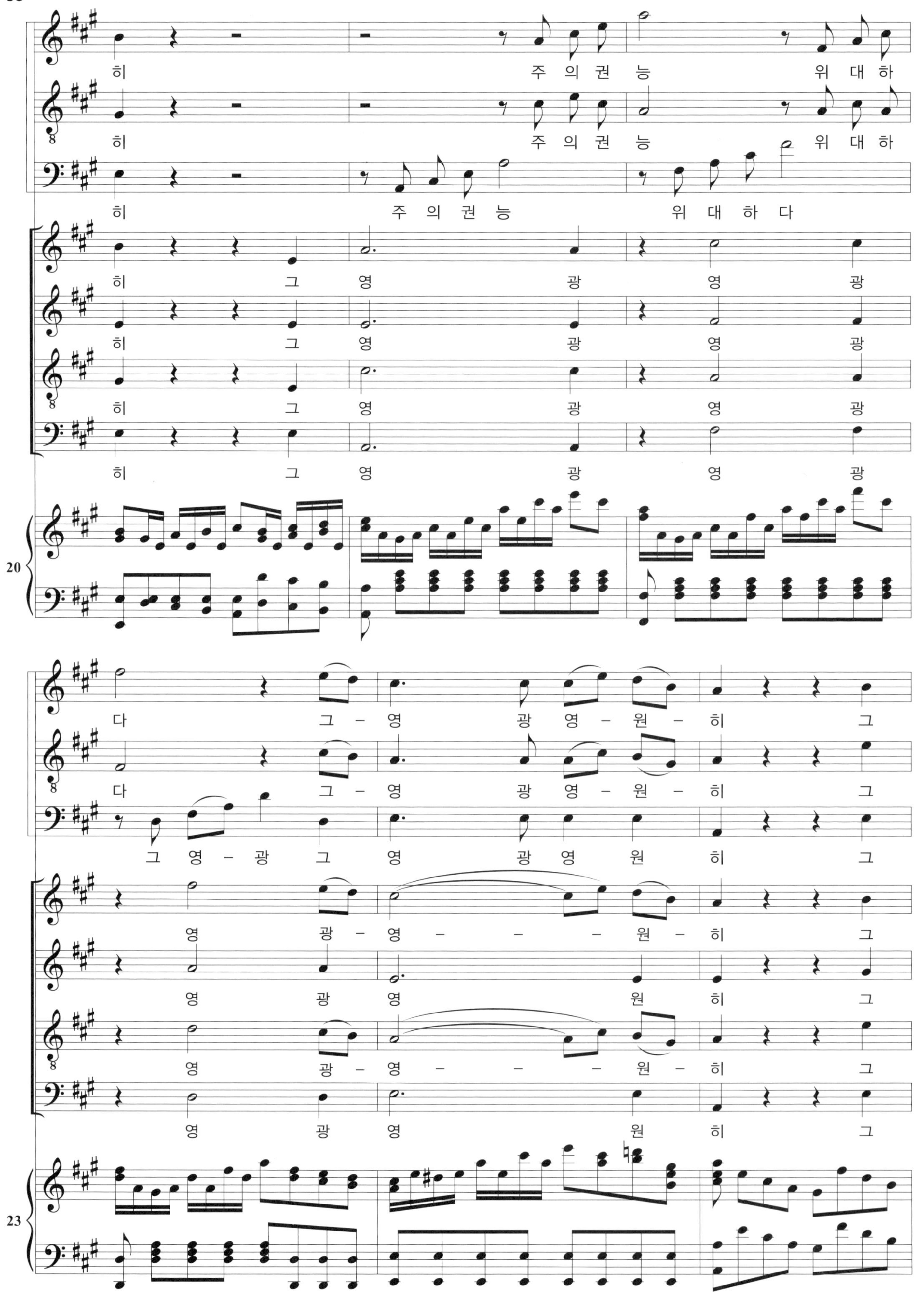
히
주 의 권 능
위 대 하
히
주 의 권 능
위 대 하
히
주 의 권 능
위 대 하 다
히
그 영
광
영 광
히
그 영
광
영 광
히
그 영
광
영 광
히
그 영
광
영 광
다
그 — 영
광 영 — 원 — 히
그
다
그 — 영
광 영 — 원 — 히
그
그 영 — 광
그 영
광 영 원
히
그
영
광 — 영 — — — 원 — 히
그
영
광 영
원 히
그
영
광 — 영 — — — 원 — 히
그
영
광 영
원 히
그

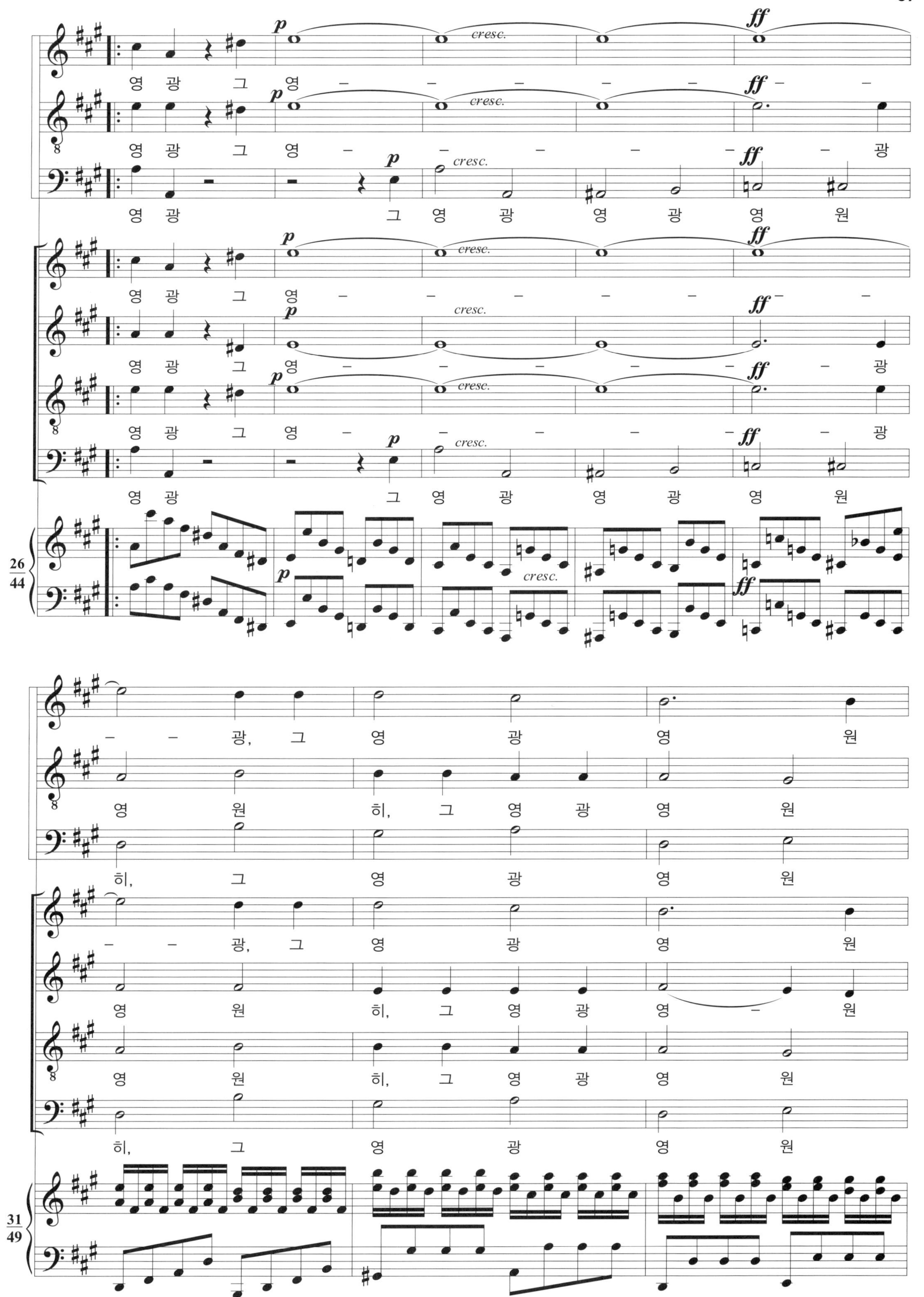
영 광 그 영
영 광 그 영
영 광
그 영 광 영 광 영 원
영 광 그 영
영 광 그 영
영 광 그 영
영 광
그 영 광 영 광 영 원
p cresc. ff
영 원
히, 그 영 광 영 원
영 원
히, 그 영 광 영 원
영 원
히, 그 영 광 영 원

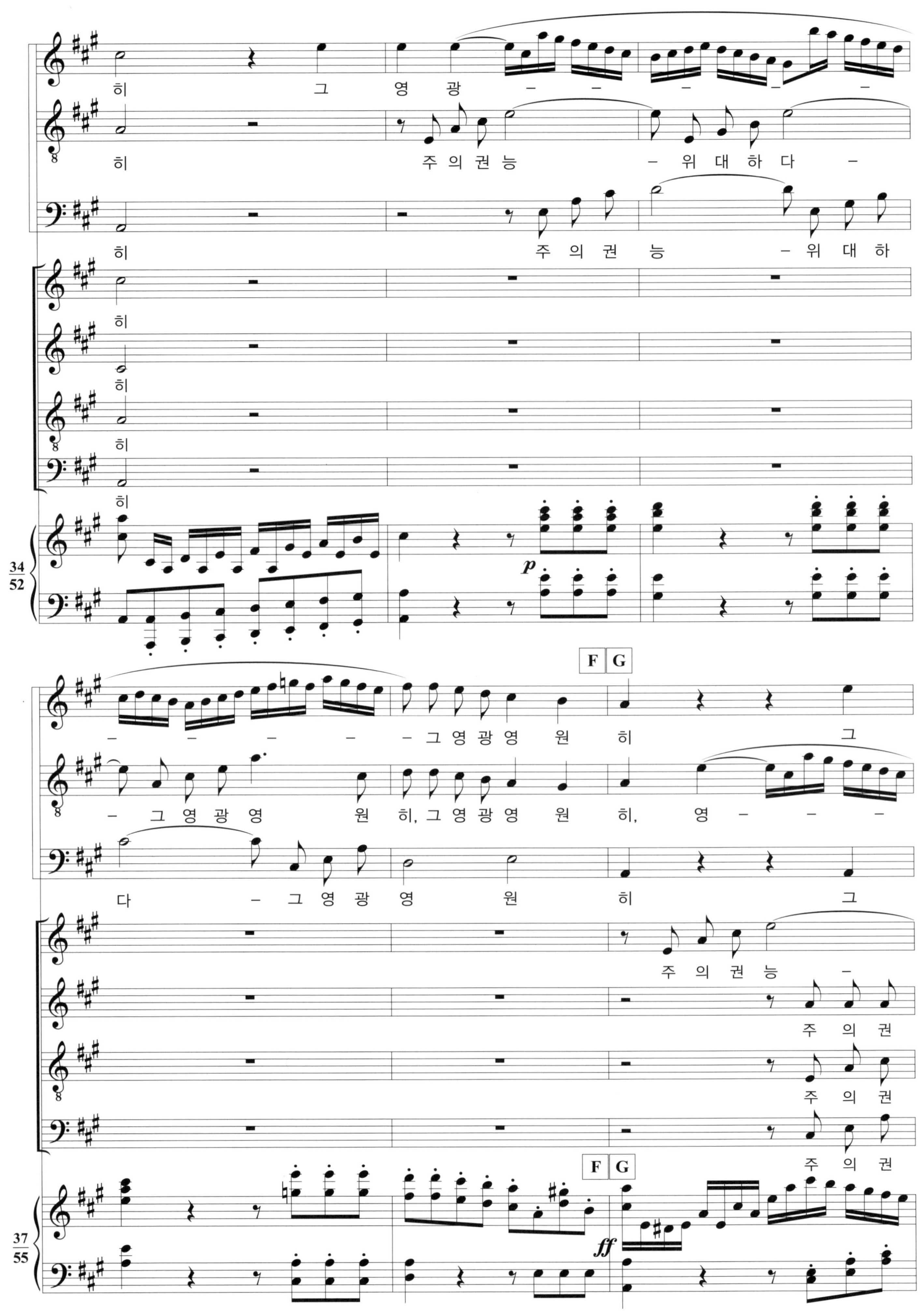
히
그 영광
주의권능 －위대하다－
히
주의권능 －위대하
히
히
히
히
－ －그영광영원히 그
－그영광영 원히,그영광영원히, 영－
다 －그영광영 원히 그
주의권능 －
주의권
주의권
주의권

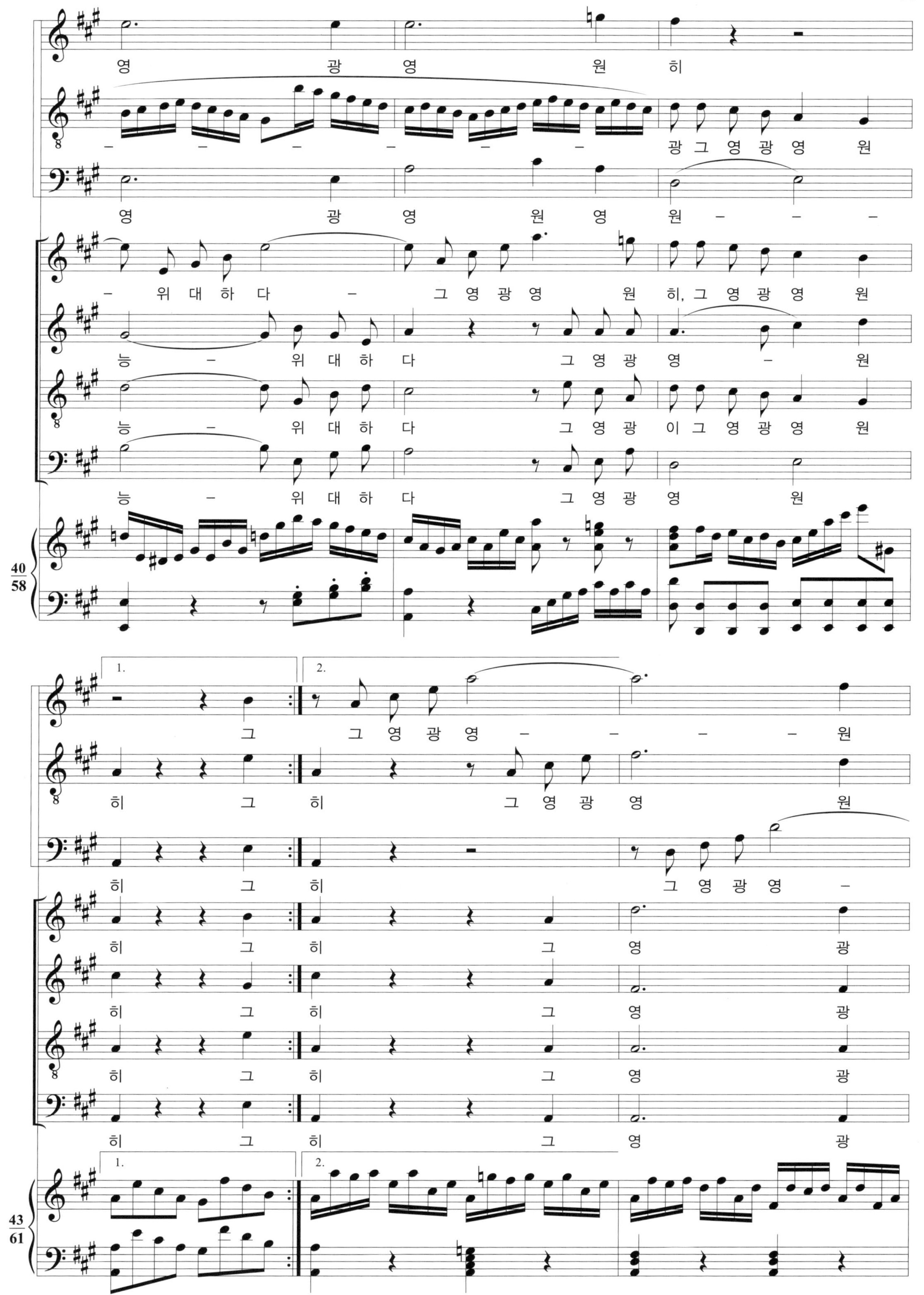
영 광 영 원 히
광 그 영광영 원
영 광 영 원 영 원
위 대 하 다 그 영광영 원 히, 그 영광영 원
능 위 대 하 다 그 영광 영 원
능 위 대 하 다 그 영광 이 그 영광영 원
능 위 대 하 다 그 영광 영 원
그 그 영광영 원
히 그 히 그 영광 영 원
히 그 히 그 영광 영
히 그 히 그 영 광
히 그 히 그 영 광

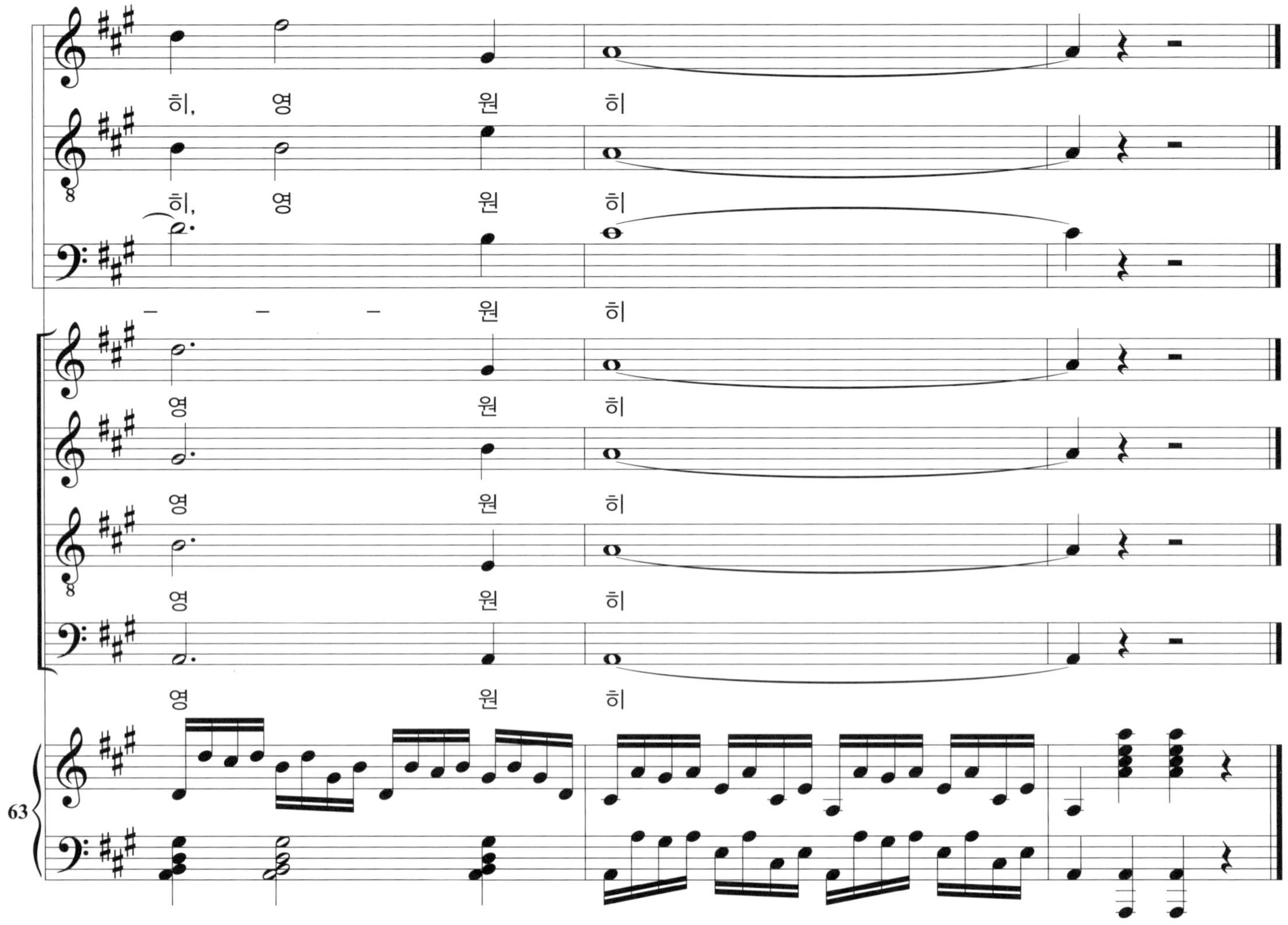

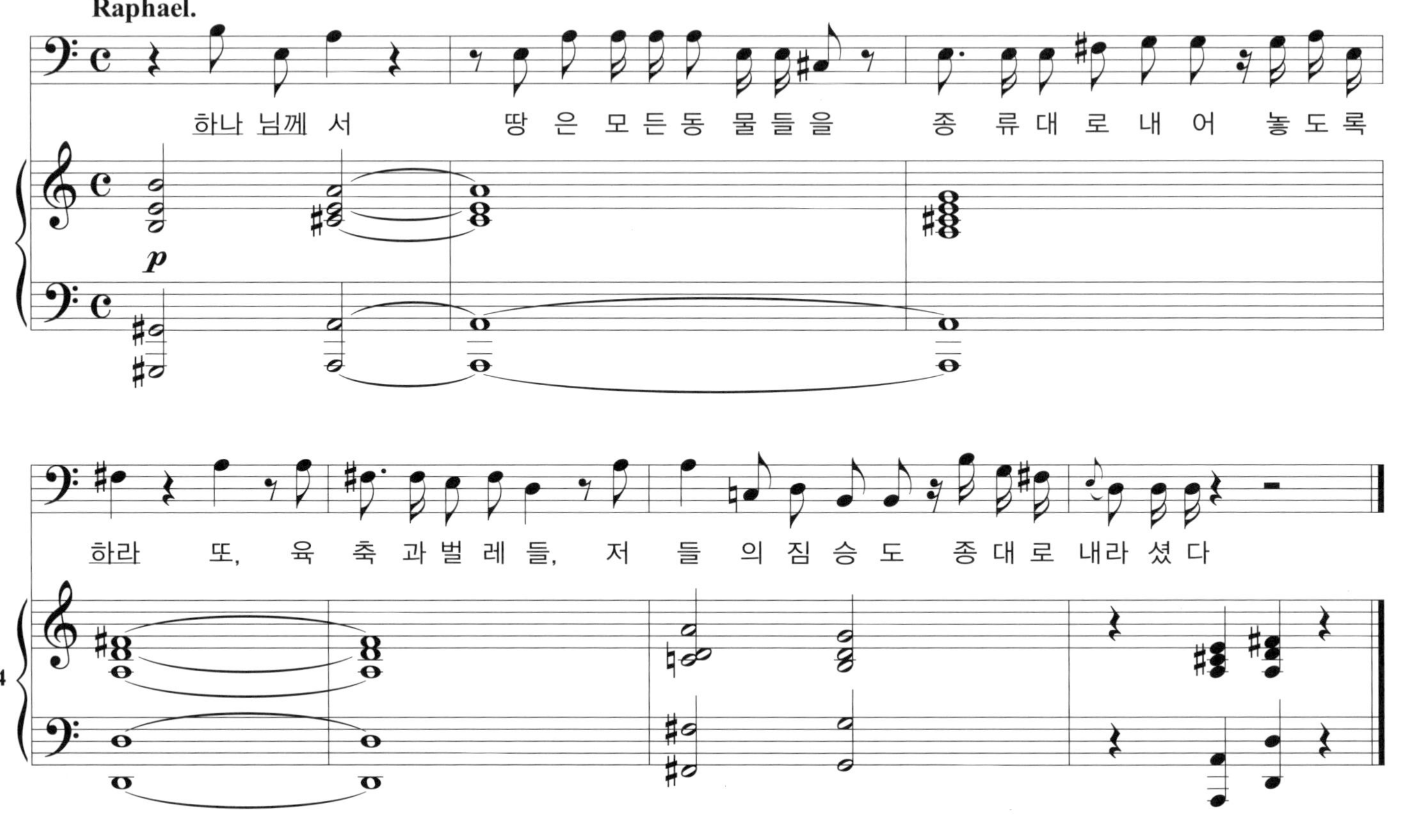

20. 하나님께서 땅은 모든 동물들을

Recit. (*Raphael*) **Und Gott sprach: Es bringe die Erde hervor**

21. 땅은 만물의 어머니

Recit. (*Raphael*) Gleich öffnet sich der Erde Schoos

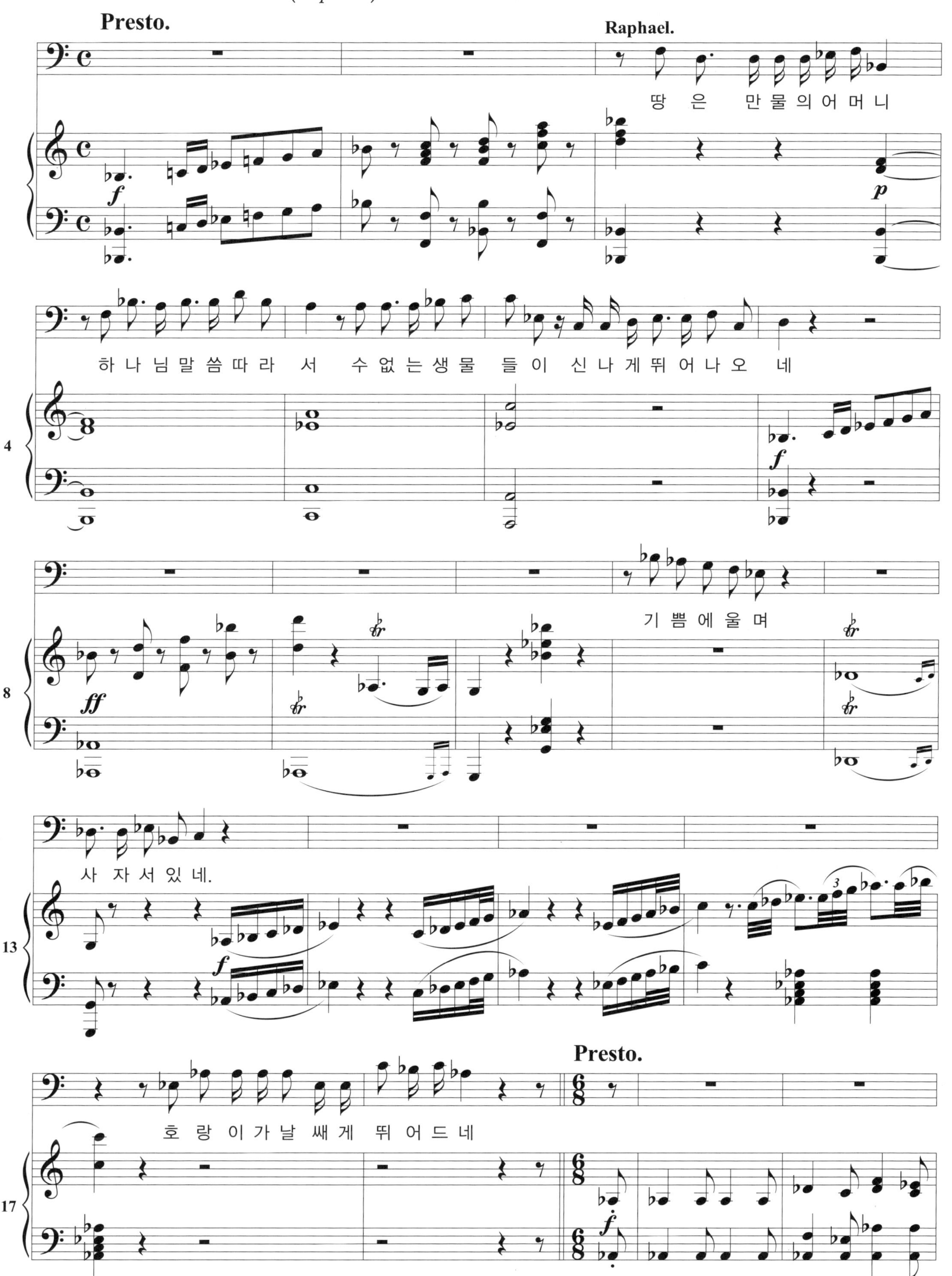

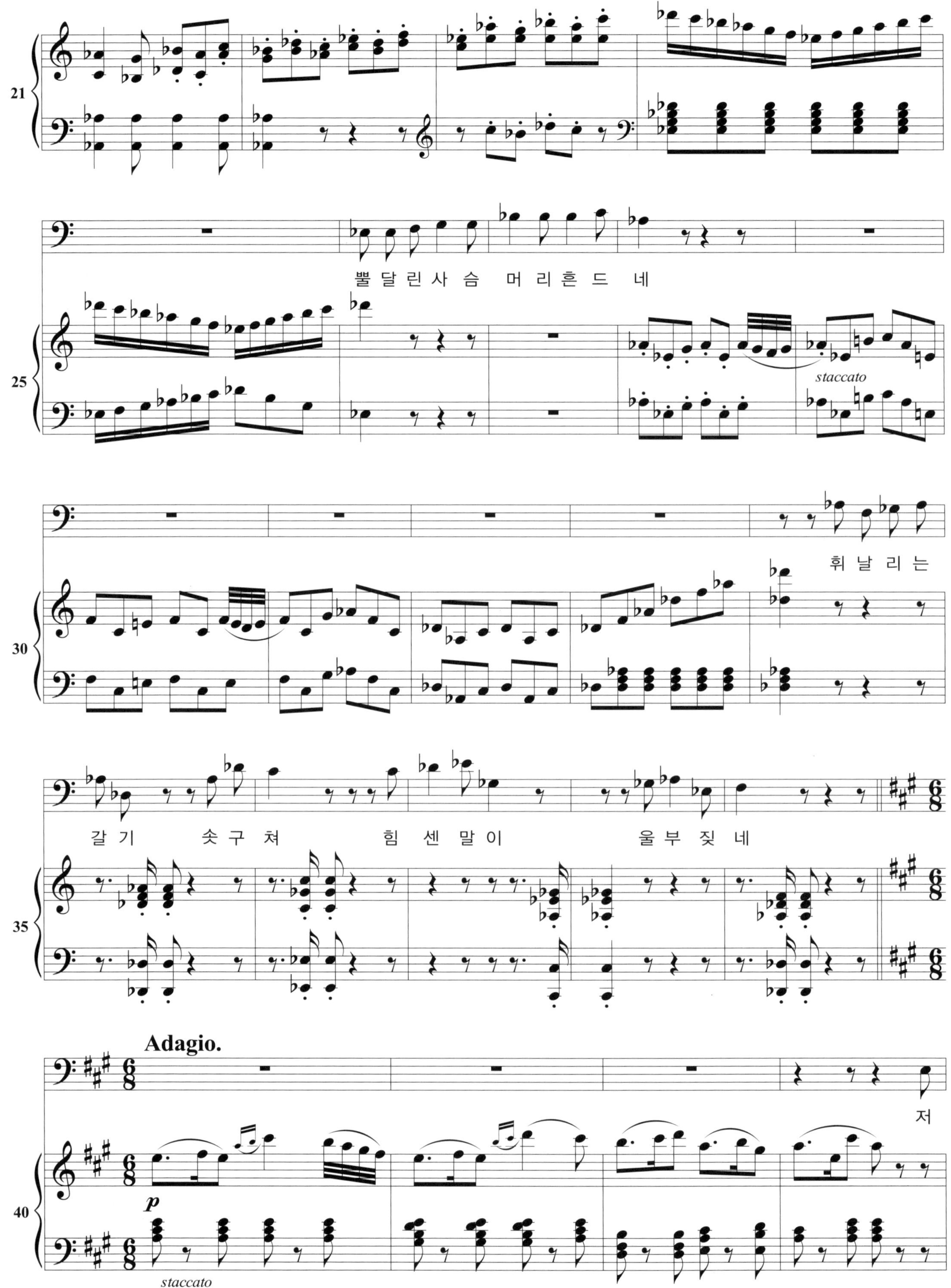

21
25
뿔 달린 사 슴 머 리 흔 드 네
staccato
30
휘 날 리 는
갈 기 솟 구 쳐 힘 센 말 이 울 부 짖 네
35
Adagio.
저
40
p
staccato

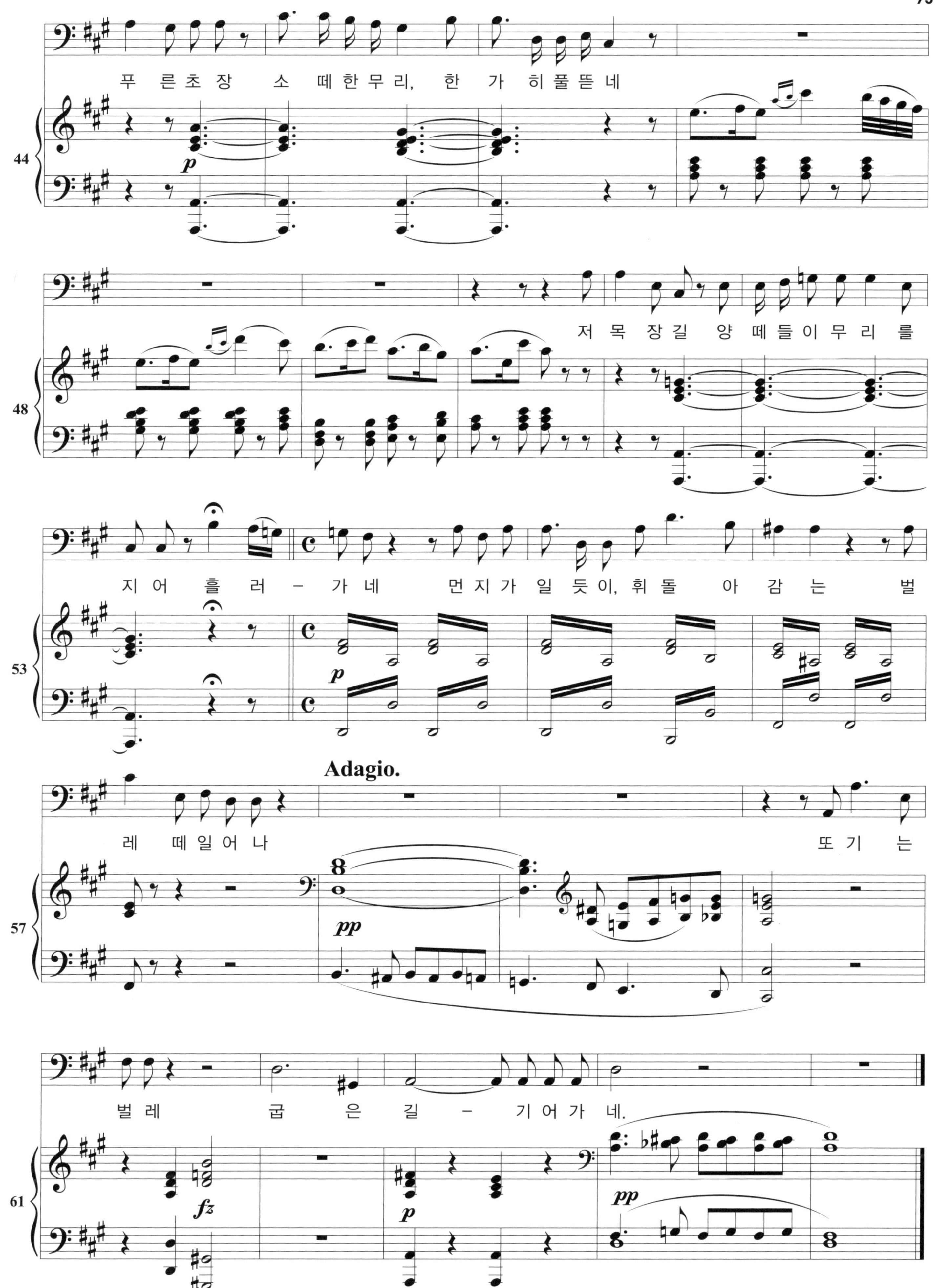

푸른초장 소 떼한무리, 한 가 히풀뜯네
저 목 장 길 양 떼들이무리를
지 어 흘 러 - 가네 먼 지 가 일 듯이, 휘 돌 아 감 는 벌
레 떼일어나
또 기 는
벌 레 굽 은 길 - 기 어 가 네.
Adagio.

22. 하늘은 찬란하게 빛나고
Arie. (*Raphael*) Nun scheint in vollem Glanze der Himmel

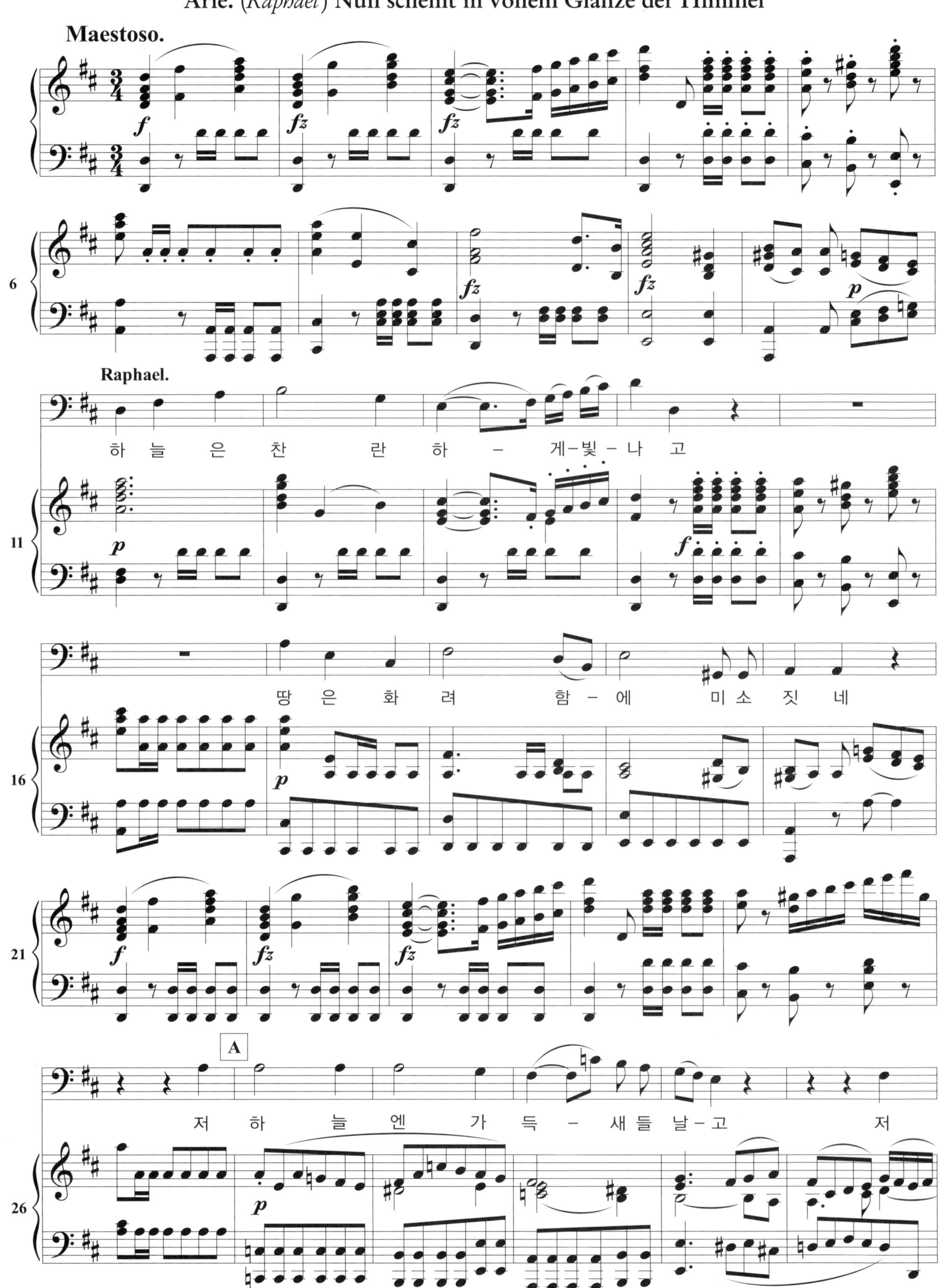

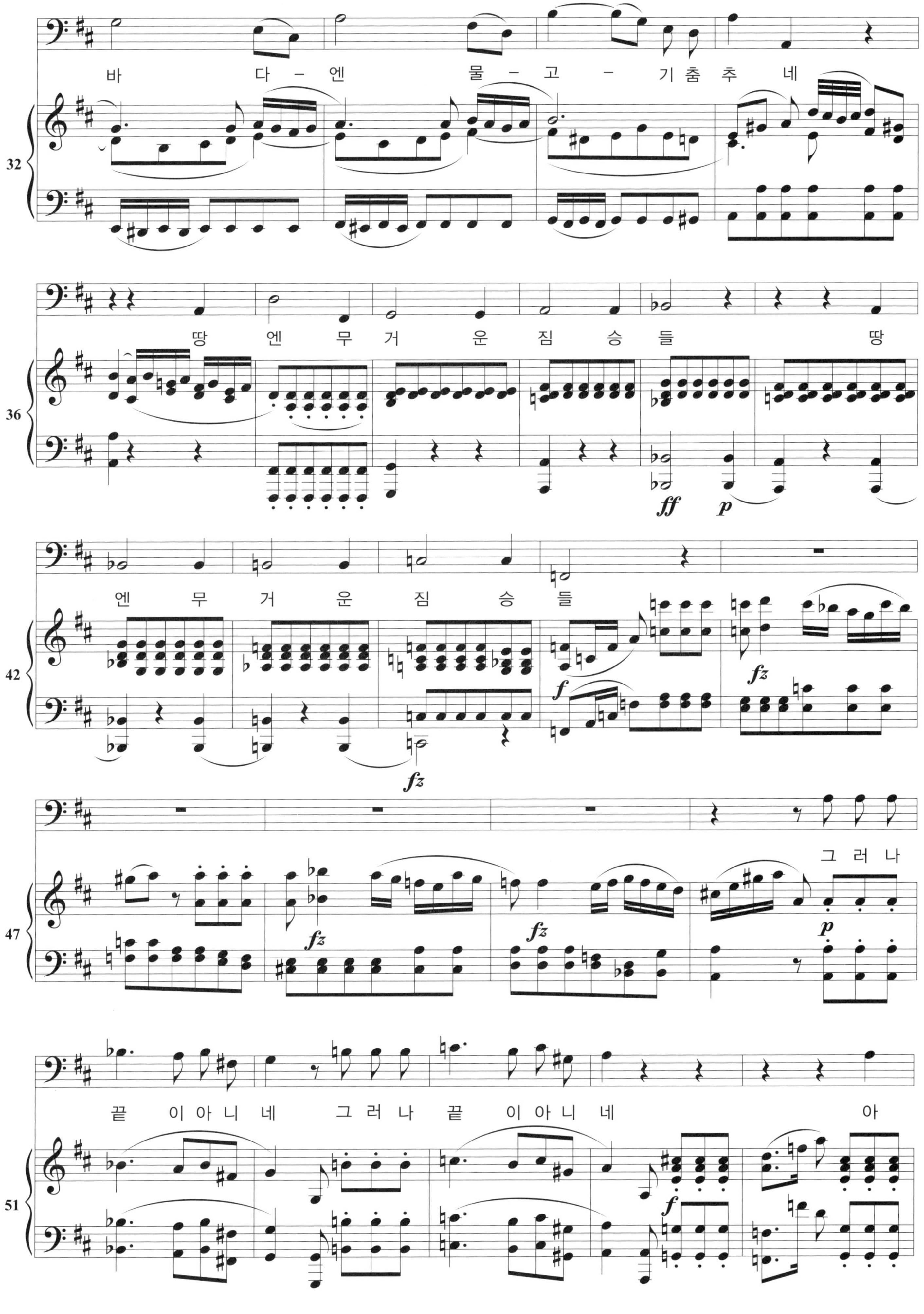

바 다 — 엔 물 — 고 — 기 춤 추 네
땅 엔 무 거 운 짐 승 들 땅
엔 무 거 운 짐 승 들
그 러 나
끝 이 아 니 네 그 러 나 끝 이 아 니 네 아

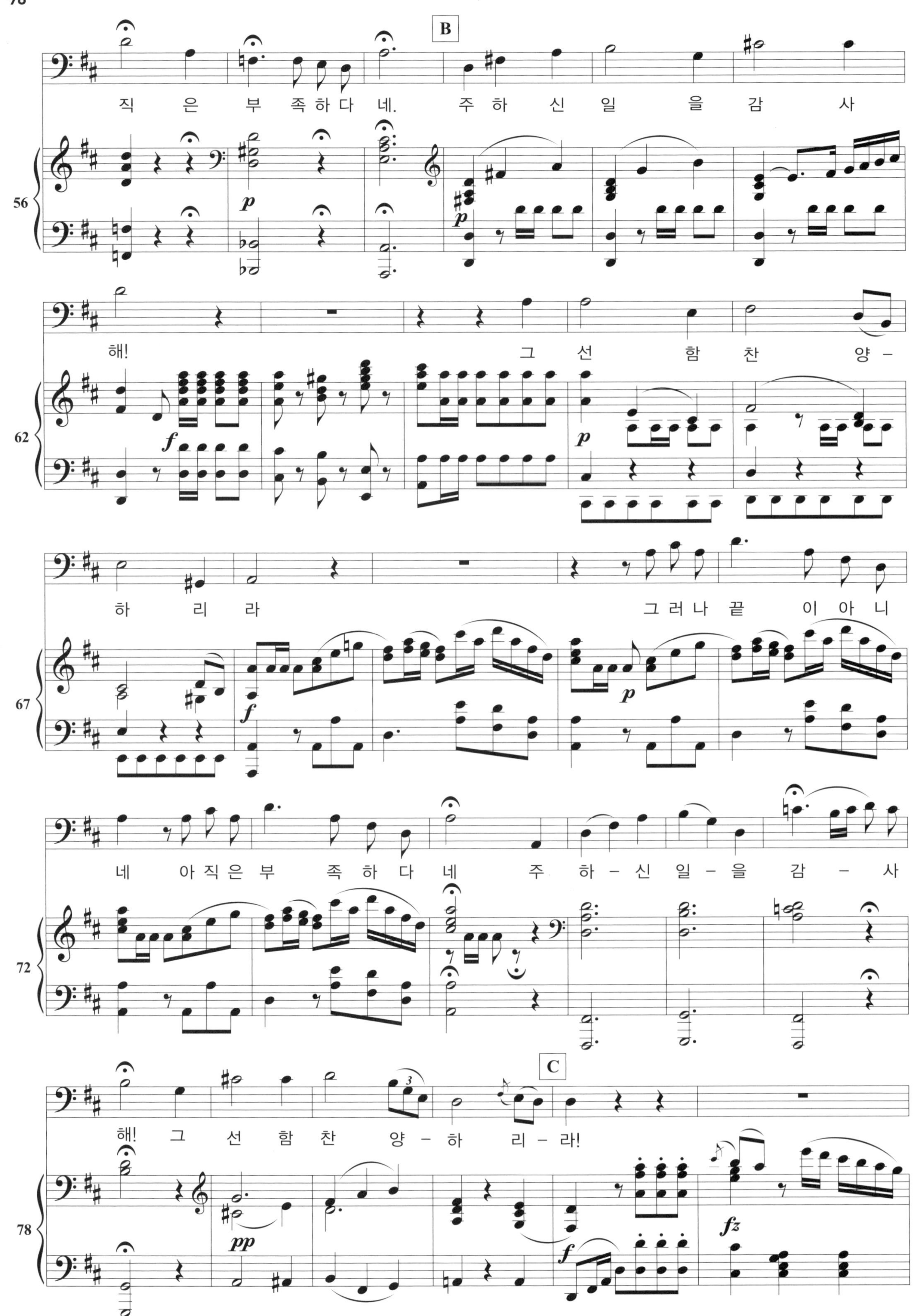
직 은 부 족 하 다 네. 주 하 신 일 을 감 사
해!
그 선 함 찬 양 -
하 리 라
그 러 나 끝 이 아 니
네 아직은 부 족 하 다 네 주 하 - 신 일 - 을 감 - 사
해! 그 선 함 찬 양 - 하 리 - 라!

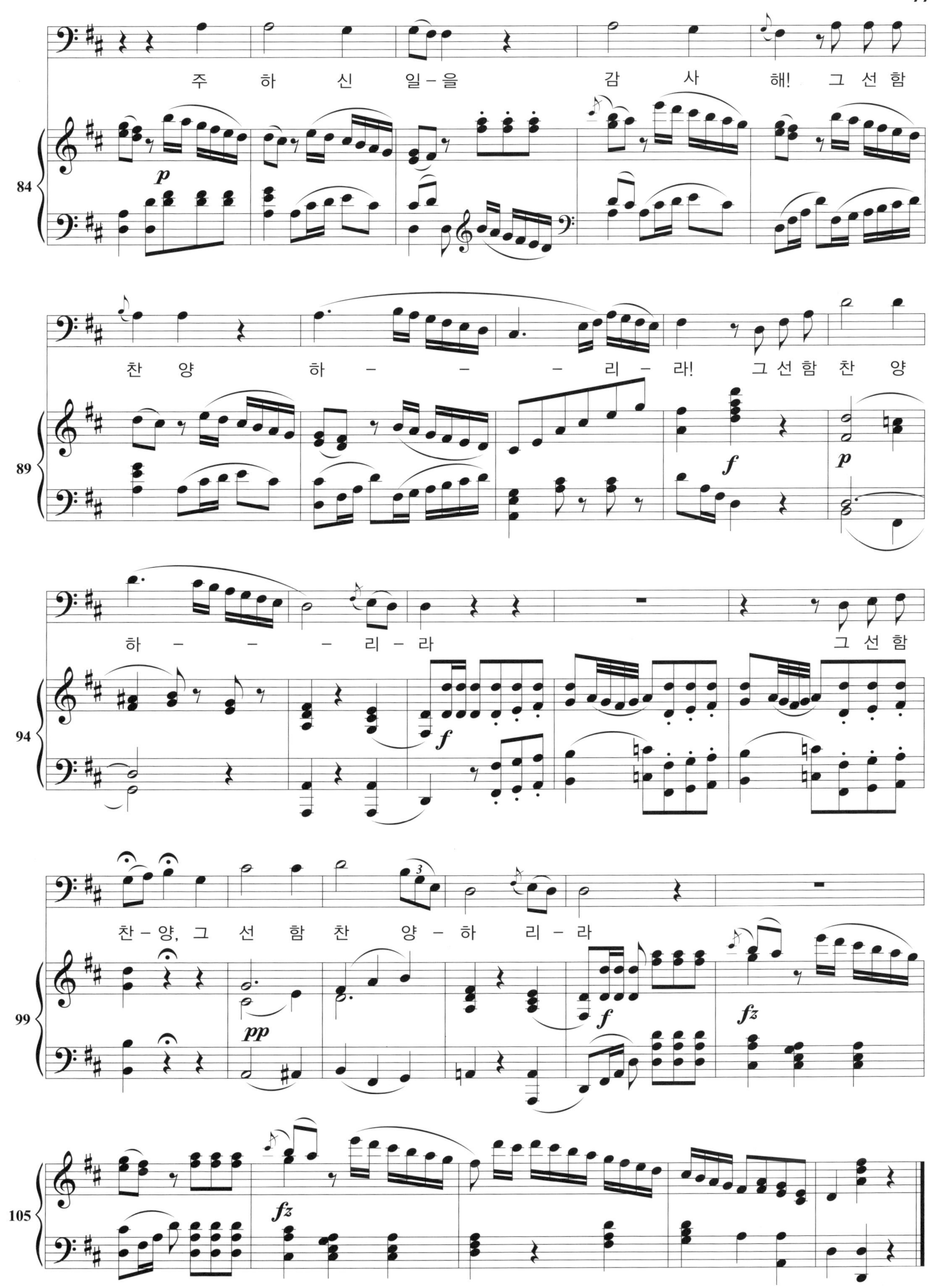

주 하신 일-을 감 사 해! 그 선함
찬 양 하 - - - 리 - 라! 그선함찬 양
하 - - - 리 - 라 그 선 함
찬 - 양, 그 선 함찬 양 - 하 리 라

23. 또 하나님께서 사람을 만드시고
Recit. (*Uriel*) Und Gott schuf den Menschen

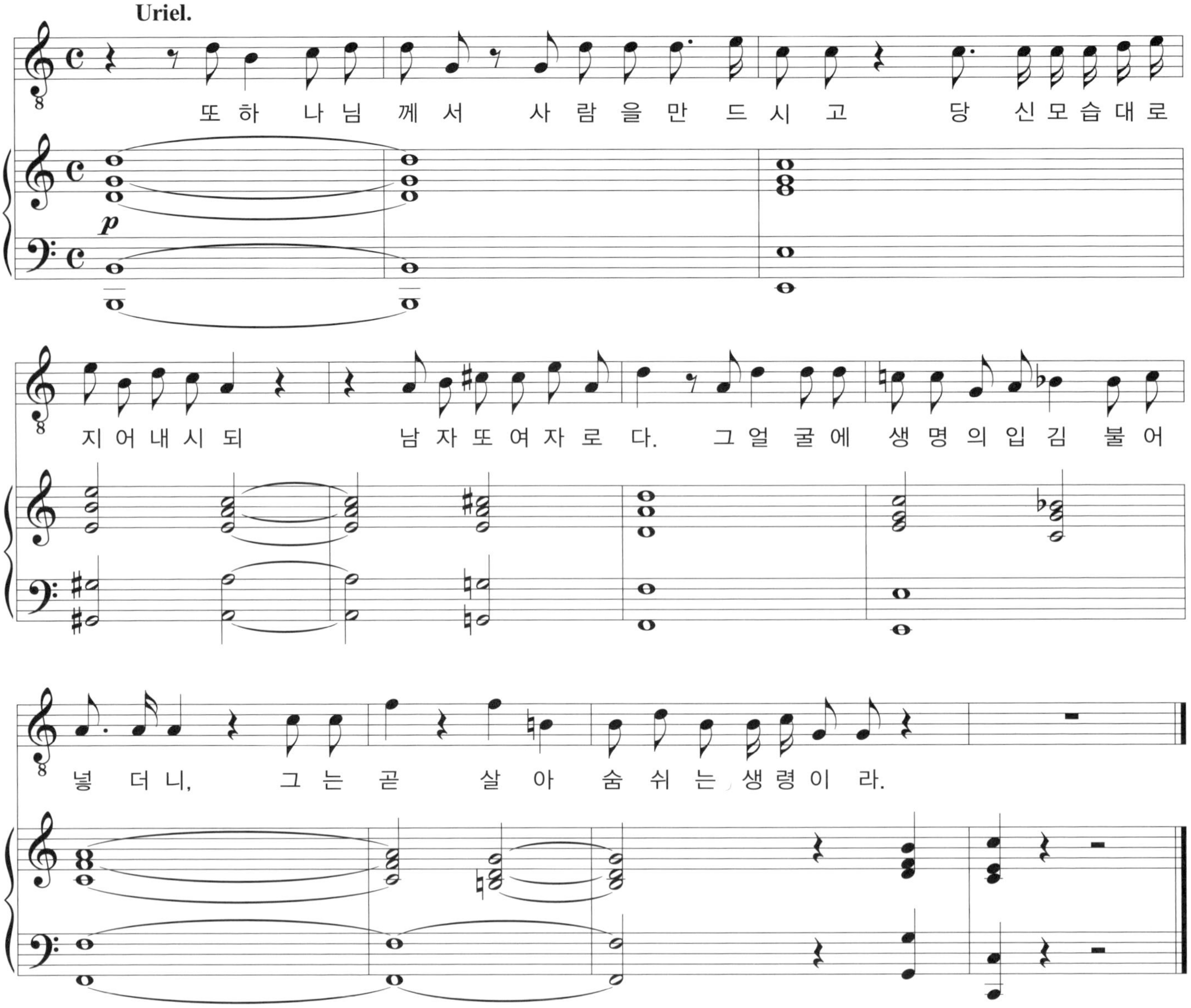

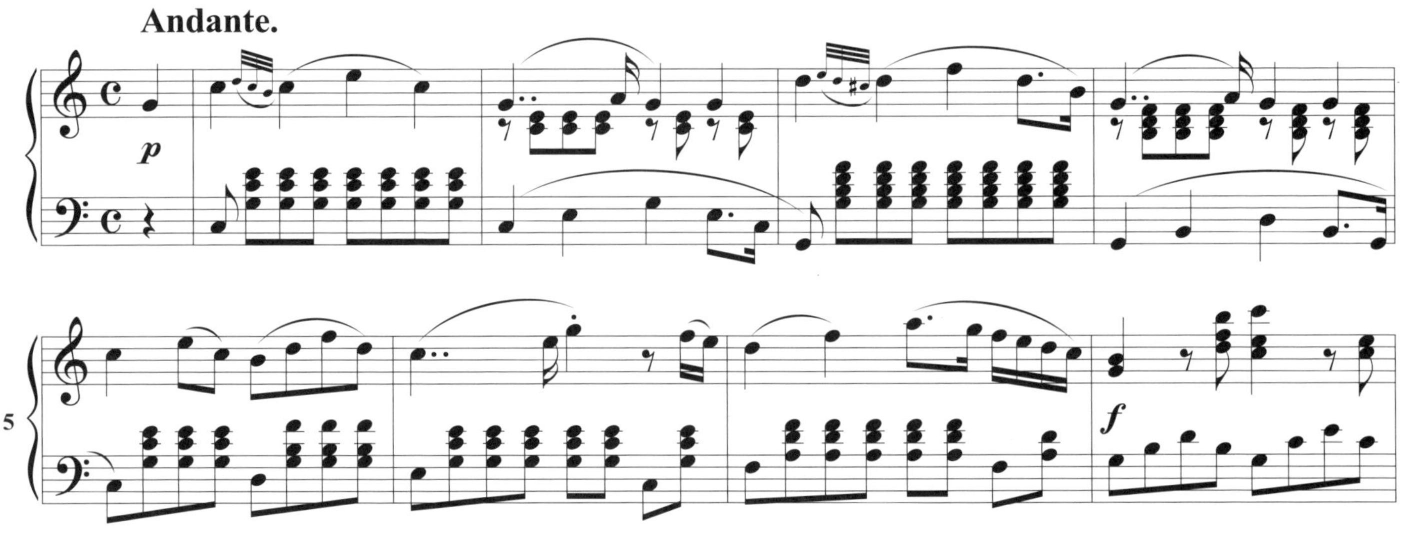

24. 고귀한 위엄 지니고
Arie (*Uriel*) Mit Wurd' und Hoheit argethan

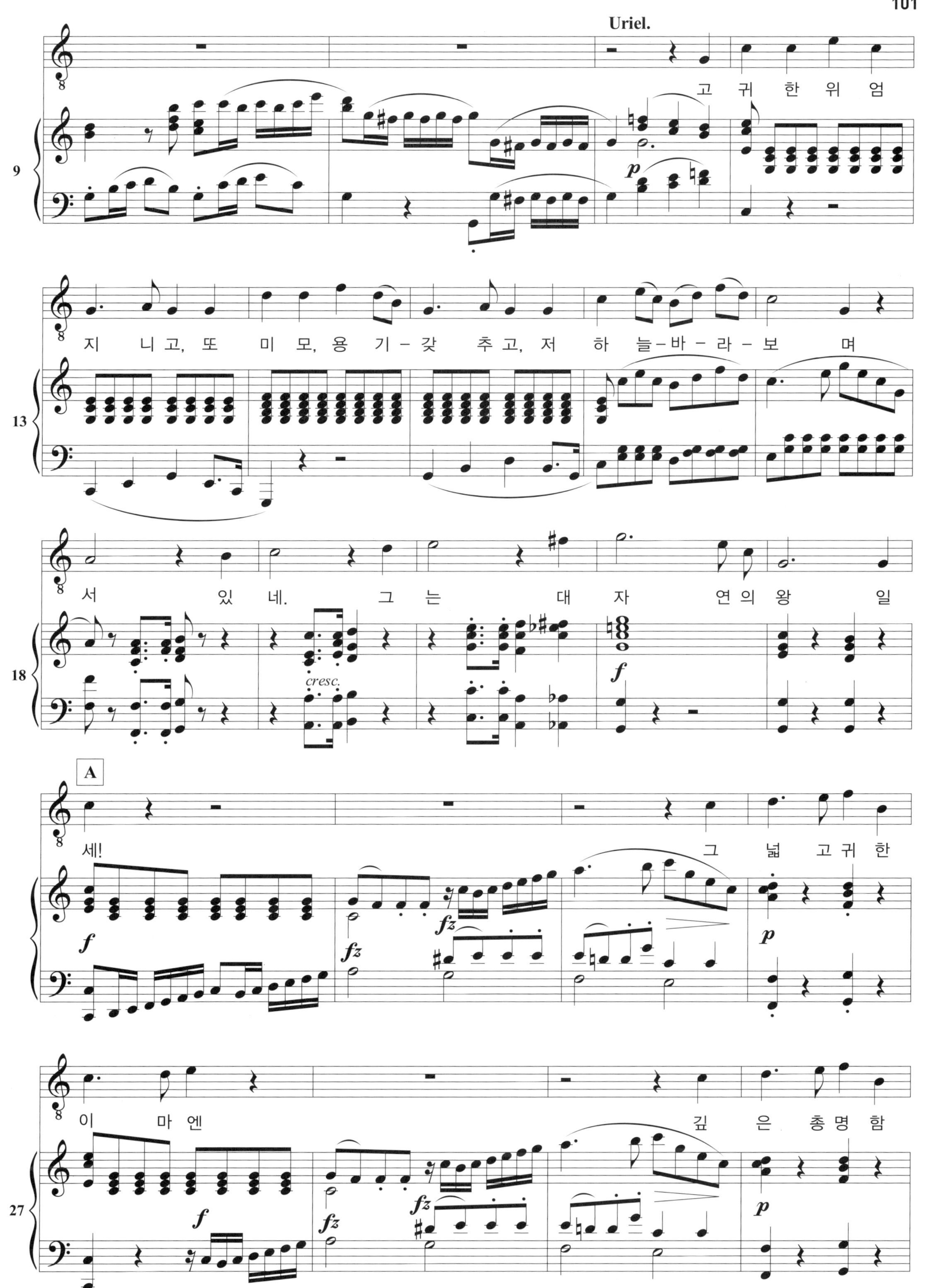
Uriel.
고 귀 한 위 엄
지 니 고, 또 미 모, 용 기 - 갖 추 고, 저 하 늘 - 바 - 라 - 보 며
서 있 네. 그 는 대 자 연 의 왕 일
세! 그 넓 고 귀 한
이 마 엔 깊 은 총 명 함

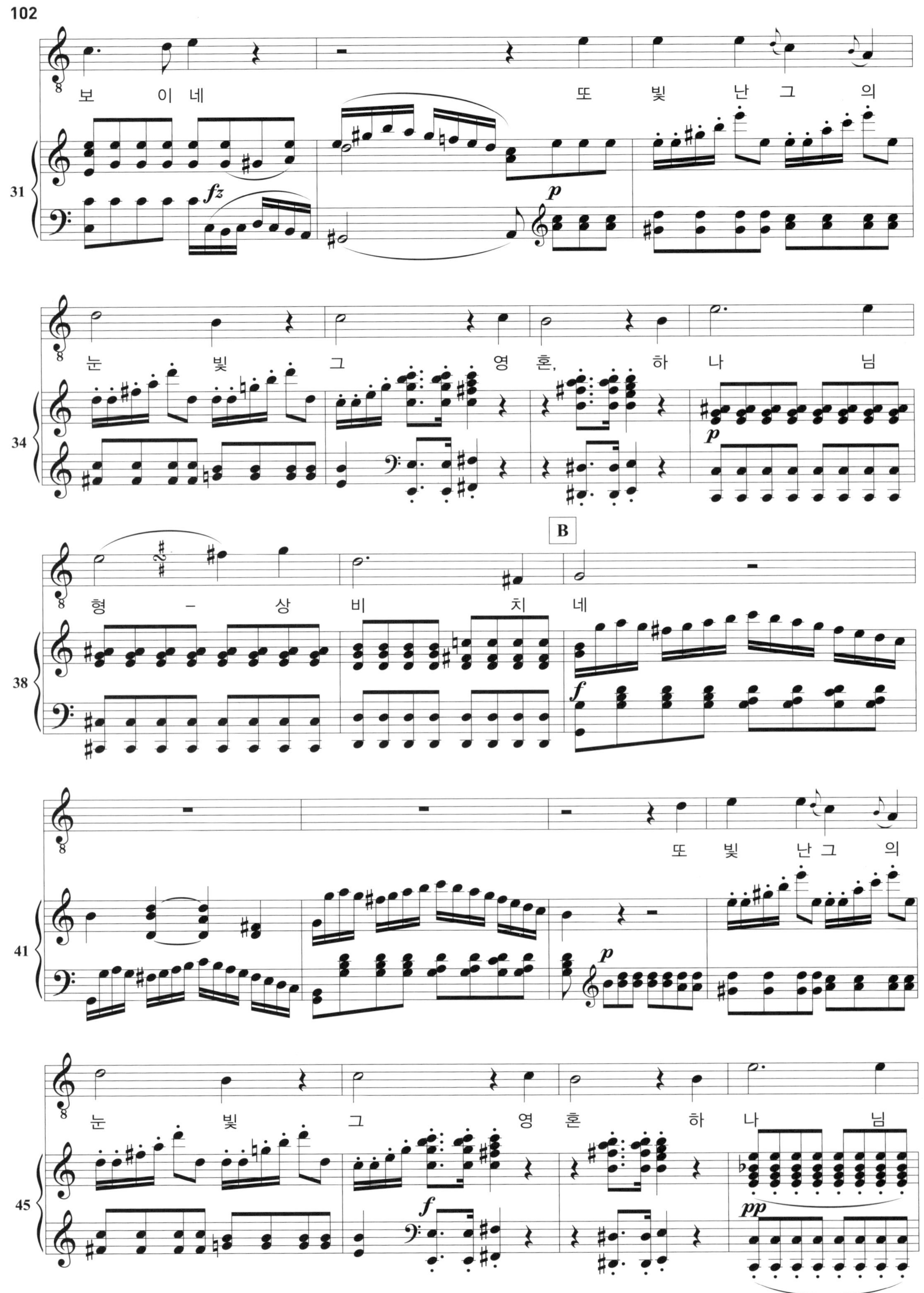
보 이 네
또 빛 난 그 의
눈 빛 그 영혼, 하 나 님
형 － 상 비 치 네
또 빛 난 그 의
눈 빛 그 영혼 하 나 님

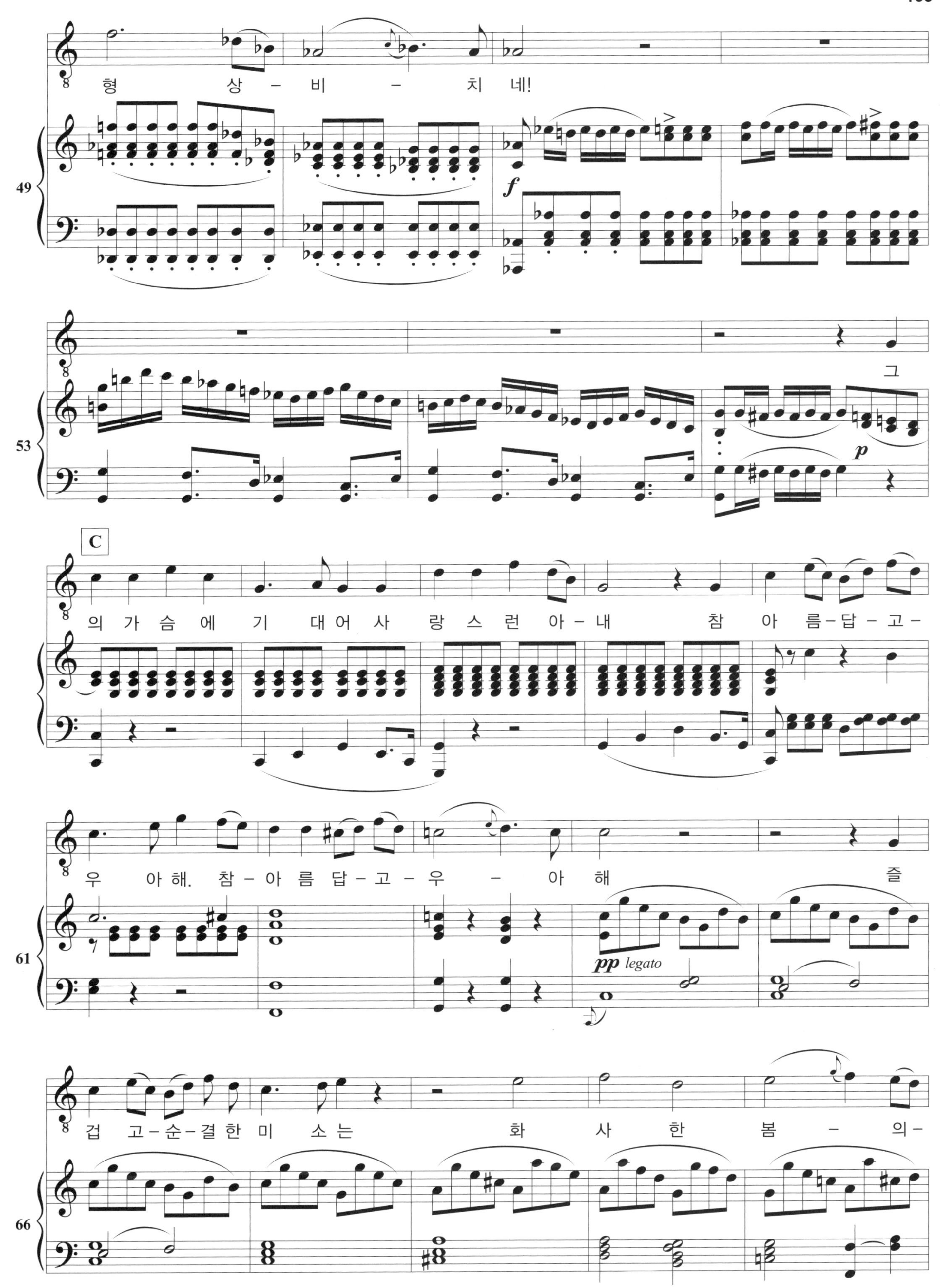
형 상 - 비 - 치 네!
그
의 가 슴 에 기 대 어 사 랑 스 런 아 내 참 아 름 - 답 - 고 -
우 아 해. 참 - 아 름 답 - 고 - 우 - 아 해
즐
겹 고 - 순 - 결 한 미 소 는 화 사 한 봄 - 의 -

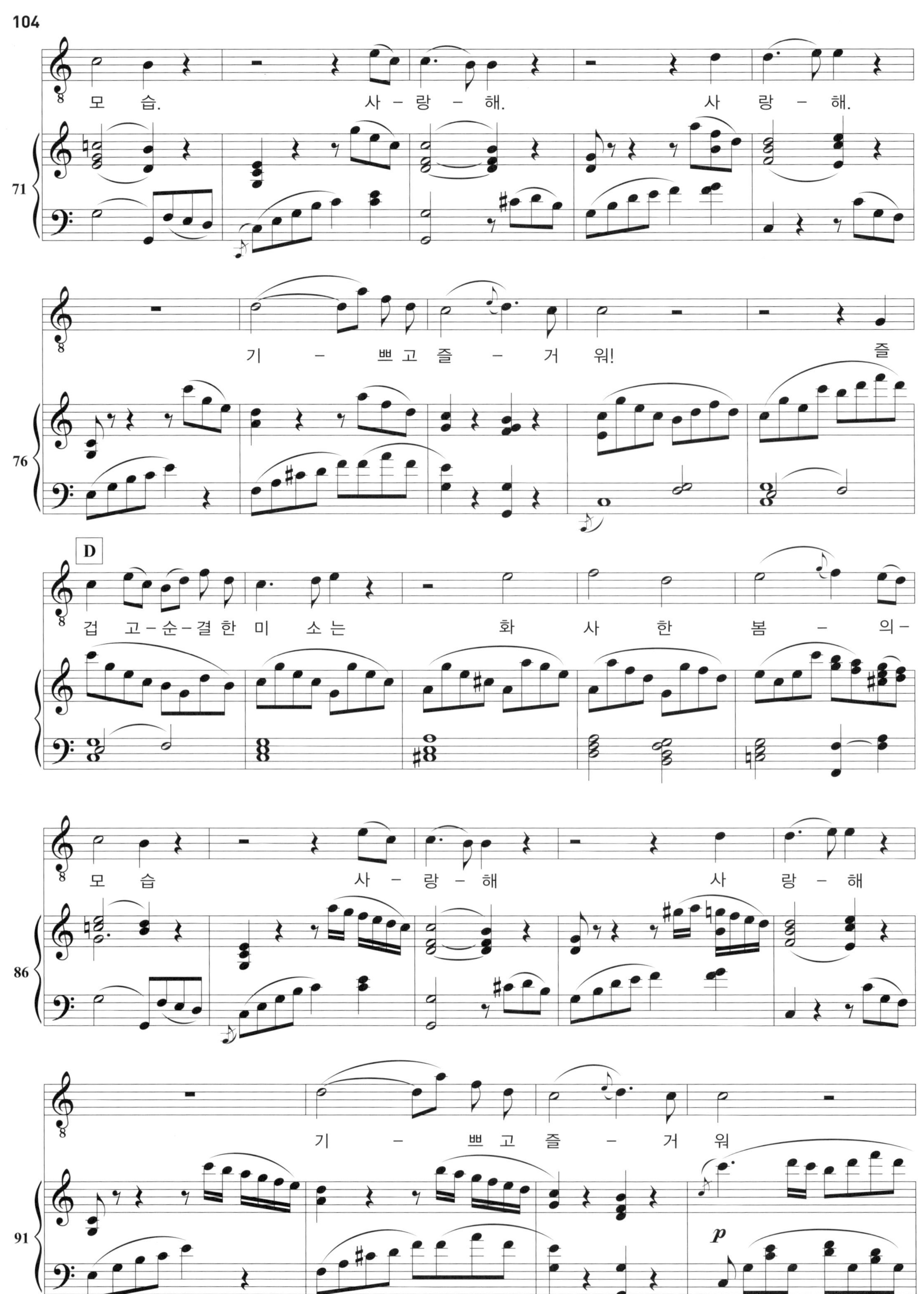
71
모 습. 사 랑 - 해. 사 랑 - 해.
76
기 - 쁘고즐 - 거워! 즐
D
겁 고-순-결한미 소는 화 사 한 봄 - 의-
86
모 습 사 랑 - 해 사 랑 - 해
91
기 - 쁘고즐 - 거워
p

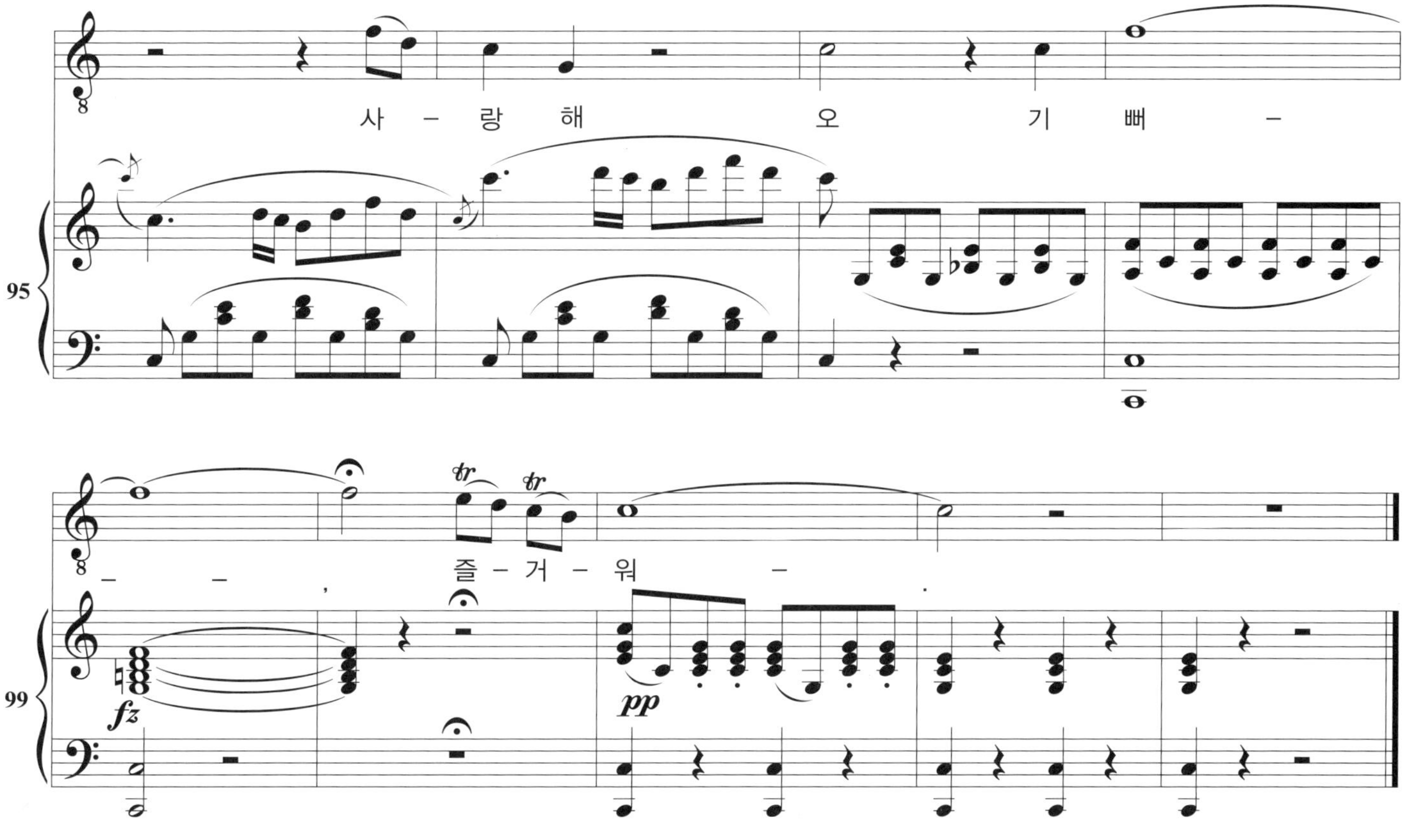

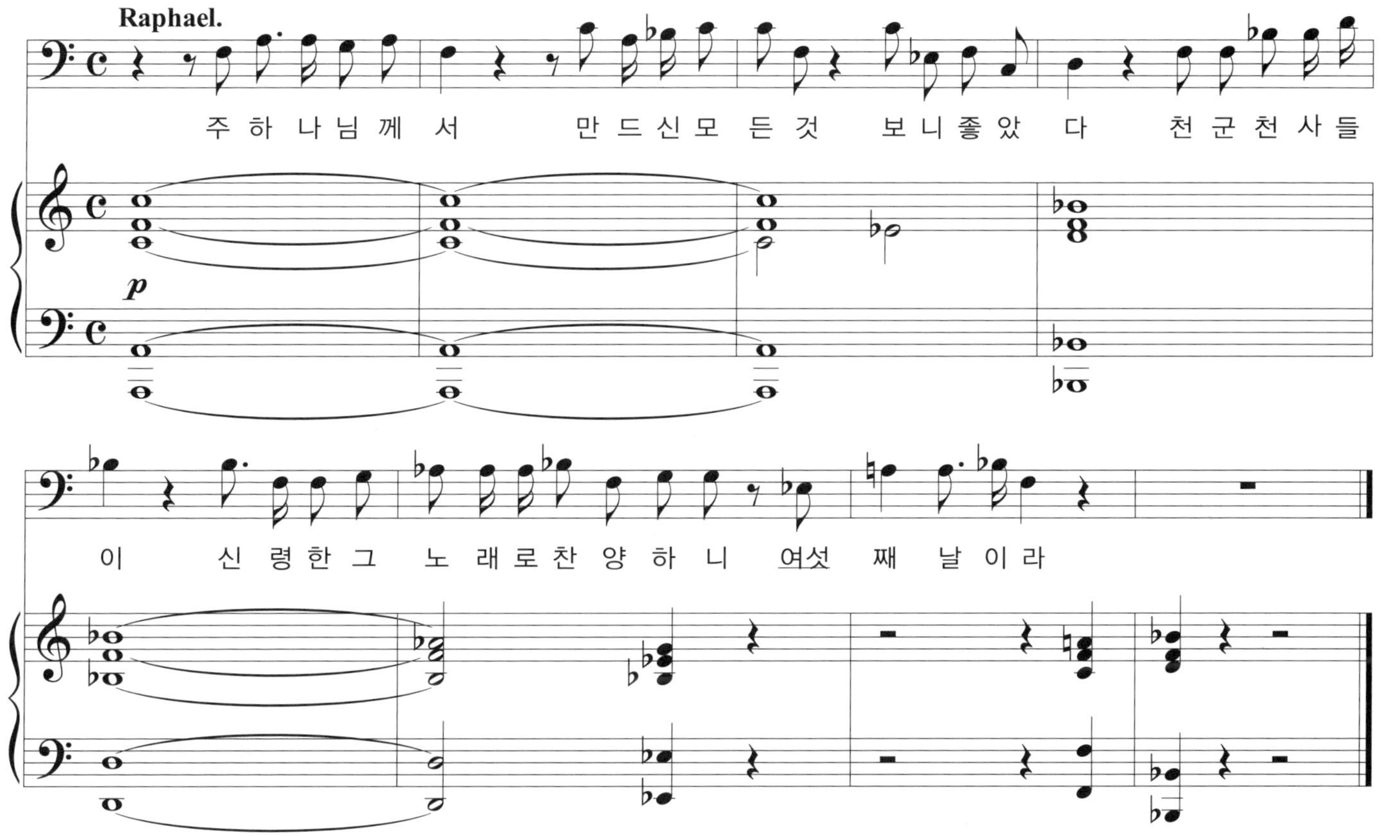

25. 주 하나님께서 만드신 모든 것 보시니

Recit. (*Raphael*) Und Gott sah jedes Ding

26. 위대한 일 이루셨네
Chor. Vollendet ist das grosse Werk

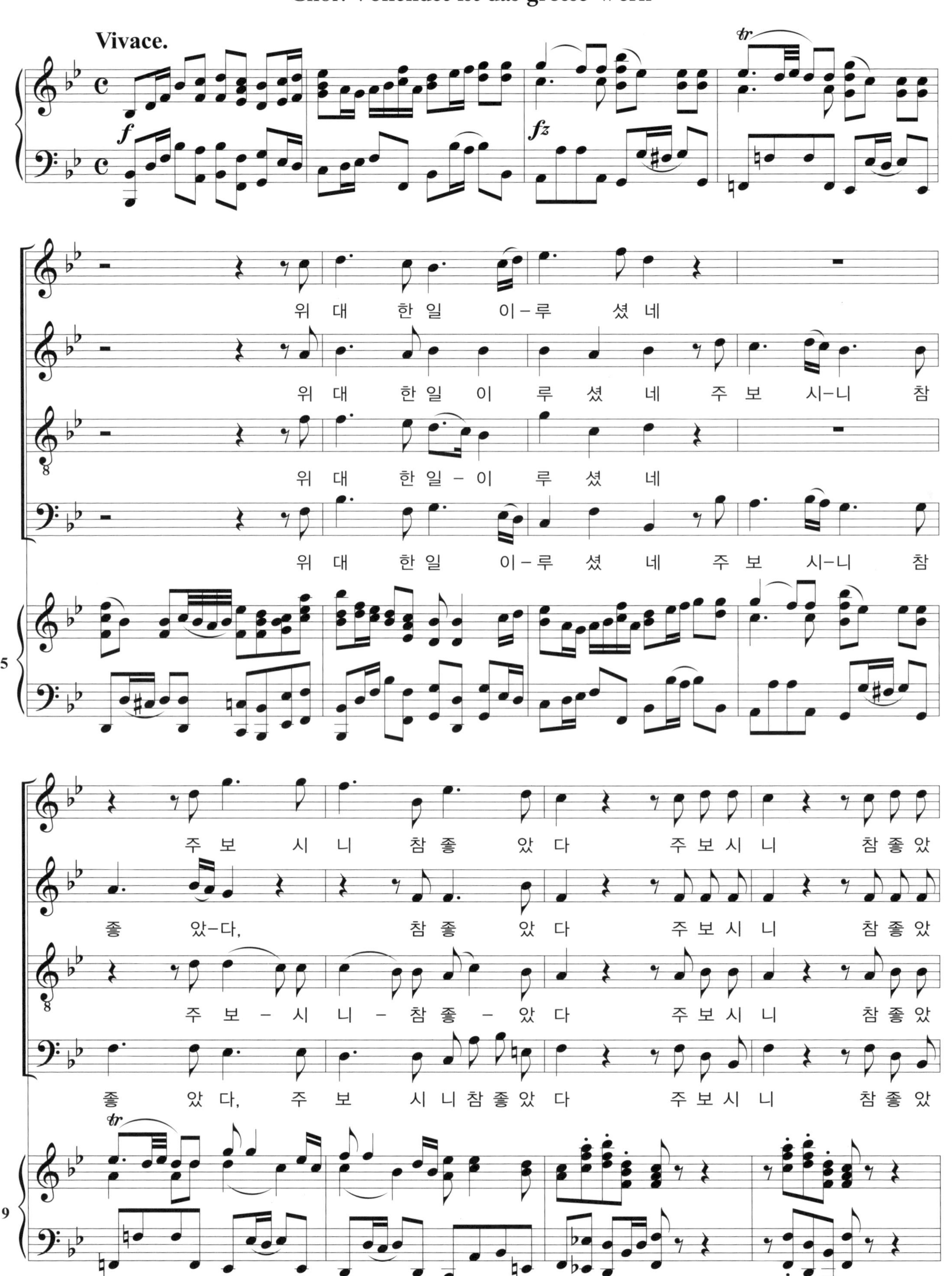

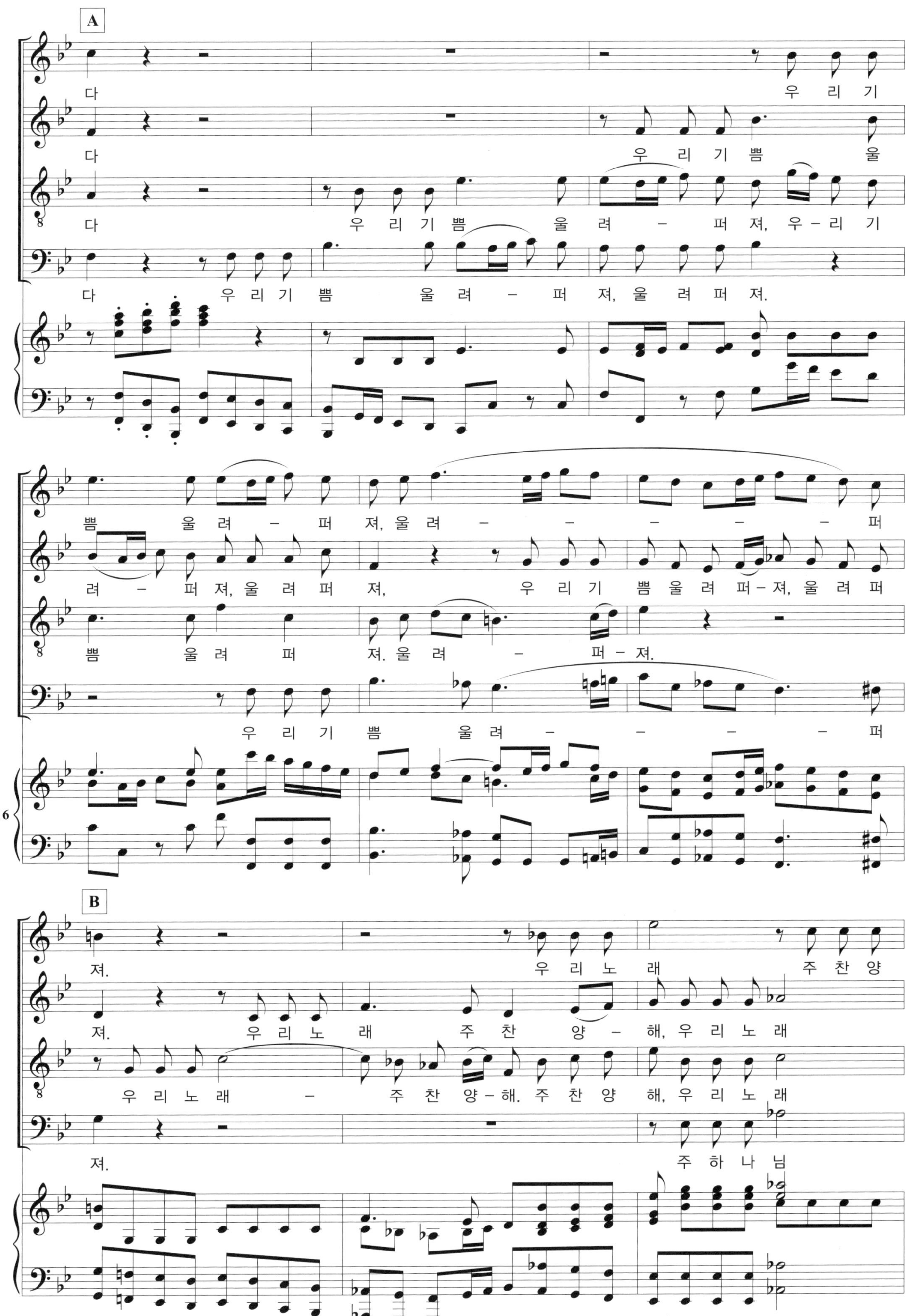
A
다
다
다
우 리 기 쁨 울 려 퍼 져, 우 리 기
다 우 리 기 쁨 울 려 퍼 져, 울 려 퍼 져.
우 리 기
쁨 울 려 퍼 져, 울 려 퍼
려 퍼 져, 울 려 퍼 져, 우 리 기 쁨 울 려 퍼 져, 울 려 퍼
쁨 울 려 퍼 져, 울 려 퍼 져.
우 리 기 쁨 울 려 퍼
B
져.
우 리 노 래 주 찬 양
져. 우 리 노 래 주 찬 양 해, 우 리 노 래
우 리 노 래 주 찬 양 해, 주 찬 양 해, 우 리 노 래
져. 주 하 나 님

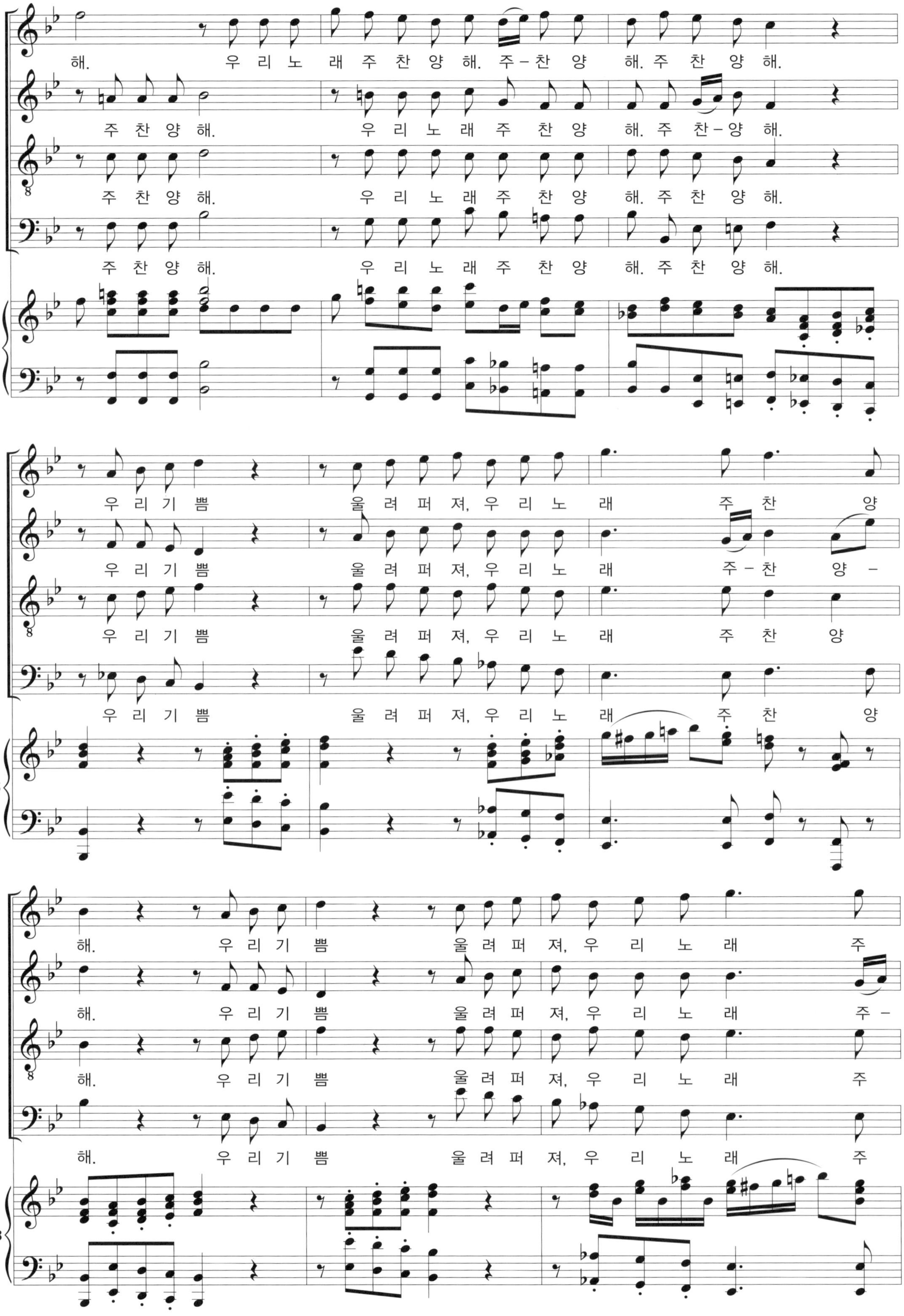

해. 우 리 노 래 주 찬 양 해. 주 ― 찬 양 해. 주 찬 양 해.
주 찬 양 해. 우 리 노 래 주 찬 양 해. 주 찬 ― 양 해.
주 찬 양 해. 우 리 노 래 주 찬 양 해. 주 찬 양 해.
주 찬 양 해. 우 리 노 래 주 찬 양 해. 주 찬 양 해.
우 리 기 쁨 울 려 퍼 져, 우 리 노 래 주 찬 양
우 리 기 쁨 울 려 퍼 져, 우 리 노 래 주 ― 찬 양 ―
우 리 기 쁨 울 려 퍼 져, 우 리 노 래 주 찬 양
우 리 기 쁨 울 려 퍼 져, 우 리 노 래 주 찬 양
해. 우 리 기 쁨 울 려 퍼 져, 우 리 노 래 주
해. 우 리 기 쁨 울 려 퍼 져, 우 리 노 래 주 ―
해. 우 리 기 쁨 울 려 퍼 져, 우 리 노 래 주
해. 우 리 기 쁨 울 려 퍼 져, 우 리 노 래 주

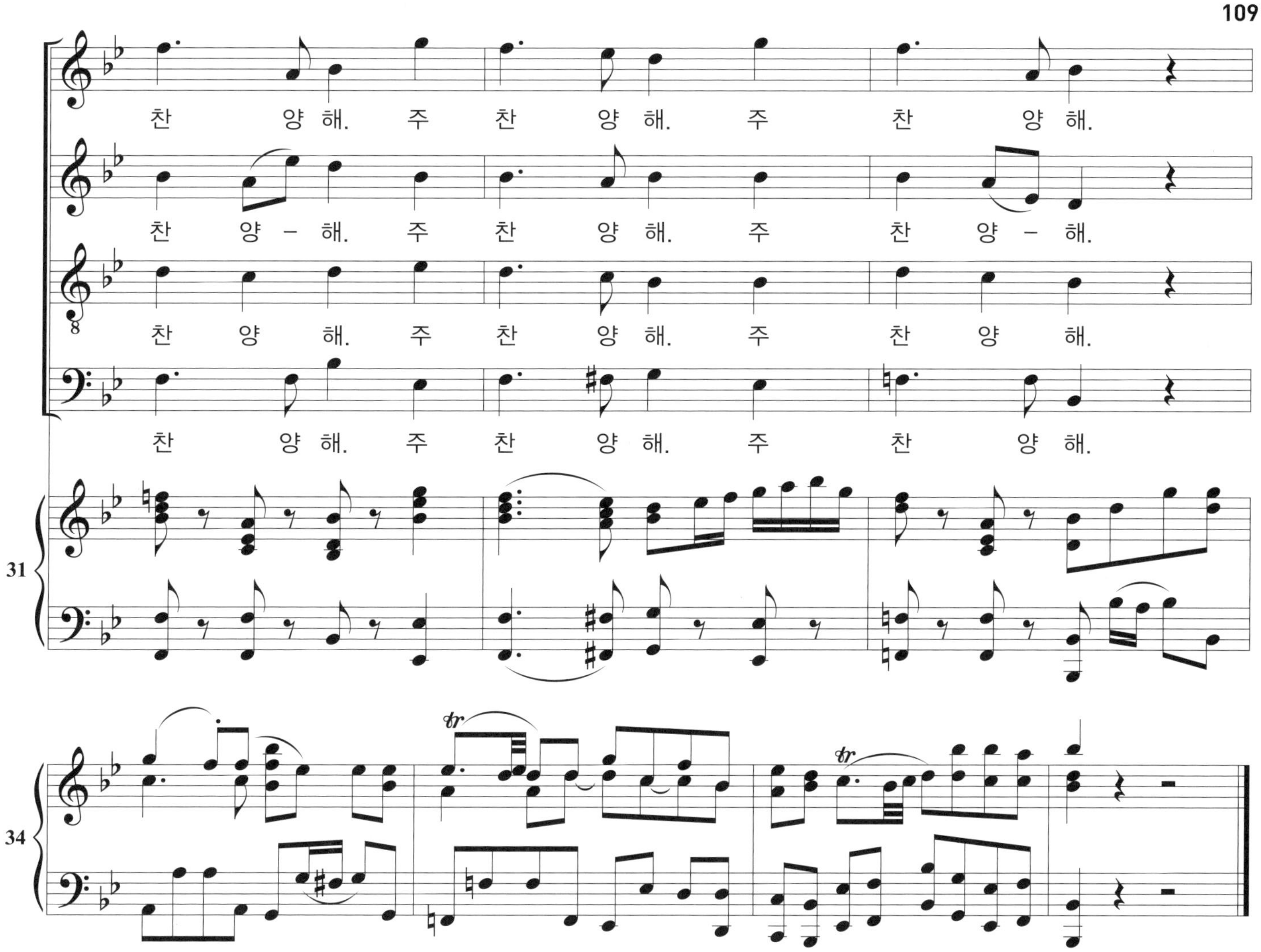

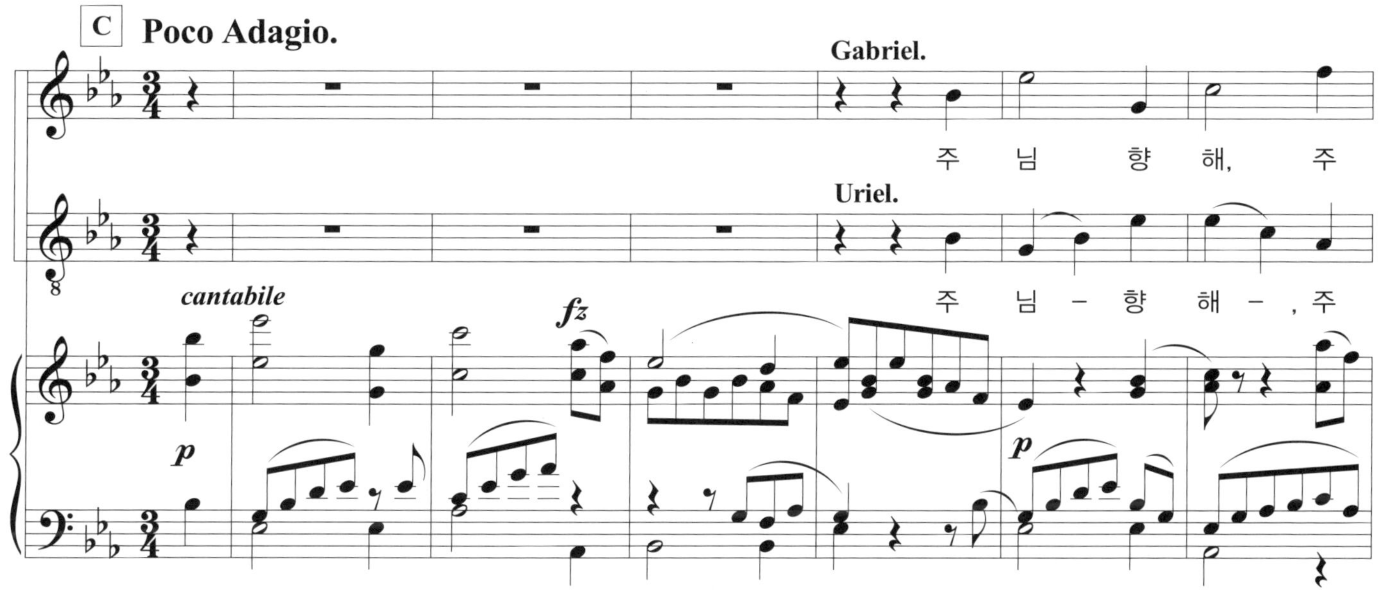

27. 주님 향해, 주만 보며

Terzett. (*Gabriel, Uriel, Raphael*) **Zu dir, o Herr, blickt Alles auf**

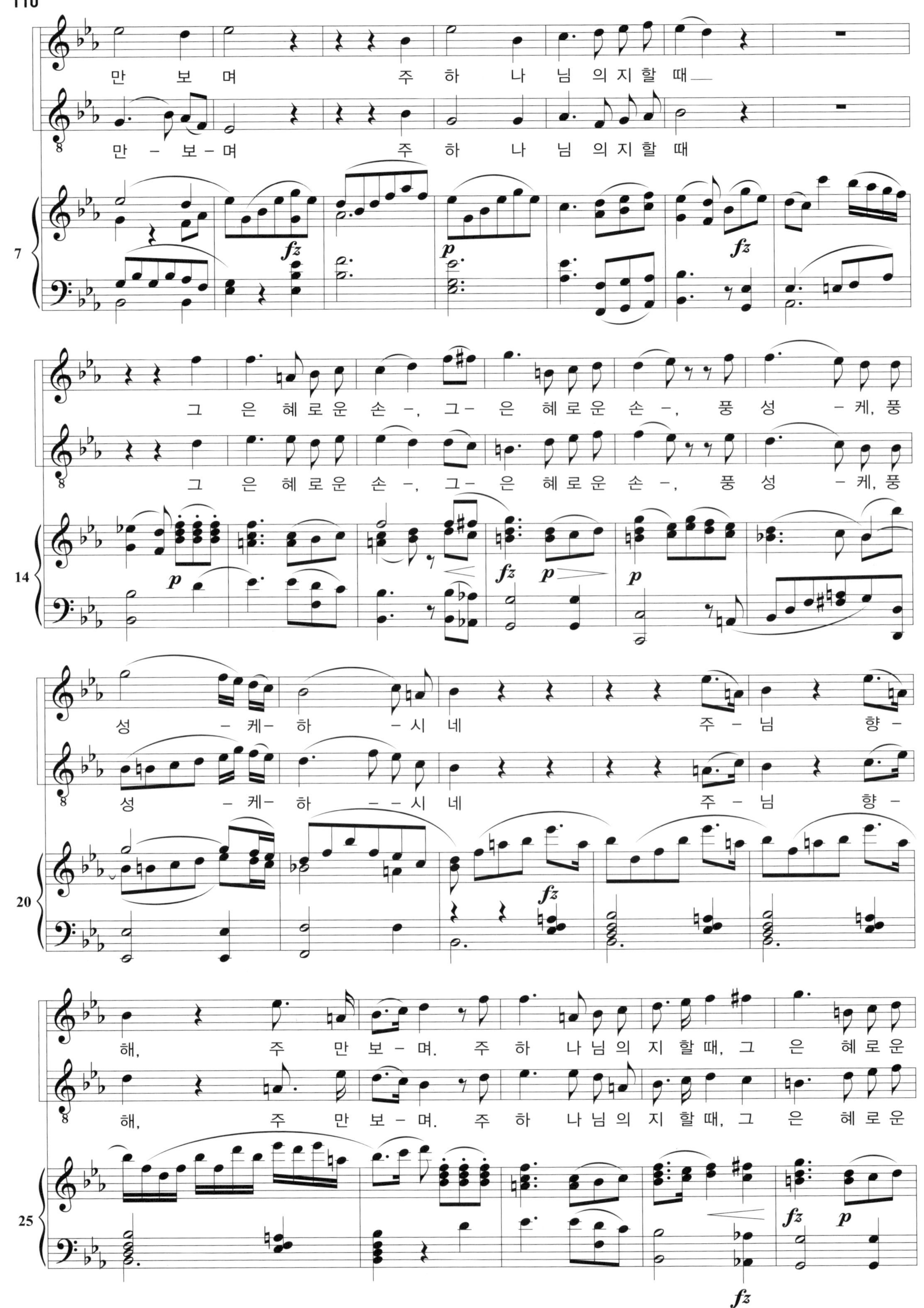

만 보며 주 하 나 님 의지할 때
만 – 보 –며 주 하 나 님 의지할 때
그 은혜로운 손 –, 그 – 은혜로운 손 –, 풍 성 –케, 풍
그 은혜로운 손 –, 그 – 은혜로운 손 –, 풍 성 –케, 풍
성 –케하 –시네 주 – 님 향 –
성 –케하 – –시네 주 – 님 향 –
해, 주 만 보 – 며. 주 하 나 님 의지할 때, 그 은 혜로운
해, 주 만 보 – 며. 주 하 나 님 의지할 때, 그 은 혜로운

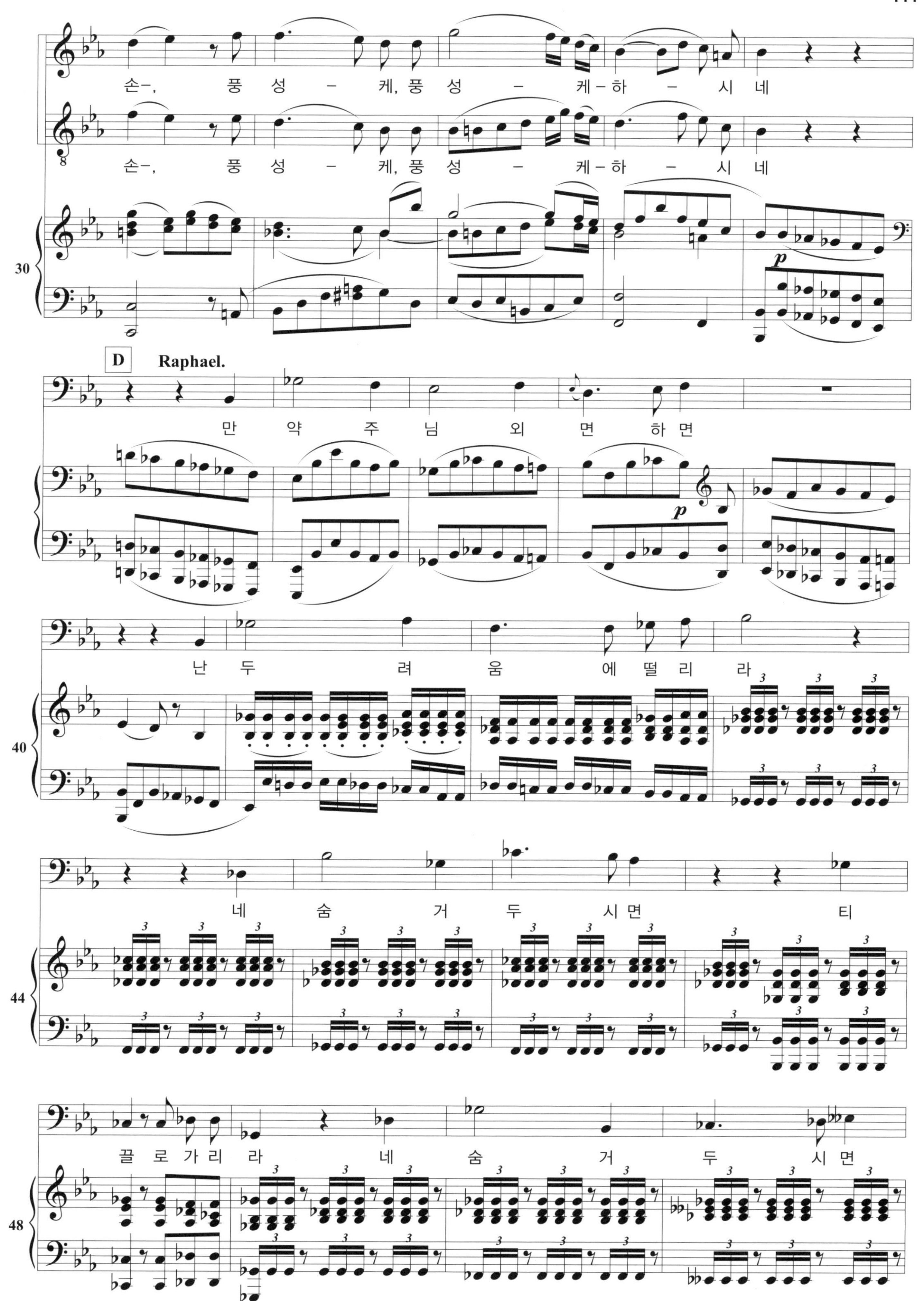
D Raphael.
손-, 풍성 - 케,풍성 - 케-하 - 시 네
손-, 풍성 - 케,풍성 - 케-하 - 시네
만 약 주 님 외 면 하 면
난 두 려 움 에떨리 라
네 숨 거 두 시 면 티
끌 로 가 리 라 네 숨 거 두 시 면

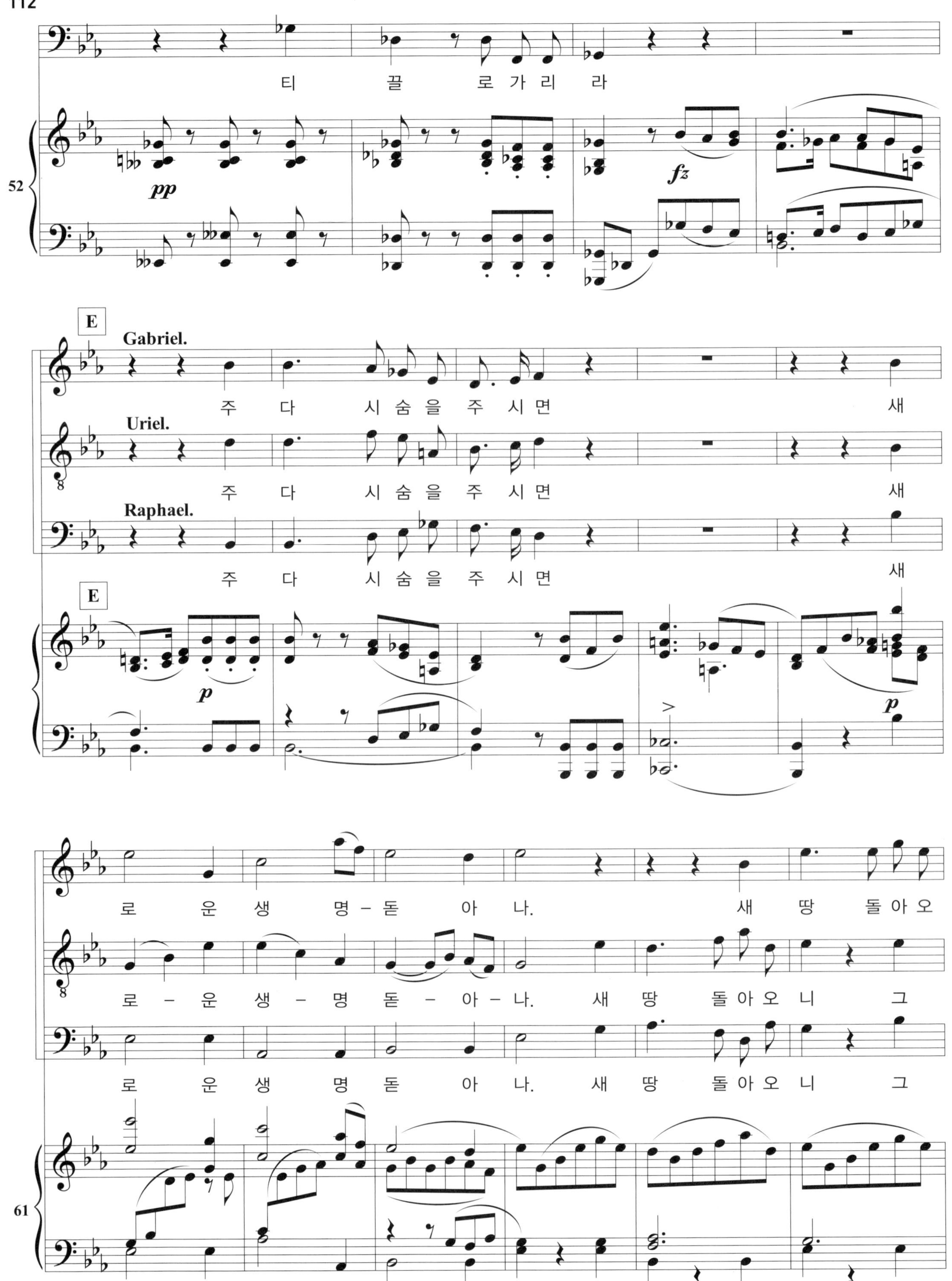
티 끌 로 가 리 라
pp
fz
E
Gabriel.
주 다 시 숨 을 주 시 면 새
Uriel.
주 다 시 숨 을 주 시 면 새
Raphael.
주 다 시 숨 을 주 시 면 새
E
p
p
로 운 생 명 돋 아 나. 새 땅 돌 아 오
로 운 생 명 돋 아 나. 새 땅 돌 아 오 니 그
로 운 생 명 돋 아 나. 새 땅 돌 아 오 니 그

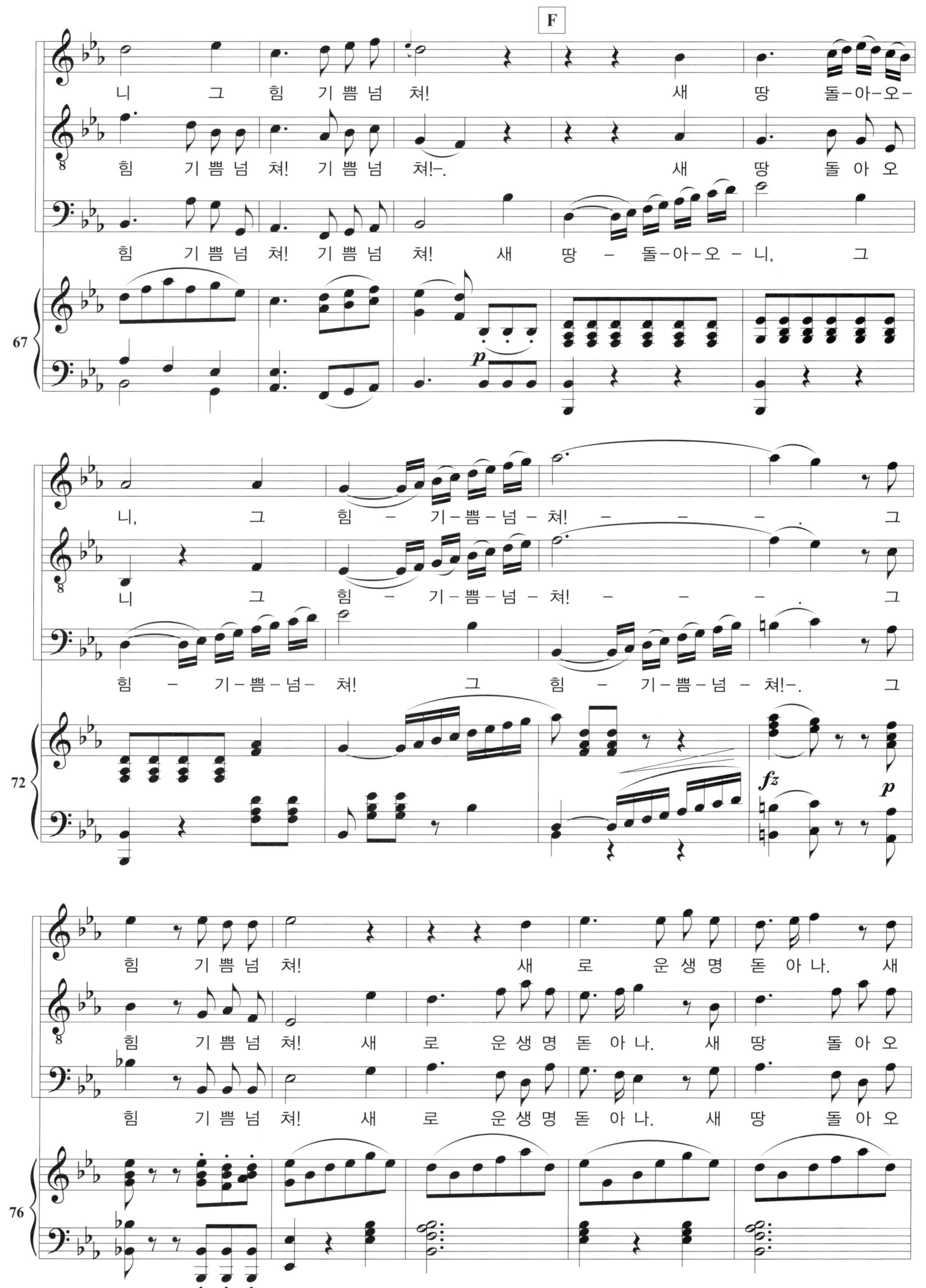
F
니 그 힘 기 쁨 넘 쳐! 새 땅 돌-아-오-
힘 기 쁨 넘 쳐! 기 쁨 넘 쳐!- 새 땅 돌 아 오
힘 기 쁨 넘 쳐! 기 쁨 넘 쳐! 새 땅 - 돌-아-오-니, 그
p
니, 그 힘 - 기-쁨-넘-쳐! - - - 그
니 그 힘 - 기-쁨-넘-쳐! - - 그
힘 - 기-쁨-넘- 쳐! 그 힘 - 기-쁨-넘- 쳐!- 그
fz
p
힘 기 쁨 넘 쳐! 새 로 운 생 명 돋 아 나. 새
힘 기 쁨 넘 쳐! 새 로 운 생 명 돋 아 나. 새 땅 돌 아 오
힘 기 쁨 넘 쳐! 새 로 운 생 명 돋 아 나. 새 땅 돌 아 오

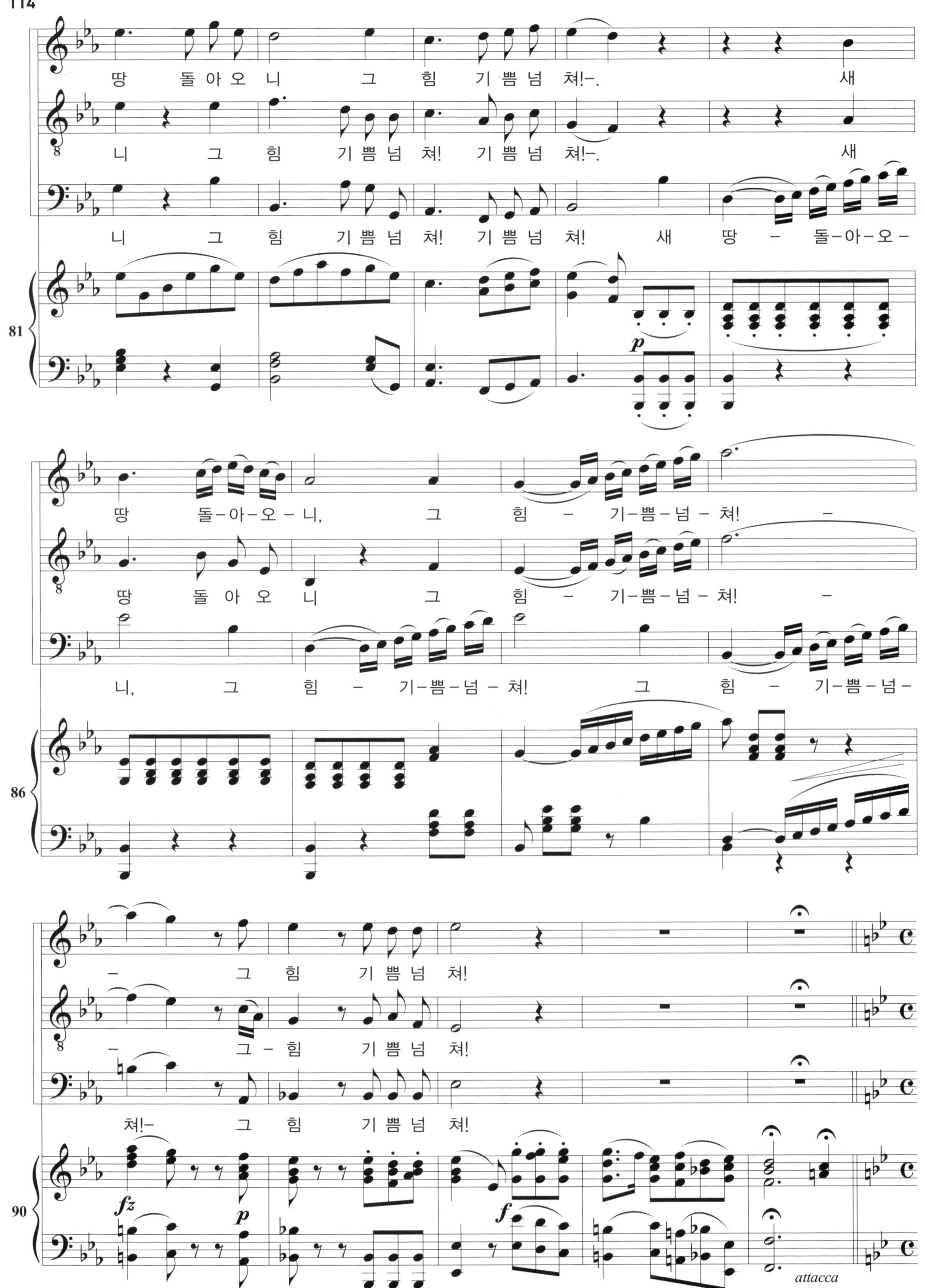
땅 돌아오니 그 힘 기쁨 넘 쳐!- 새
니 그 힘 기쁨 넘 쳐! 기쁨 넘 쳐!- 새
니 그 힘 기쁨 넘 쳐! 기쁨 넘 쳐! 새 땅 - 돌-아-오-
땅 돌-아-오-니, 그 힘 - 기-쁨-넘 - 쳐! -
땅 돌 아 오 니 그 힘 - 기-쁨-넘 - 쳐! -
니, 그 힘 - 기-쁨-넘 - 쳐! 그 힘 - 기-쁨-넘-
- 그 힘 기쁨 넘 쳐!
- 그 - 힘 기쁨 넘 쳐!
쳐!- 그 힘 기쁨 넘 쳐!
p
fz
p
f
attacca

28. 위대한 일 이루셨네
Chor. Vollendet ist das grosse Werk

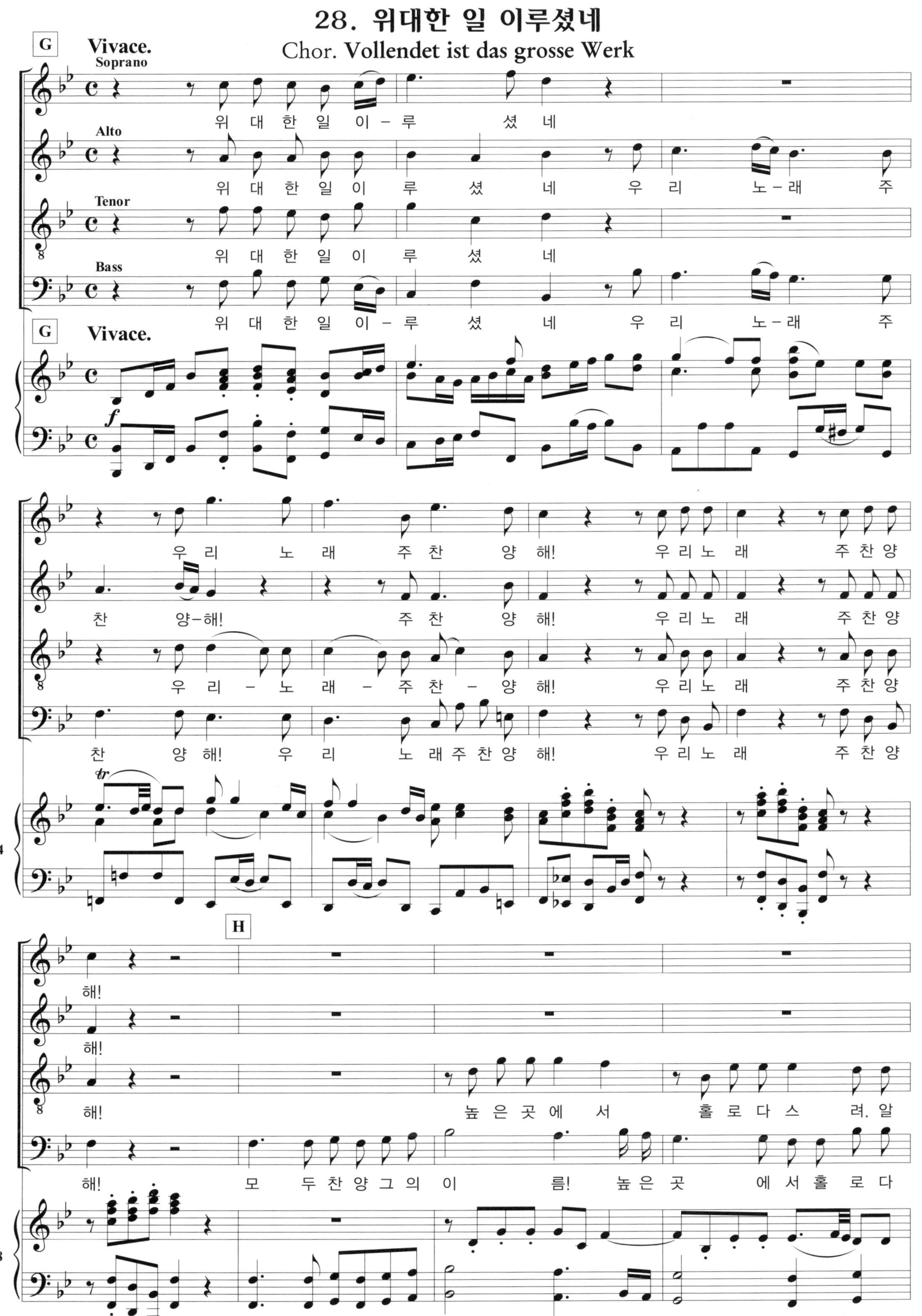

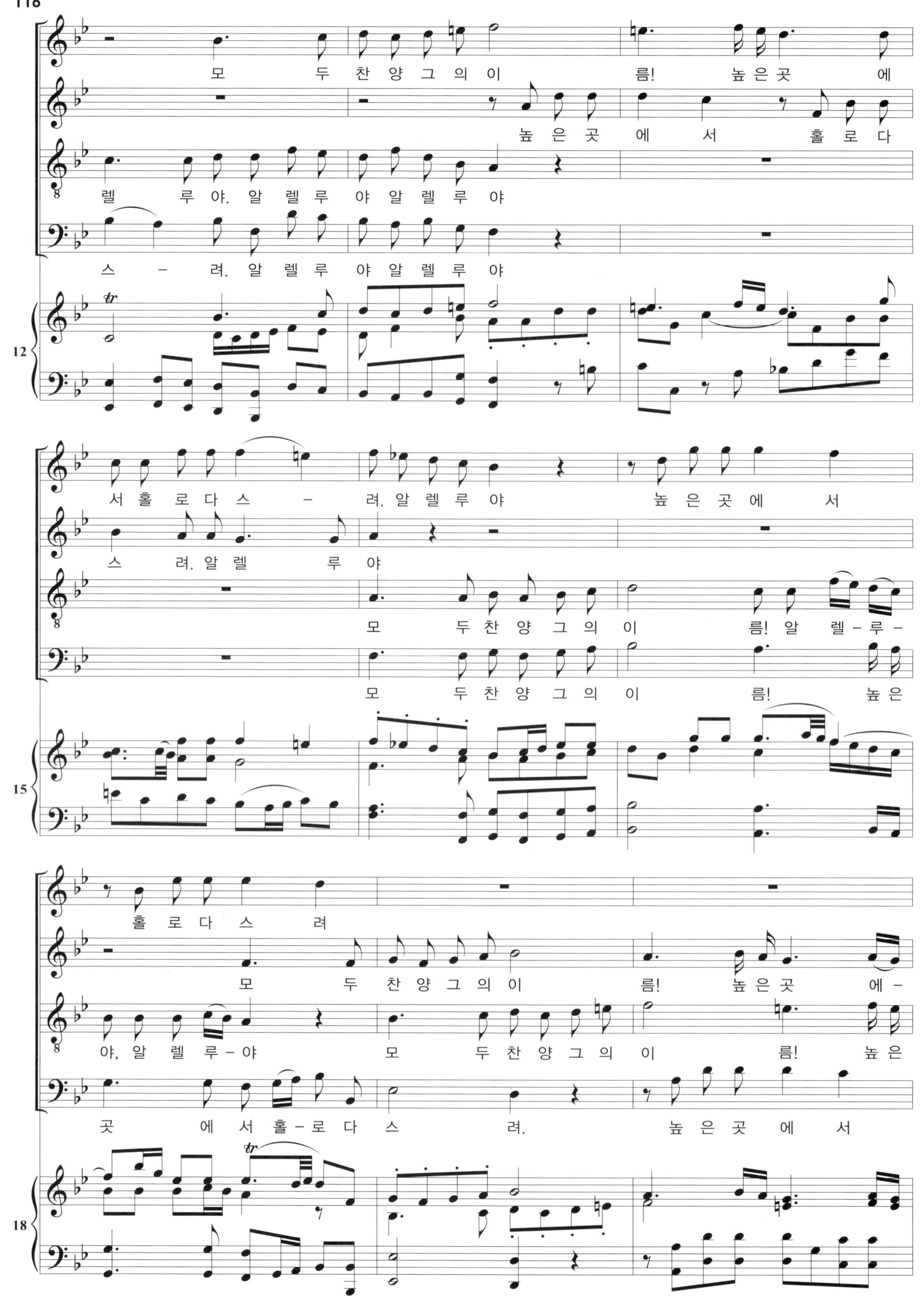

천지창조 | *DIE SCUÖPFUNG*

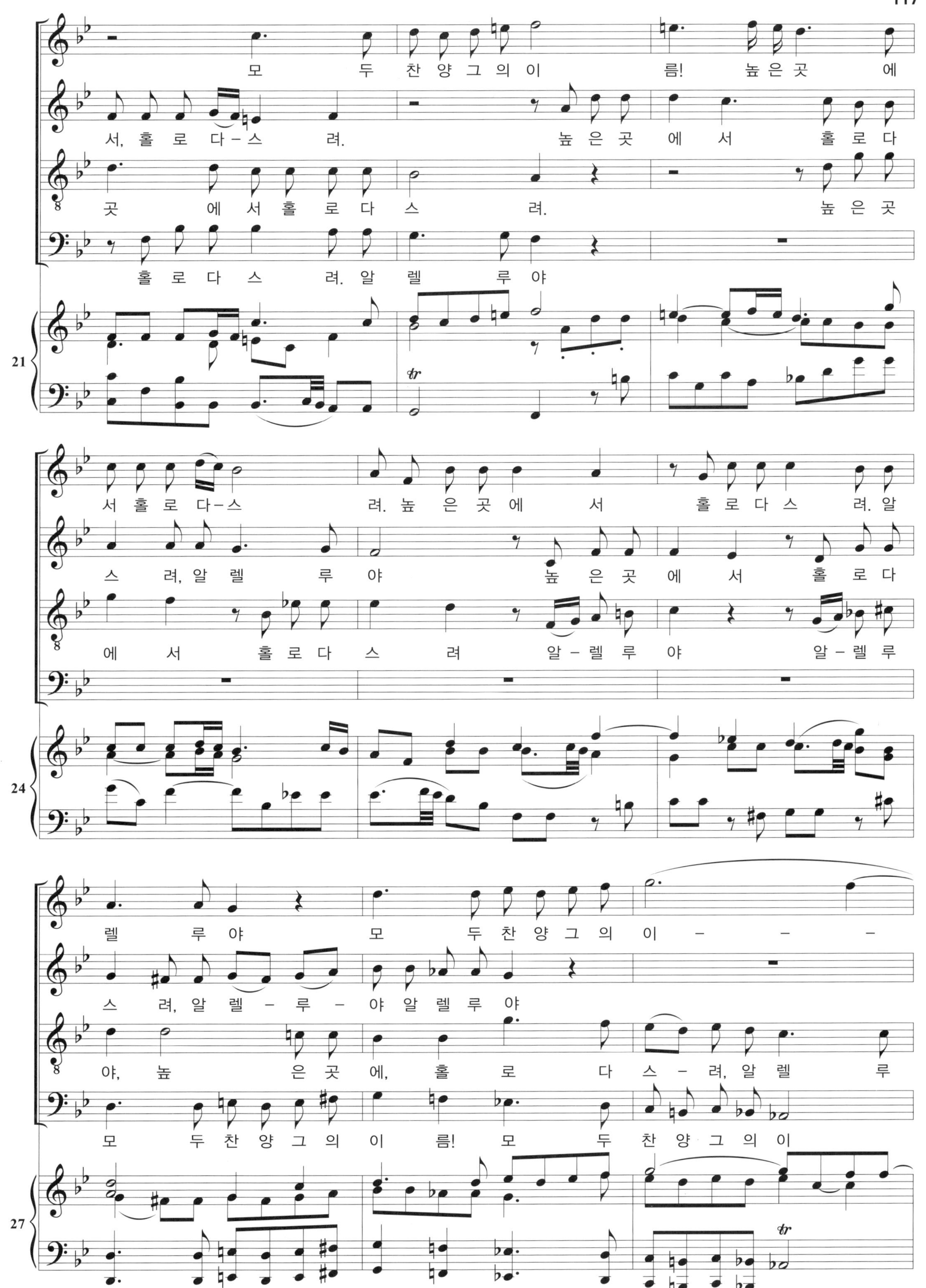
모 두 찬양 그의이 름! 높은곳 에
서, 홀로 다스 려. 높은곳 에 서 홀로다
곳 에 서홀로다스 려. 높은곳
홀로다스 려.알 렐루야
서 홀로다스 려. 높은곳에 서 홀로다스 려.알
스 려,알렐 루 야 높은곳에 서 홀로다
에 서 홀로다스 려 알렐루 야 알렐루
렐 루 야 모 두찬양그의이 - - -
스 려,알렐 루 야알렐루야
야, 높 은곳에, 홀 로 다 스 려,알렐 루
모 두찬양그의이 름! 모 두찬양그의이

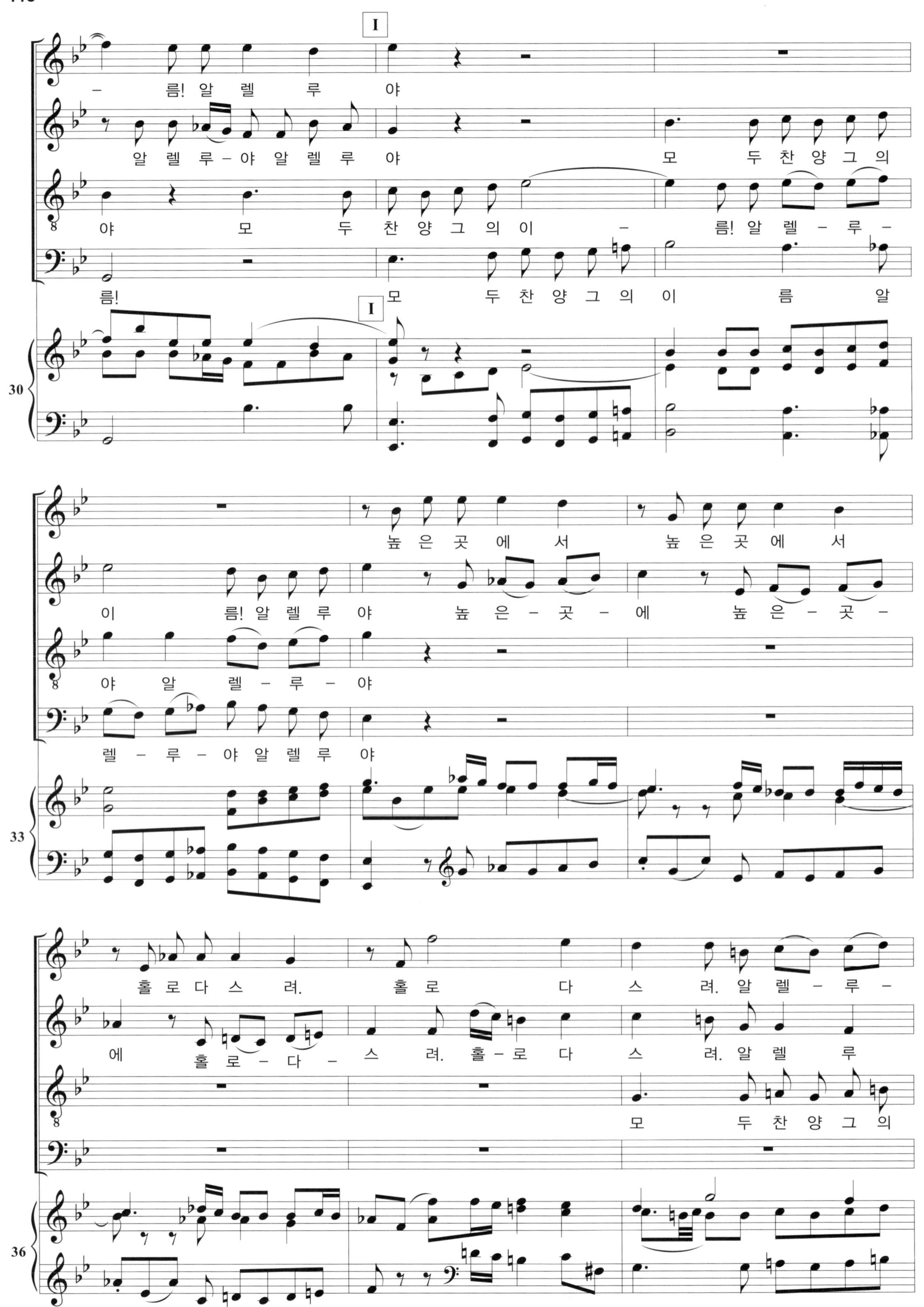
림! 알렐루 야
알렐루-야 알렐루 야 모 두 찬 양 그의
야 모 두 찬 양 그의 이 름! 알렐-루-
림! 모 두 찬 양 그의 이 름 알
높은 곳 에 서 높은 곳 에 서
이 름! 알렐루 야 높 은-곳-에 높은-곳-
야 알 렐-루-야
렐-루-야 알렐루 야
홀 로 다 스 려. 홀 로 다 스 려. 알 렐-루-
에 홀 로-다-스 려. 홀-로 다 스 려. 알 렐 루
모 두 찬 양 그의

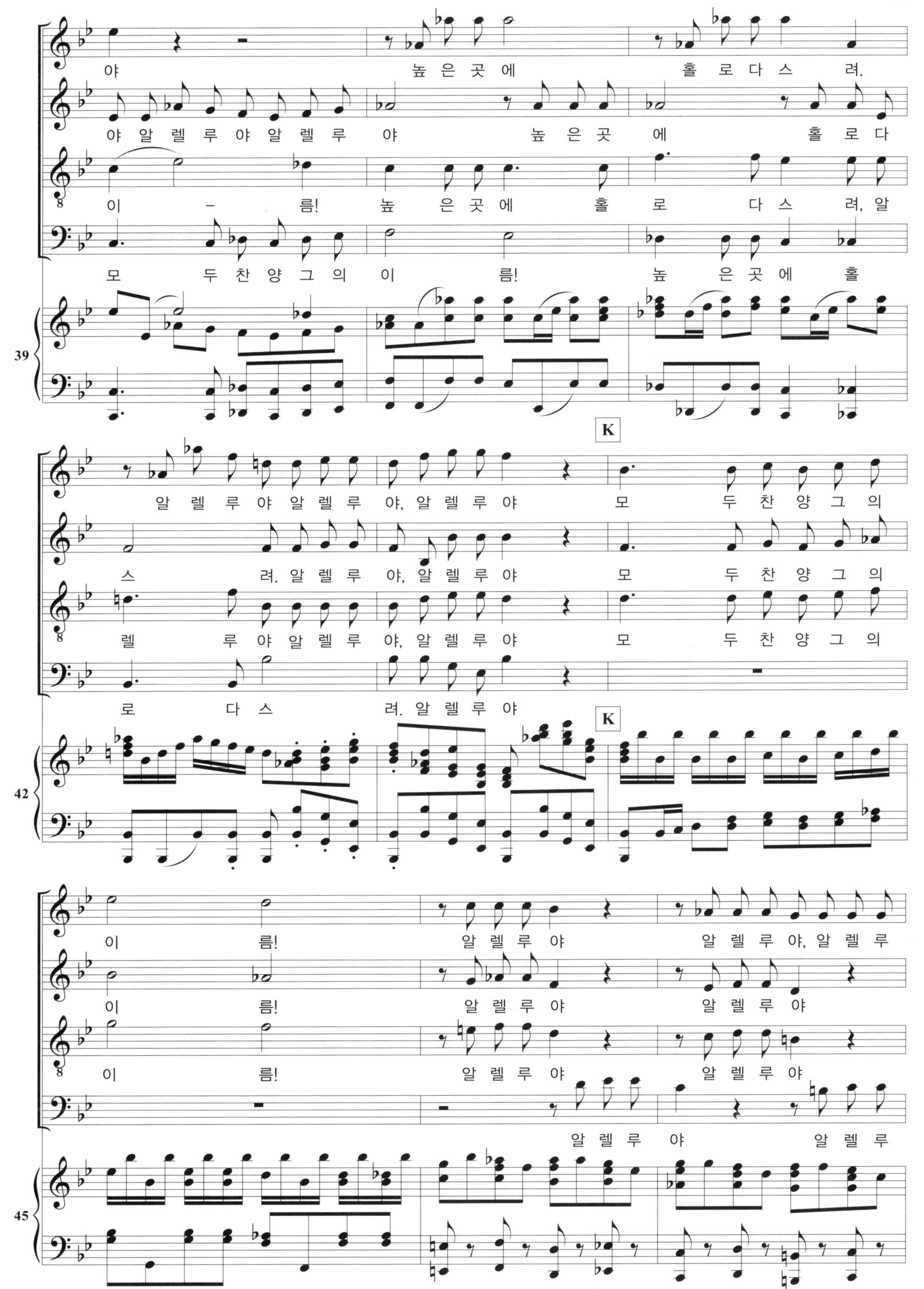
야
높은곳에
홀 로 다 스 려.
야 알 렐 루 야 알 렐 루 야
높 은 곳 에
홀 로 다
이 름! 높 은 곳 에 홀 로 다 스 려, 알
모 두 찬 양 그 의 이 름! 높 은 곳 에 홀
K
알 렐 루 야 알 렐 루 야, 알 렐 루 야
모 두 찬 양 그 의
스 려. 알 렐 루 야, 알 렐 루 야
모 두 찬 양 그 의
렐 루 야 알 렐 루 야, 알 렐 루 야
모 두 찬 양 그 의
로 다 스 려. 알 렐 루 야
K
이 름! 알 렐 루 야
알 렐 루 야, 알 렐 루
이 름! 알 렐 루 야
알 렐 루 야
이 름! 알 렐 루 야
알 렐 루 야
알 렐 루 야
알 렐 루

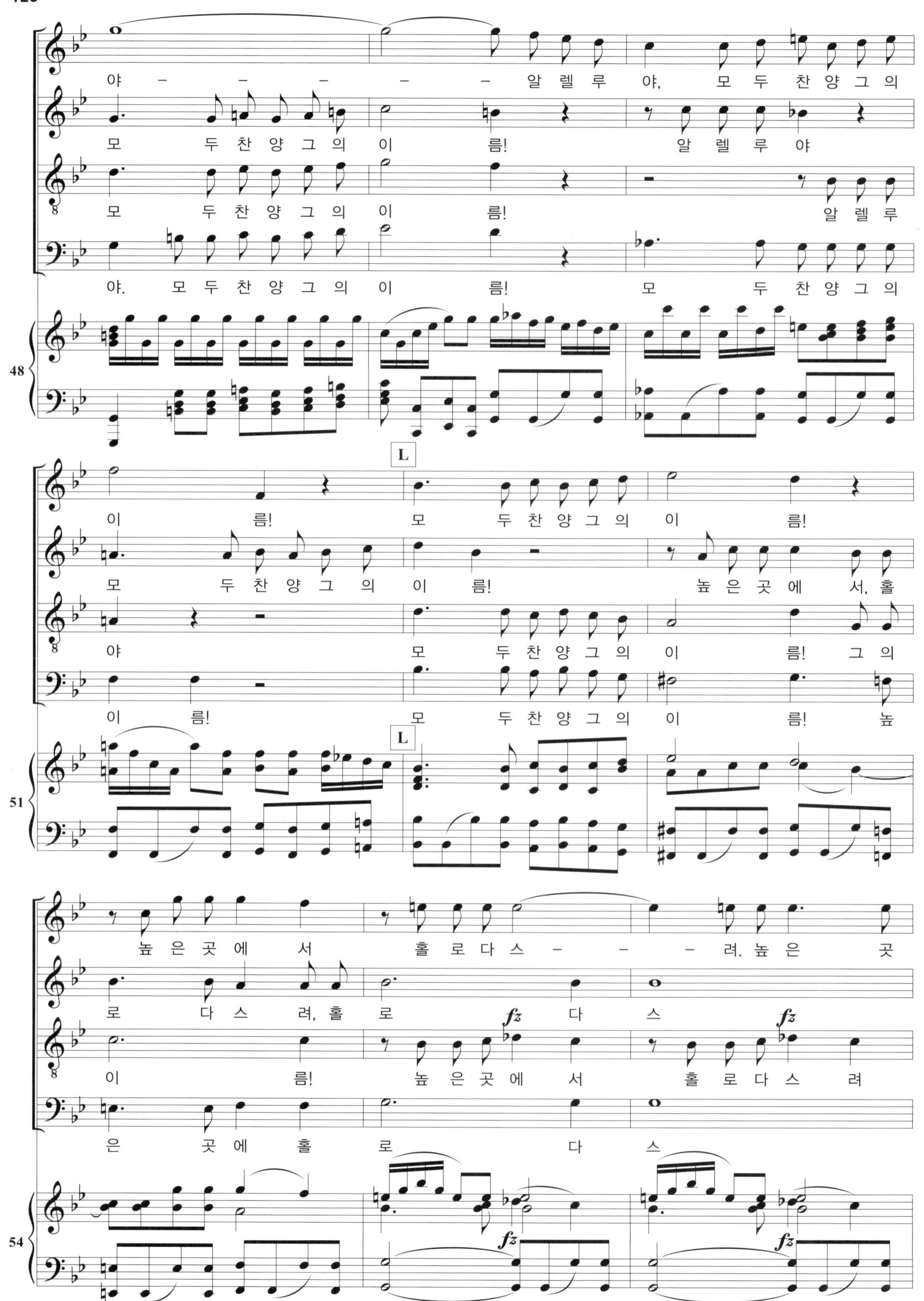
야 — — — — — 알 렐 루 야, 모 두 찬 양 그 의
모 두 찬 양 그 의 이 름! 알 렐 루 야
모 두 찬 양 그 의 이 름! 알 렐 루
야. 모 두 찬 양 그 의 이 름! 모 두 찬 양 그 의
이 름! 모 두 찬 양 그 의 이 름!
모 두 찬 양 그 의 이 름! 높 은 곳 에 서, 홀
야 모 두 찬 양 그 의 이 름! 그 의
이 름! 모 두 찬 양 그 의 이 름! 높
높 은 곳 에 서 홀 로 다 스 — — — 려. 높 은 곳
로 다 스 려, 홀 로 다 스
이 름! 높 은 곳 에 서 홀 로 다 스 려
은 곳 에 홀 로 다 스

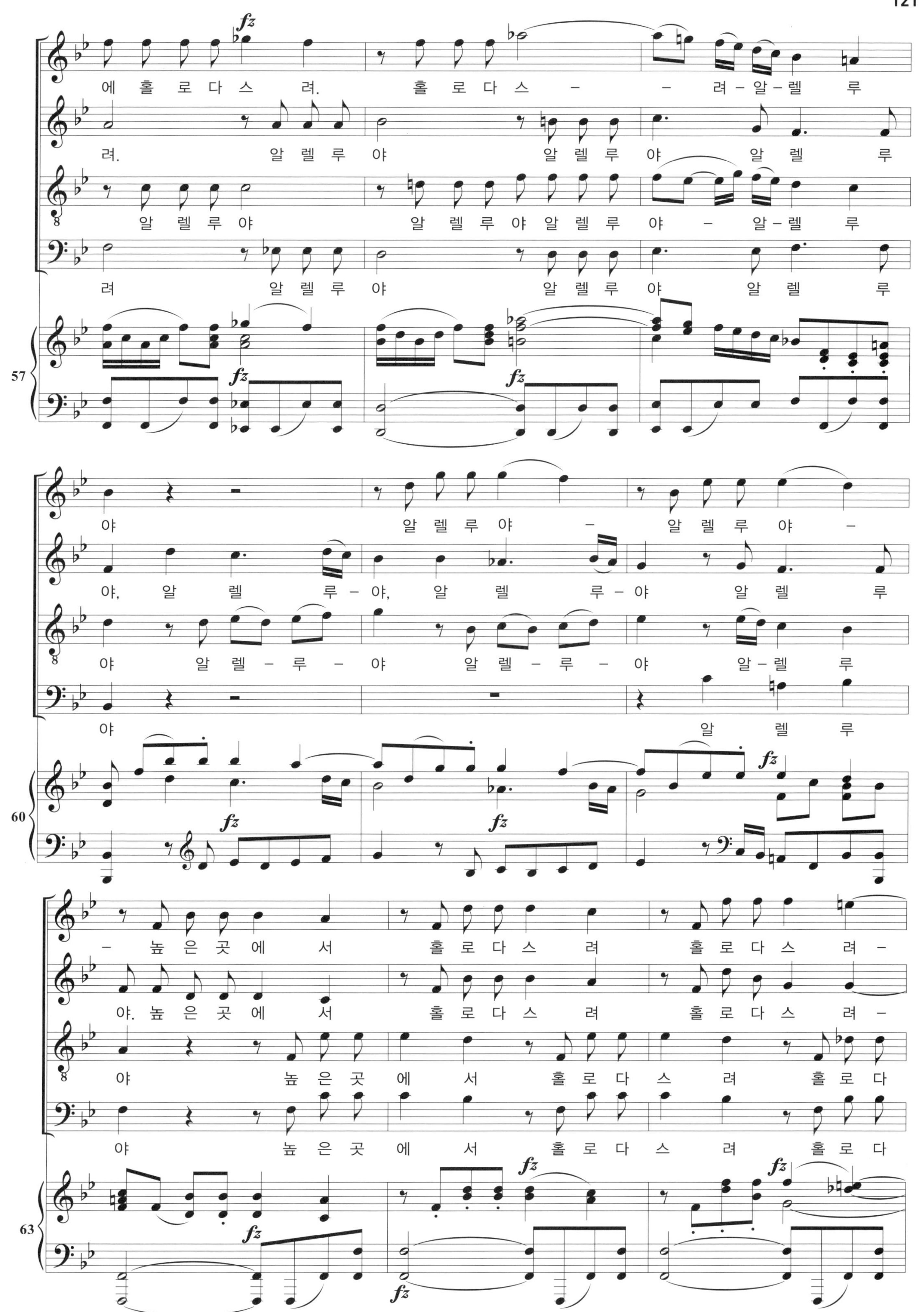
에 홀 로 다 스 려. 홀 로 다 스 — — 려 — 알 — 렐 루
려. 알 렐 루 야 알 렐 루 야 알 렐 루
알 렐 루 야 알 렐 루 야 알 렐 루 야 — 알 렐 루
려 알 렐 루 야 알 렐 루 야 알 렐 루
야 알 렐 루 야 — 알 렐 루 야 —
야, 알 렐 루 — 야, 알 렐 루 — 야 알 렐 루
야 알 렐 — 루 — 야 알 렐 — 루 — 야 알 렐 루
야 알 렐 루
— 높 은 곳 에 서 홀 로 다 스 려 홀 로 다 스 려 —
야. 높 은 곳 에 서 홀 로 다 스 려 홀 로 다 스 려 —
야 높 은 곳 에 서 홀 로 다 스 려 홀 로 다
야 높 은 곳 에 서 홀 로 다 스 려 홀 로 다

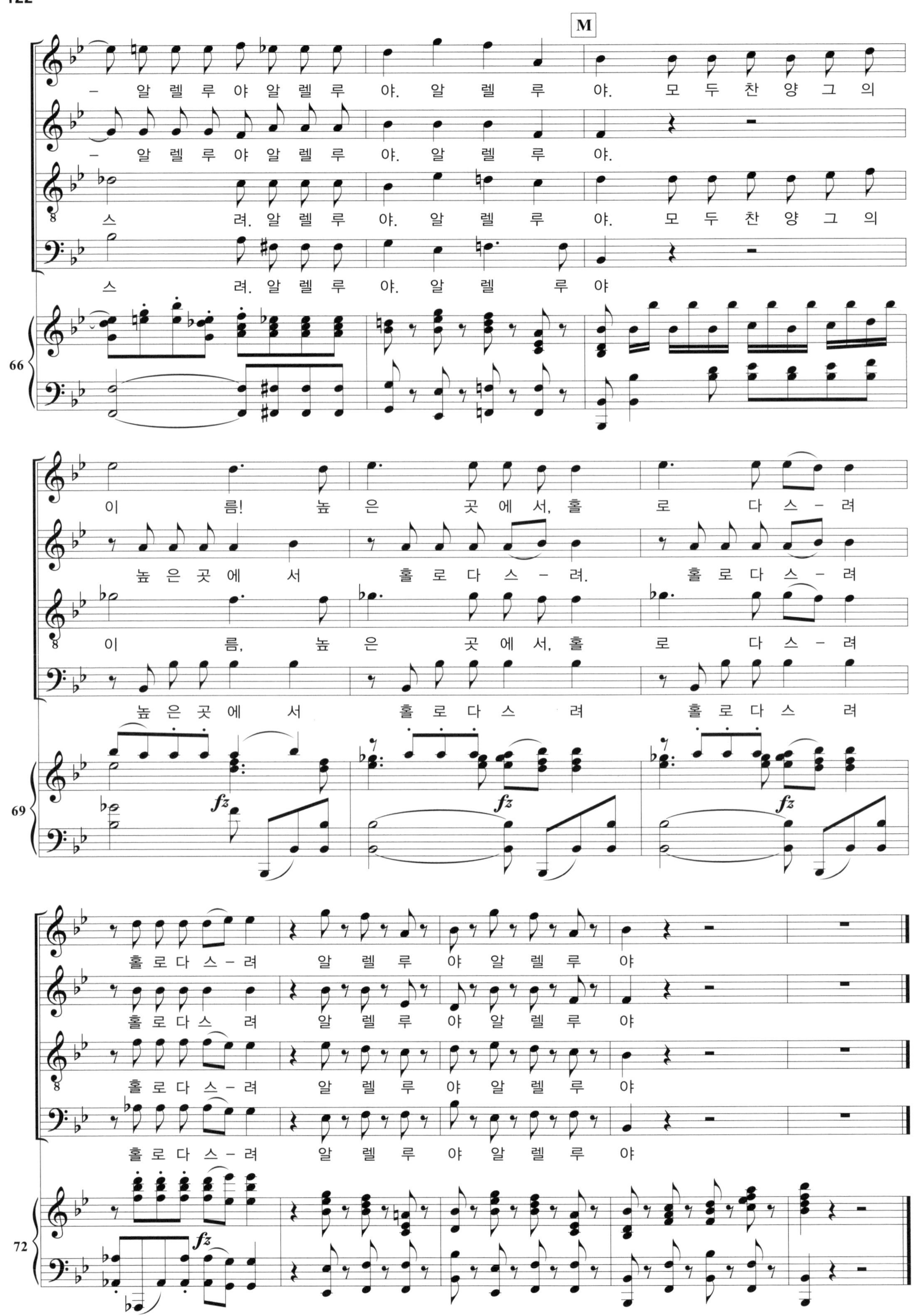
M
알 렐 루 야 알 렐 루 야. 알 렐 루 야. 모 두 찬 양 그 의
알 렐 루 야 알 렐 루 야. 알 렐 루 야.
스 려. 알 렐 루 야. 알 렐 루 야. 모 두 찬 양 그 의
스 려. 알 렐 루 야. 알 렐 루 야
이 름! 높 은 곳 에 서, 홀 로 다 스 려
높 은 곳 에 서 홀 로 다 스 려. 홀 로 다 스 려
이 름, 높 은 곳 에 서, 홀 로 다 스 려
높 은 곳 에 서 홀 로 다 스 려 홀 로 다 스 려
홀 로 다 스 려 알 렐 루 야 알 렐 루 야
홀 로 다 스 려 알 렐 루 야 알 렐 루 야
홀 로 다 스 려 알 렐 루 야 알 렐 루 야
홀 로 다 스 려 알 렐 루 야 알 렐 루 야
fz
fz
fz
fz

제3부

29. 장밋빛 구름, 달콤한 소리 울려

Recit. (*Uriel*) Aus Rosenwolken bricht, geweckt

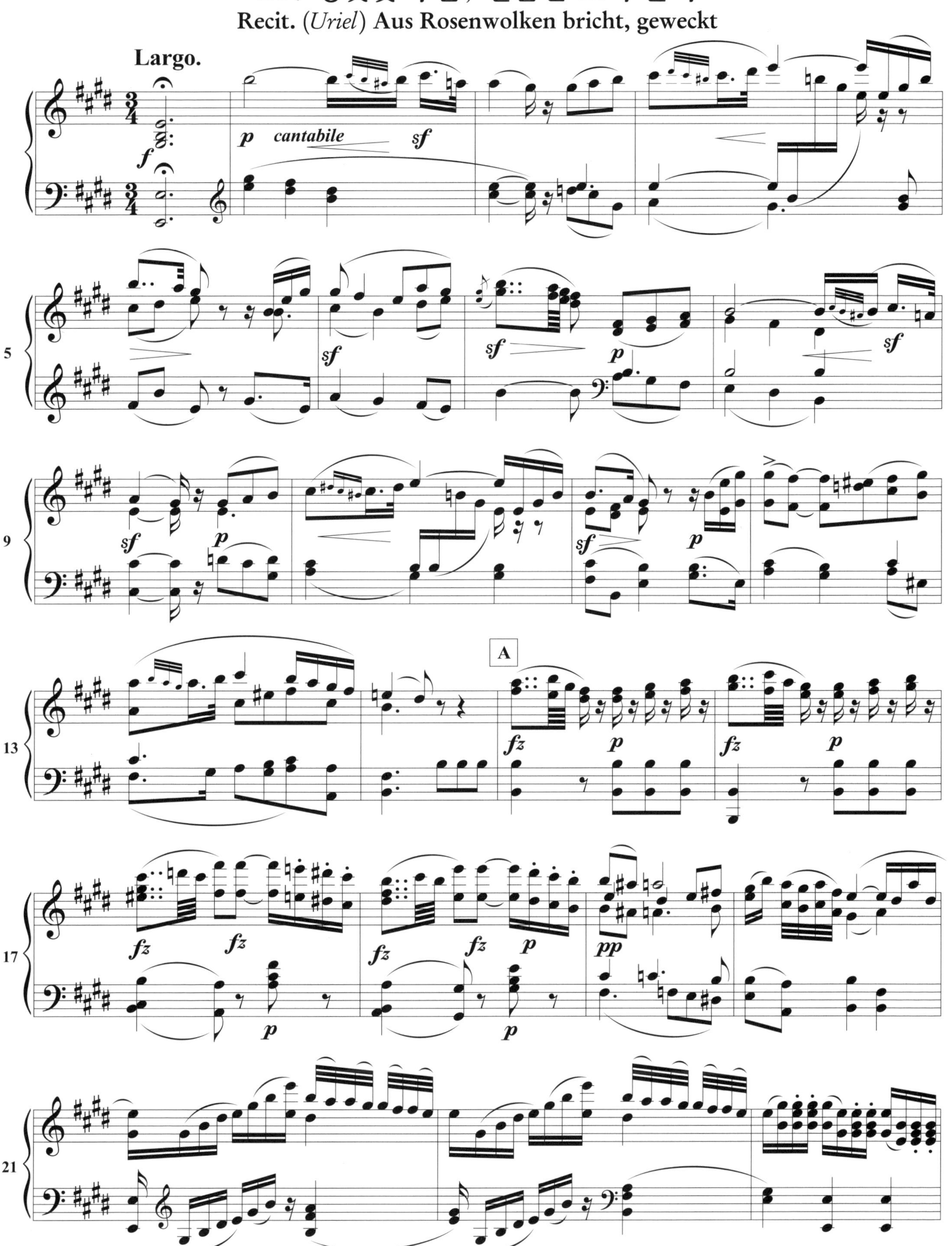

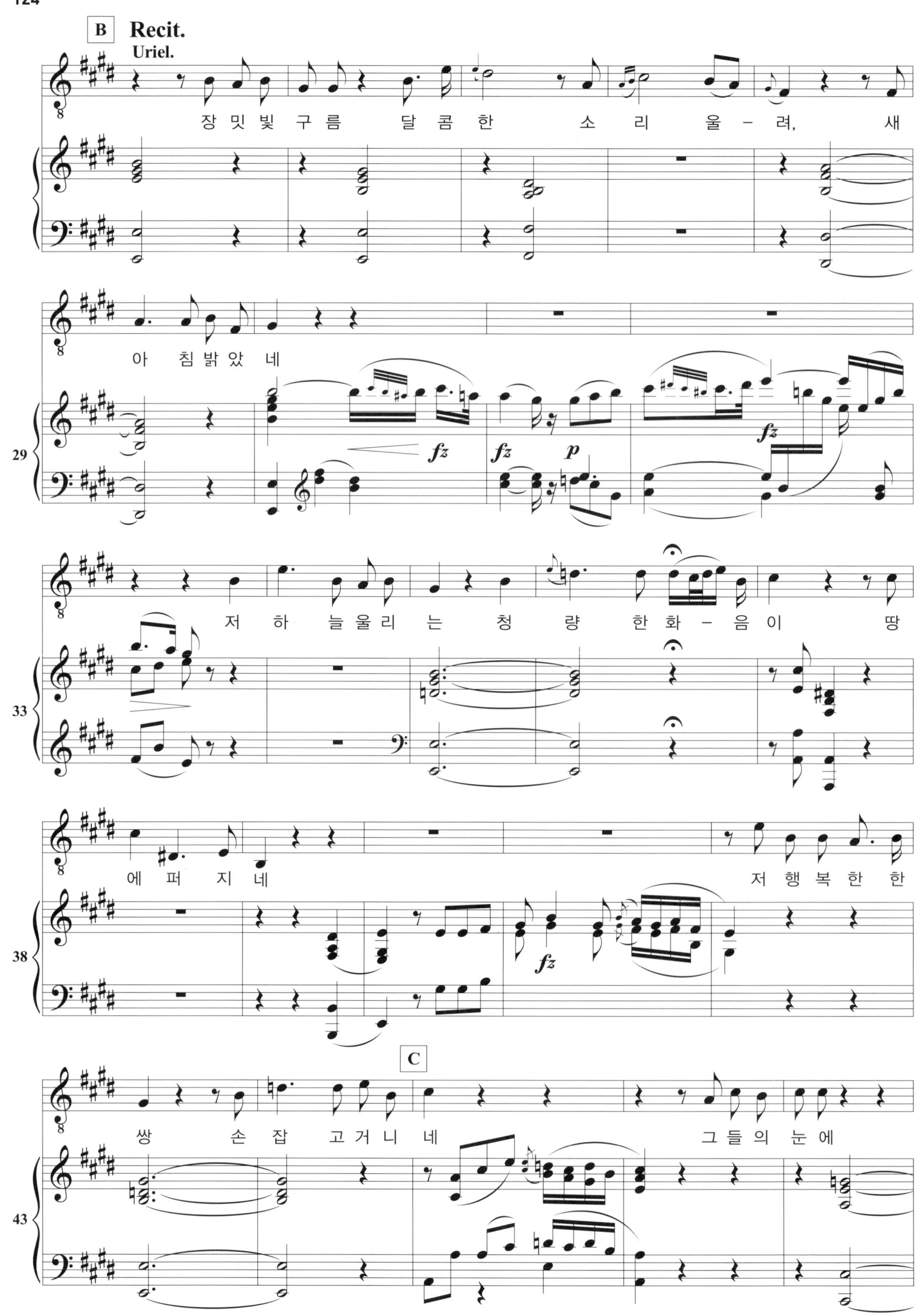
B Recit.
Uriel.
장밋빛 구름 달콤한 소리 울 - 려, 새
아 침 밝았네
저 하 늘 울 리 는 청 량 한 화 - 음 이 땅
에 퍼 지 네
저 행 복 한 한
C
쌍 손 잡 고 거 니 네 그 들 의 눈 에

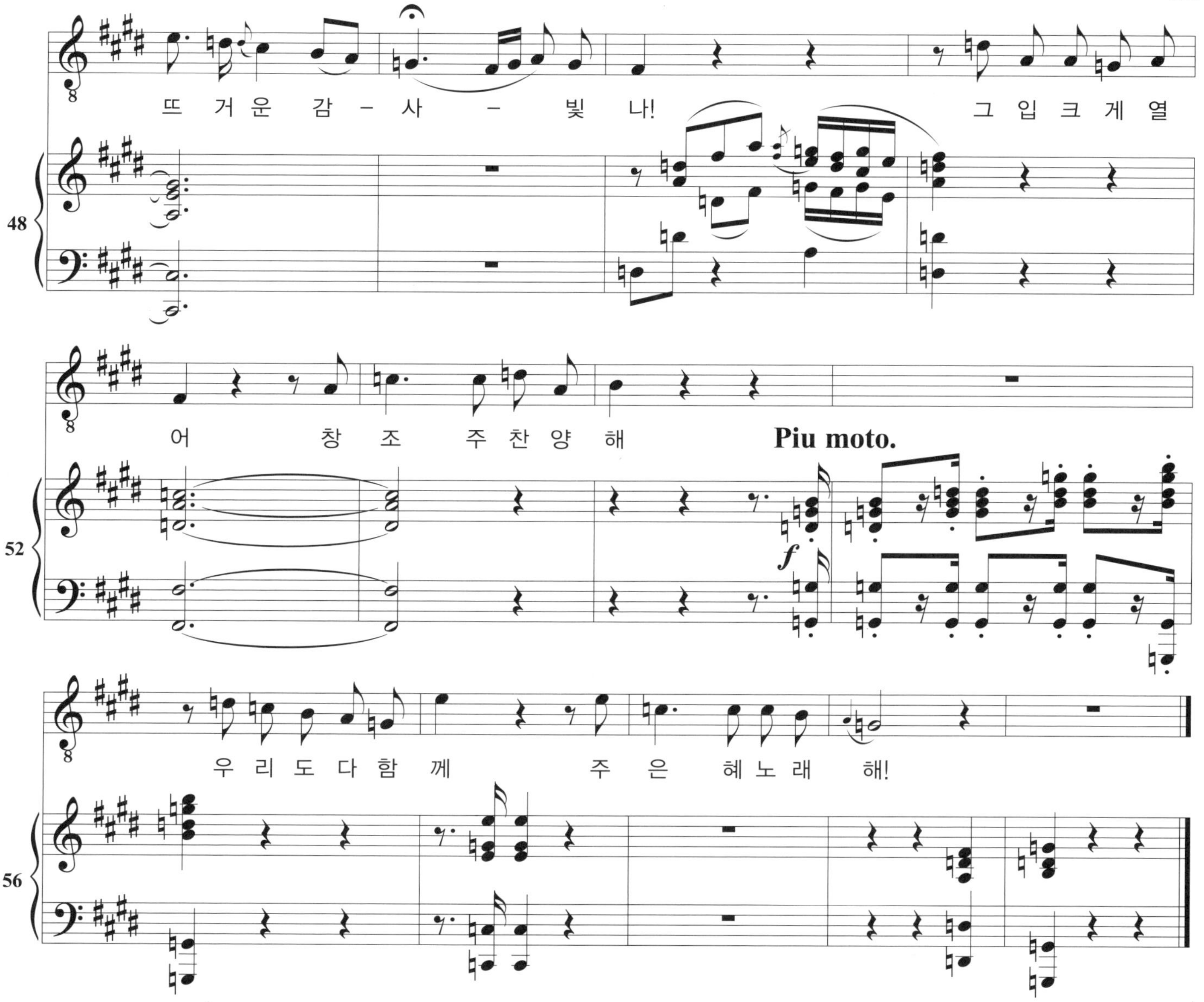

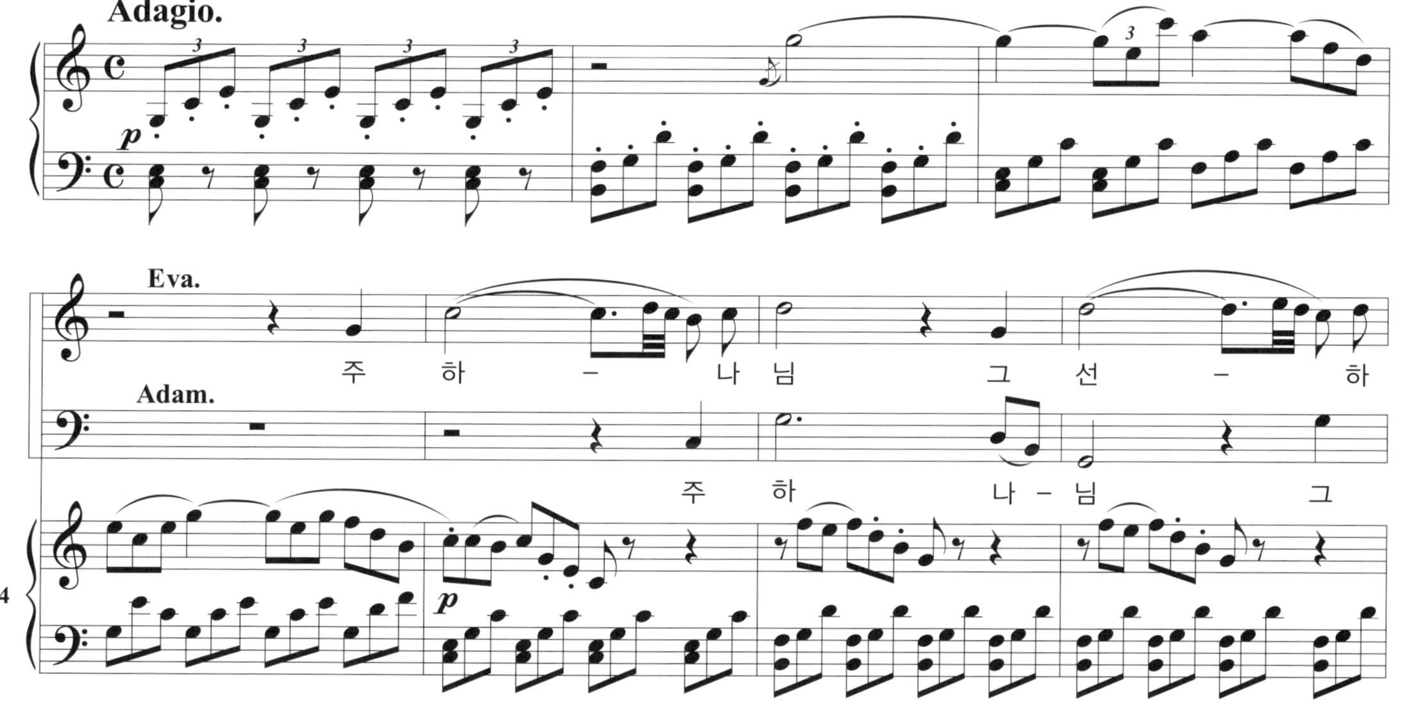

30. 주 하나님 그 선하심

Duett. (*Eva, Adam*) und Chor. **Von deiner Gut', o Herr und Gott**

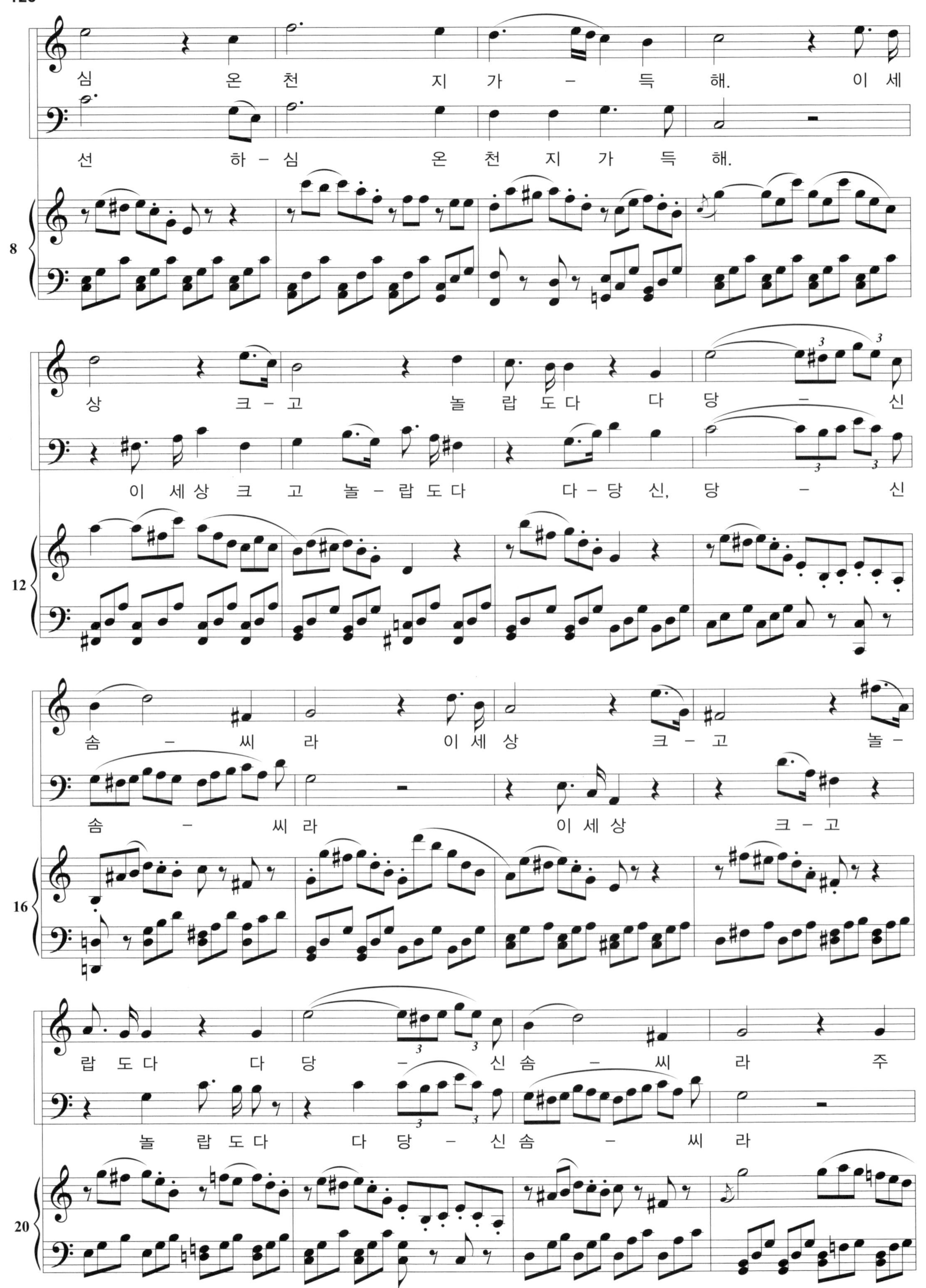
심 온 천 지 가 득 해. 이 세
선 하 심 온 천 지 가 득 해.
상 크 고 놀 랍 도 다 다 당 신
이 세 상 크 고 놀 랍 도 다 다 당 신, 당 신
솜 씨 라 이 세 상 크 고 놀
솜 씨 라 이 세 상 크 고
랍 도 다 다 당 신 솜 씨 라 주
놀 랍 도 다 다 당 신 솜 씨 라

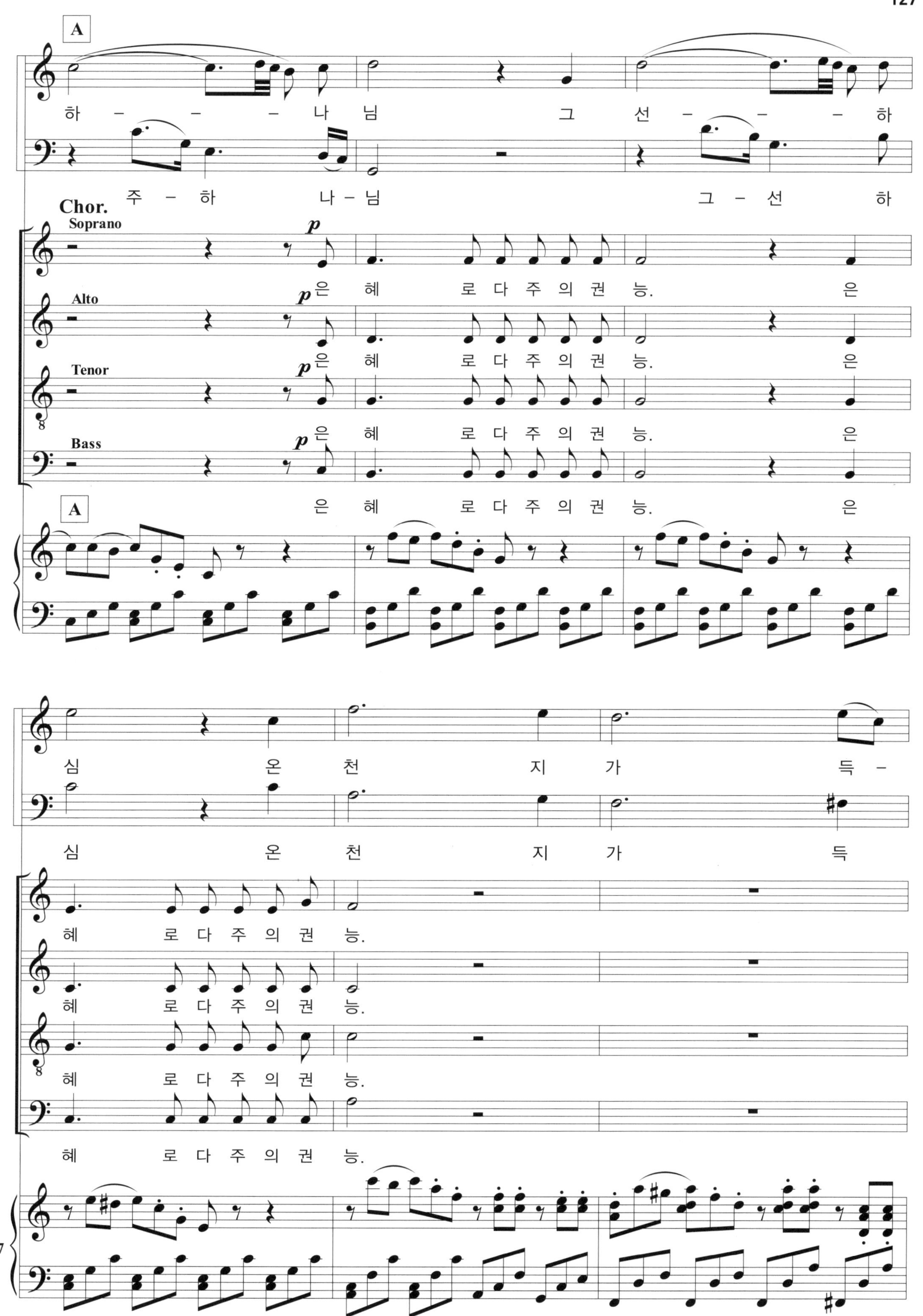
A
하 나 님 그 선 하
Chor.
주 하 나 님 그 선 하
Soprano
은 혜 로 다 주 의 권 능. 은
Alto
은 혜 로 다 주 의 권 능. 은
Tenor
은 혜 로 다 주 의 권 능. 은
Bass
은 혜 로 다 주 의 권 능. 은
A
심 온 천 지 가 득
심 온 천 지 가 득
혜 로 다 주 의 권 능.
혜 로 다 주 의 권 능.
혜 로 다 주 의 권 능.

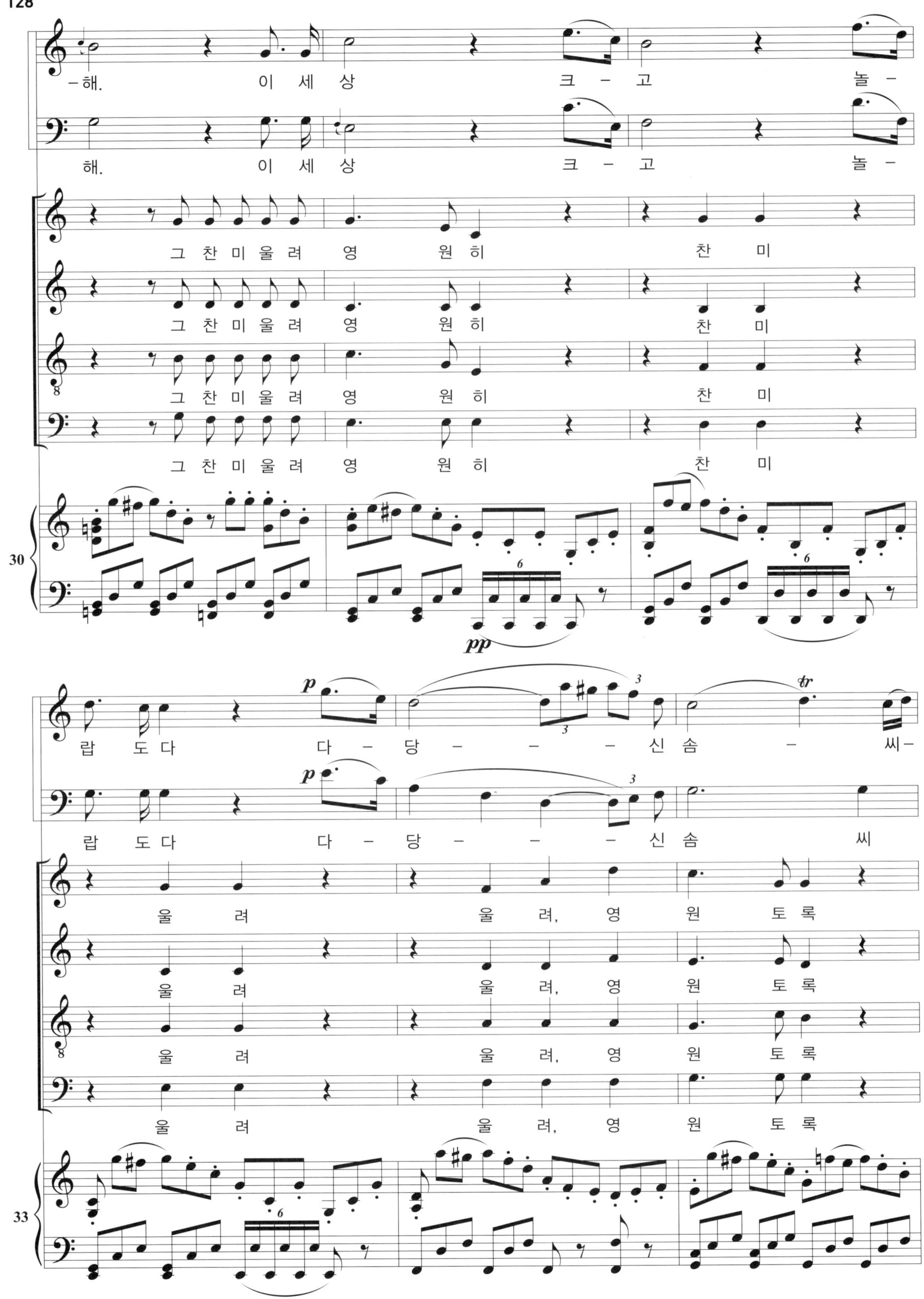
128
-해. 이 세 상 크 - 고 놀 -
해. 이 세 상 크 - 고 놀 -
그 찬 미 울 려 영 원 히 찬 미
그 찬 미 울 려 영 원 히 찬 미
그 찬 미 울 려 영 원 히 찬 미
그 찬 미 울 려 영 원 히 찬 미
랍 도 다 다 - 당 - - - 신 솜 - 씨 -
랍 도 다 다 - 당 - - - 신 솜 씨
울 려 울 려, 영 원 토 록
울 려 울 려, 영 원 토 록
울 려 울 려, 영 원 토 록
울 려 울 려, 영 원 토 록
천지창조 | DIE SCUÖPFUNG

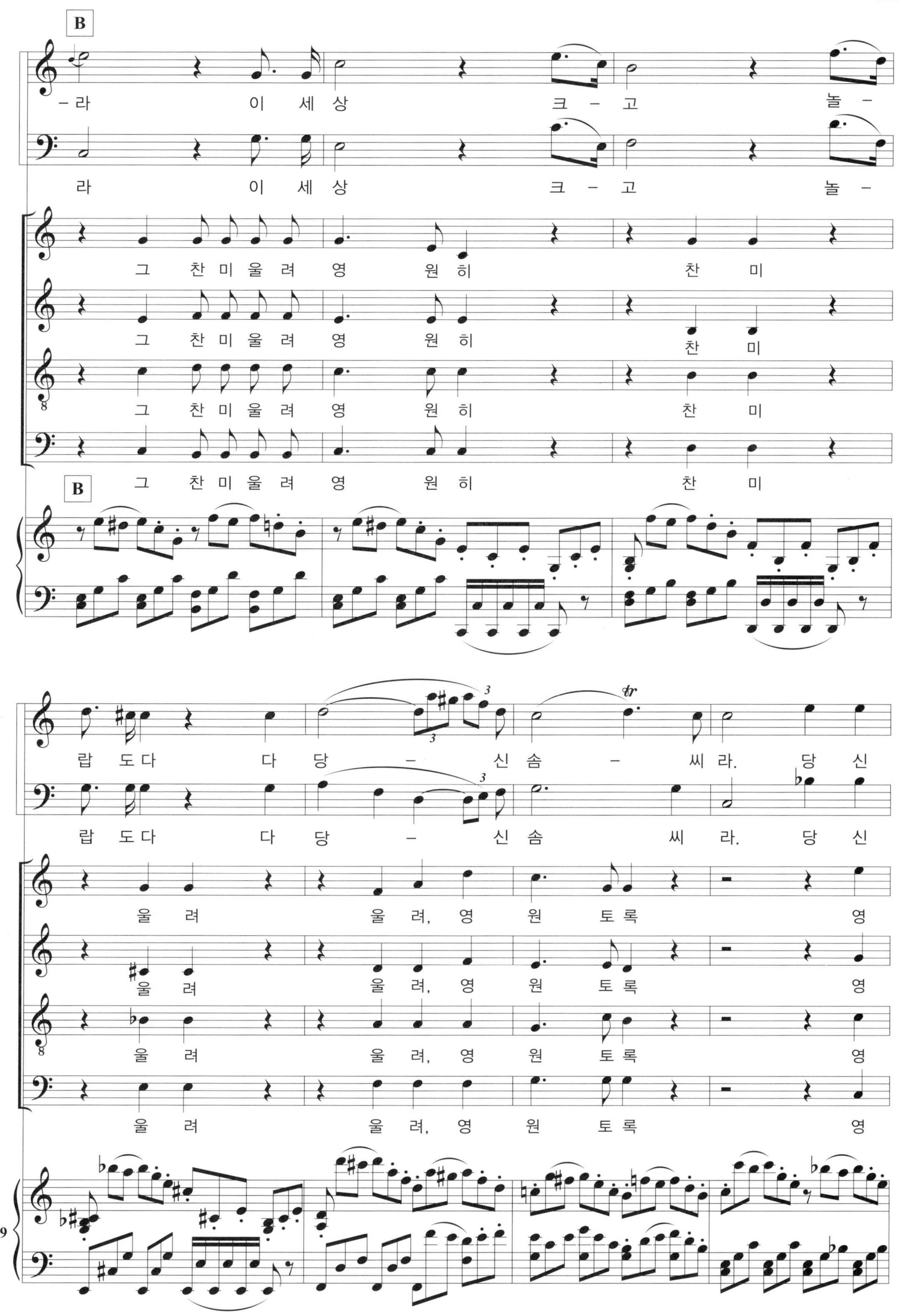
B
—라 이 세 상 크 —고 놀 —
라 이 세 상 크 —고 놀 —
그 찬 미 울 려 영 원 히 찬 미
그 찬 미 울 려 영 원 히 찬 미
그 찬 미 울 려 영 원 히 찬 미
그 찬 미 울 려 영 원 히 찬 미
B
랍 도 다 다 당 —신 솜 —씨 라. 당 신
랍 도 다 다 당 —신 솜 씨 라. 당 신
울 려 울 려, 영 원 토 록 영
울 려 울 려, 영 원 토 록 영
울 려 울 려, 영 원 토 록 영
울 려 울 려, 영 원 토 록 영

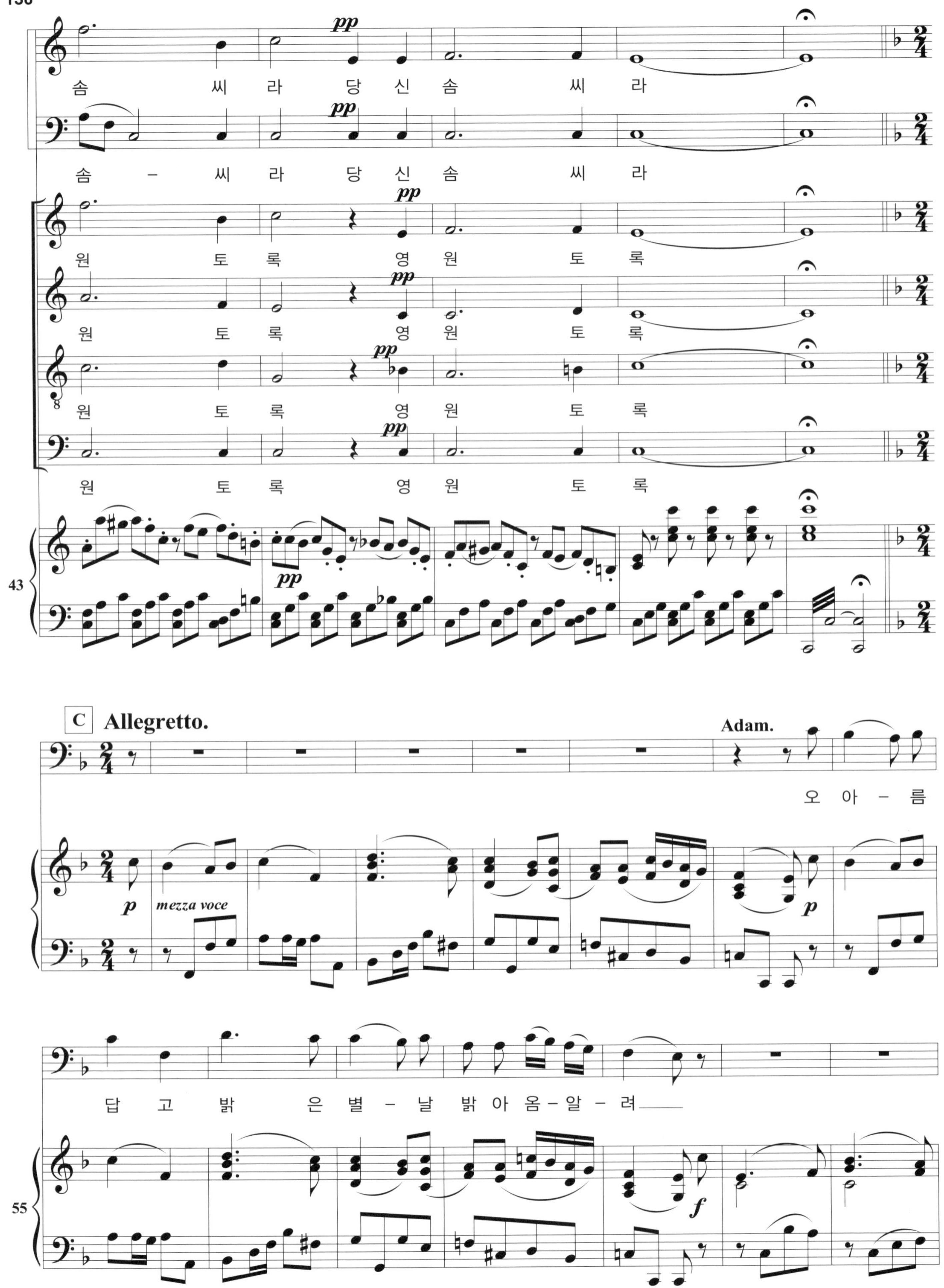
솜 씨 라 당 신 솜 씨 라
솜 - 씨 라 당 신 솜 씨 라
원 토 록 영 원 토 록
원 토 록 영 원 토 록
원 토 록 영 원 토 록
원 토 록 영 원 토 록
C Allegretto.
Adam.
오 아 - 름
p mezza voce
답 고 밝 은 별 - 날 밝 아 옴 - 알 - 려
p
f
pp
43
55

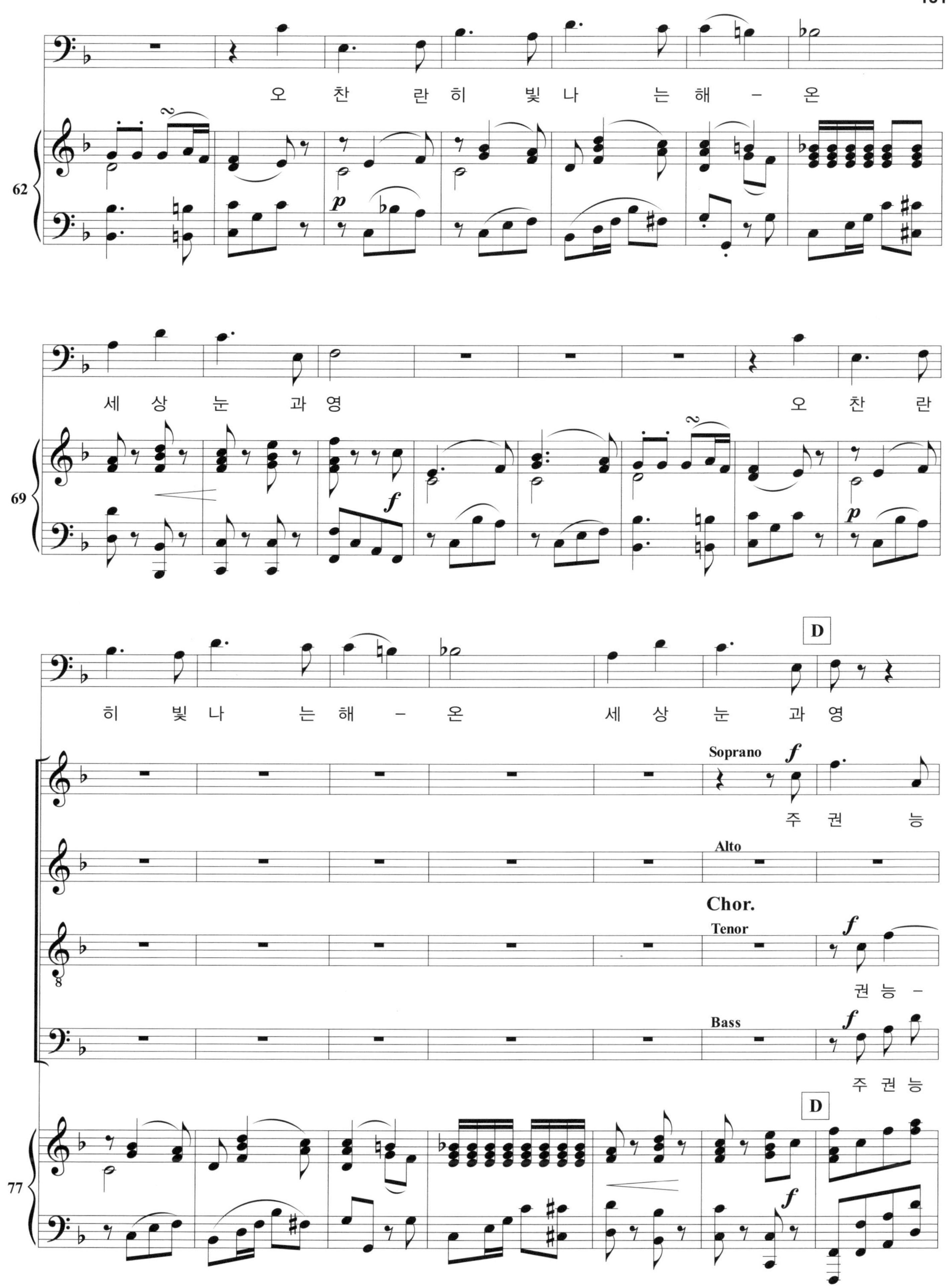
오 찬 란 히 빛 나 는 해 - 온
세 상 눈 과 영
오 찬 란
히 빛 나 는 해 - 온 세 상 눈 과 영
Soprano
주 권 능
Alto
Chor.
Tenor
권 능 -
Bass
주 권 능
D

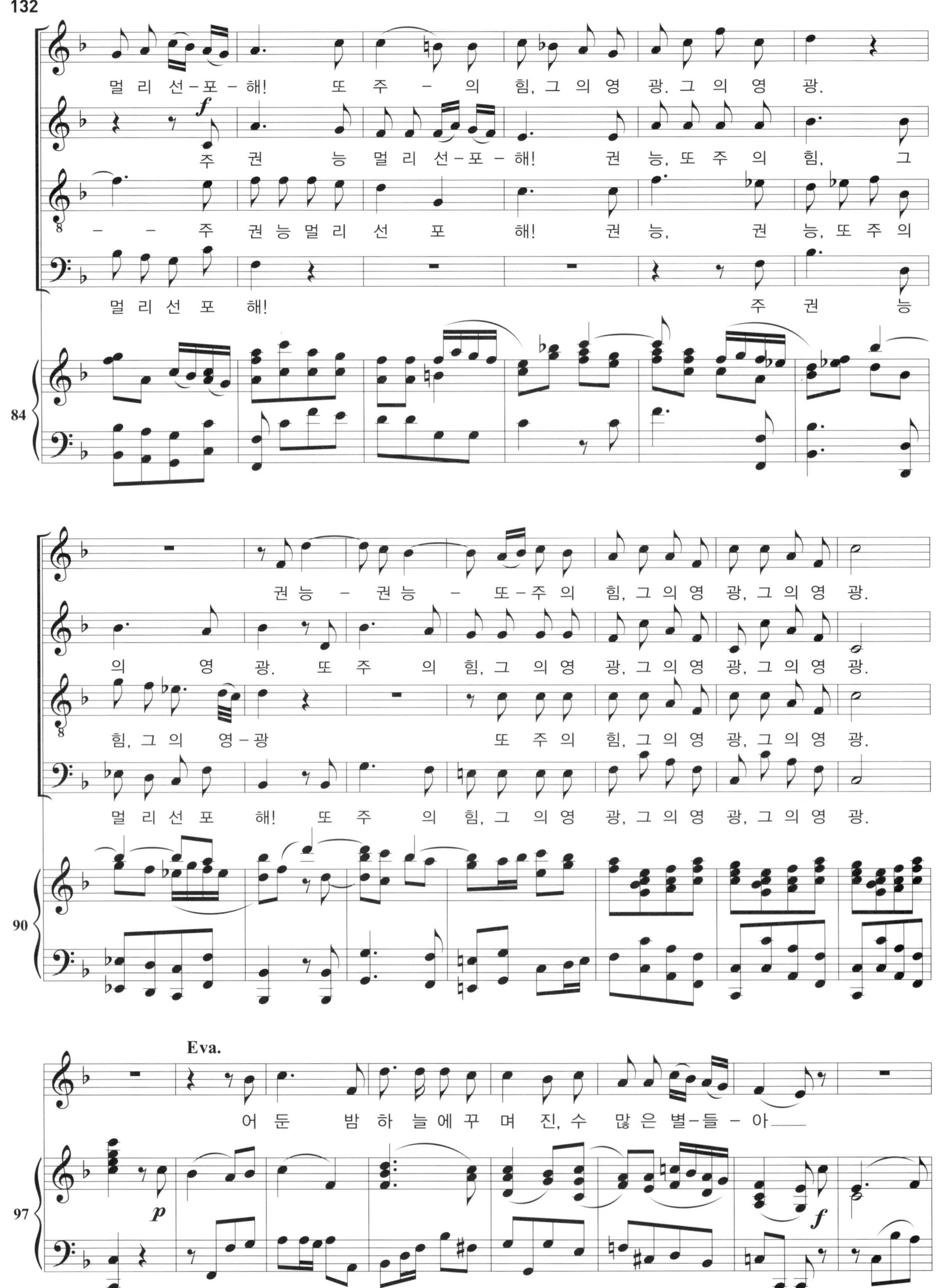
멀리선포-해! 또주-의힘,그의영광.그의영광.
주권능멀리선-포-해! 권능,또주의힘, 그
--주권능멀리선포 해! 권능, 권능,또주의
멀리선포해! 주권능
권능-권능-또-주의힘,그의영광,그의영광.
의 영광.또주의힘,그의영광,그의영광,그의영광.
힘,그의영-광 또주의힘,그의영광,그의영광.
멀리선포해! 또주의힘,그의영광,그의영광,그의영광.
Eva.
어둔밤하늘에꾸며진,수많은별-들-아___

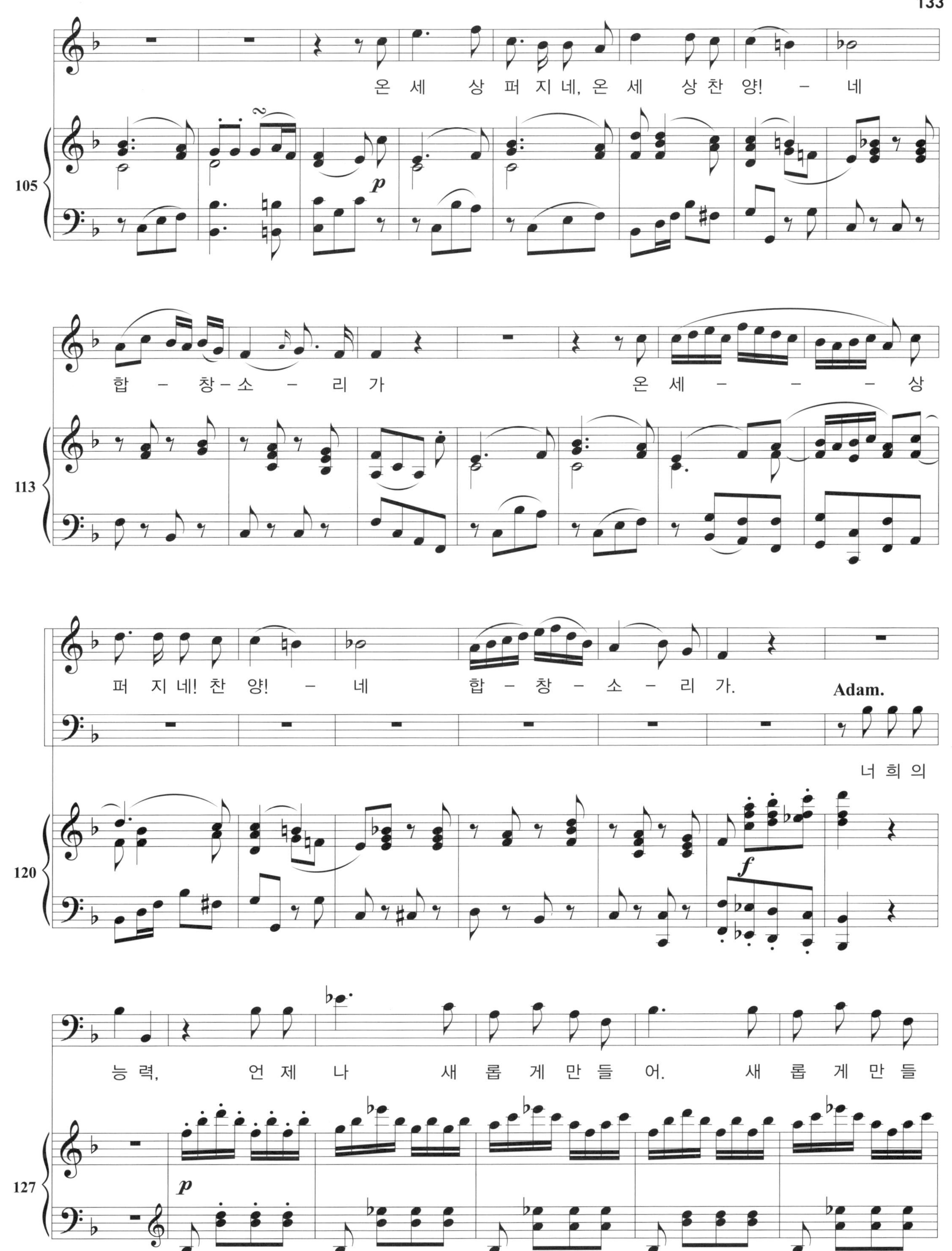
온 세 상 퍼 지 네, 온 세 상 찬 양! ─ 네
합 ─ 창 ─ 소 ─ 리 가 온 세 ─ ─ ─ 상
퍼 지 네! 찬 양! ─ 네 합 ─ 창 ─ 소 ─ 리 가.
Adam.
너 희 의
능 력, 언 제 나 새 롭 게 만 들 어. 새 롭 게 만 들

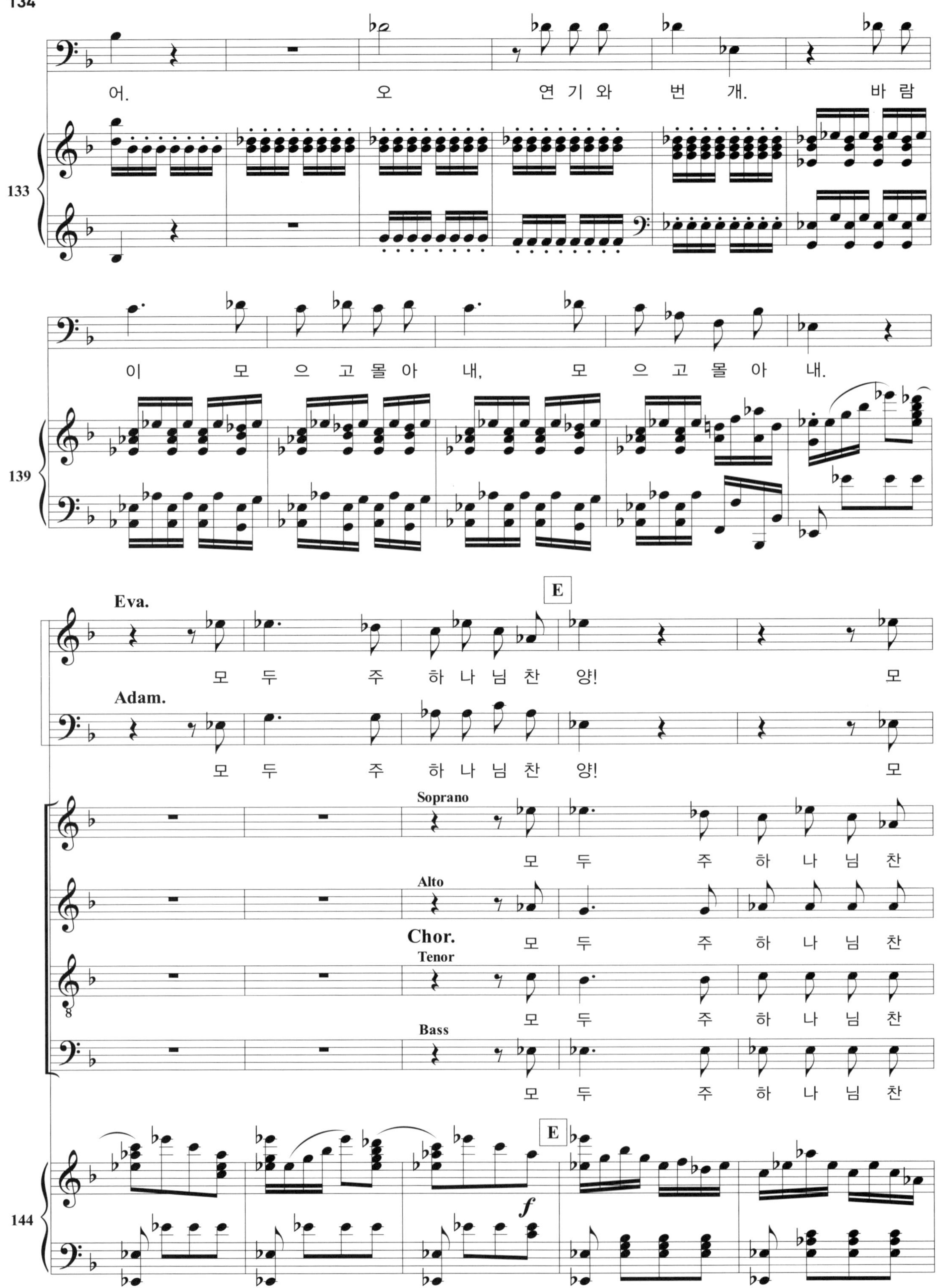

134
133
어. 오 연 기 와 번 개. 바 람
139
이 모 으 고 몰 아 내, 모 으 고 몰 아 내.
Eva.
E
모 두 주 하 나 님 찬 양! 모
Adam.
모 두 주 하 나 님 찬 양! 모
Soprano
모 두 주 하 나 님 찬
Alto
모 두 주 하 나 님 찬
Chor.
Tenor
모 두 주 하 나 님 찬
Bass
모 두 주 하 나 님 찬
E
f
천지창조 | DIE SCUÖPFUNG

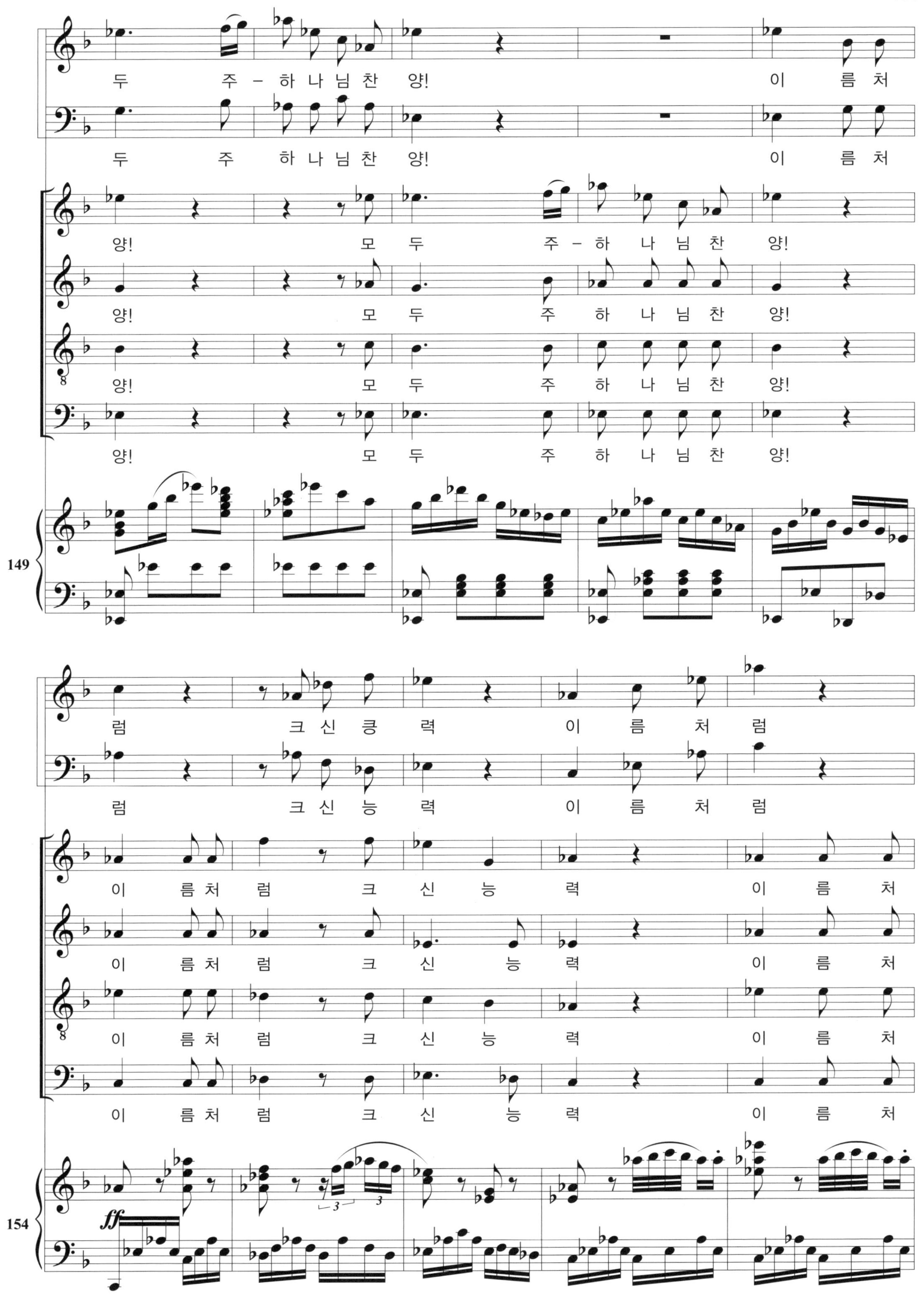
두 주 - 하나님찬 양!
이 름 처
두 주 하 나 님 찬 양!
이 름 처
양! 모 두 주 - 하 나 님 찬 양!
양! 모 두 주 하 나 님 찬 양!
양! 모 두 주 하 나 님 찬 양!
양! 모 두 주 하 나 님 찬 양!
149
럼 크 신 큰 력 이 름 처 럼
럼 크 신 능 력 이 름 처 럼
이 름 처 럼 크 신 능 력 이 름 처
이 름 처 럼 크 신 능 력 이 름 처
이 름 처 럼 크 신 능 력 이 름 처
이 름 처 럼 크 신 능 력 이 름 처
3 3
ff
154

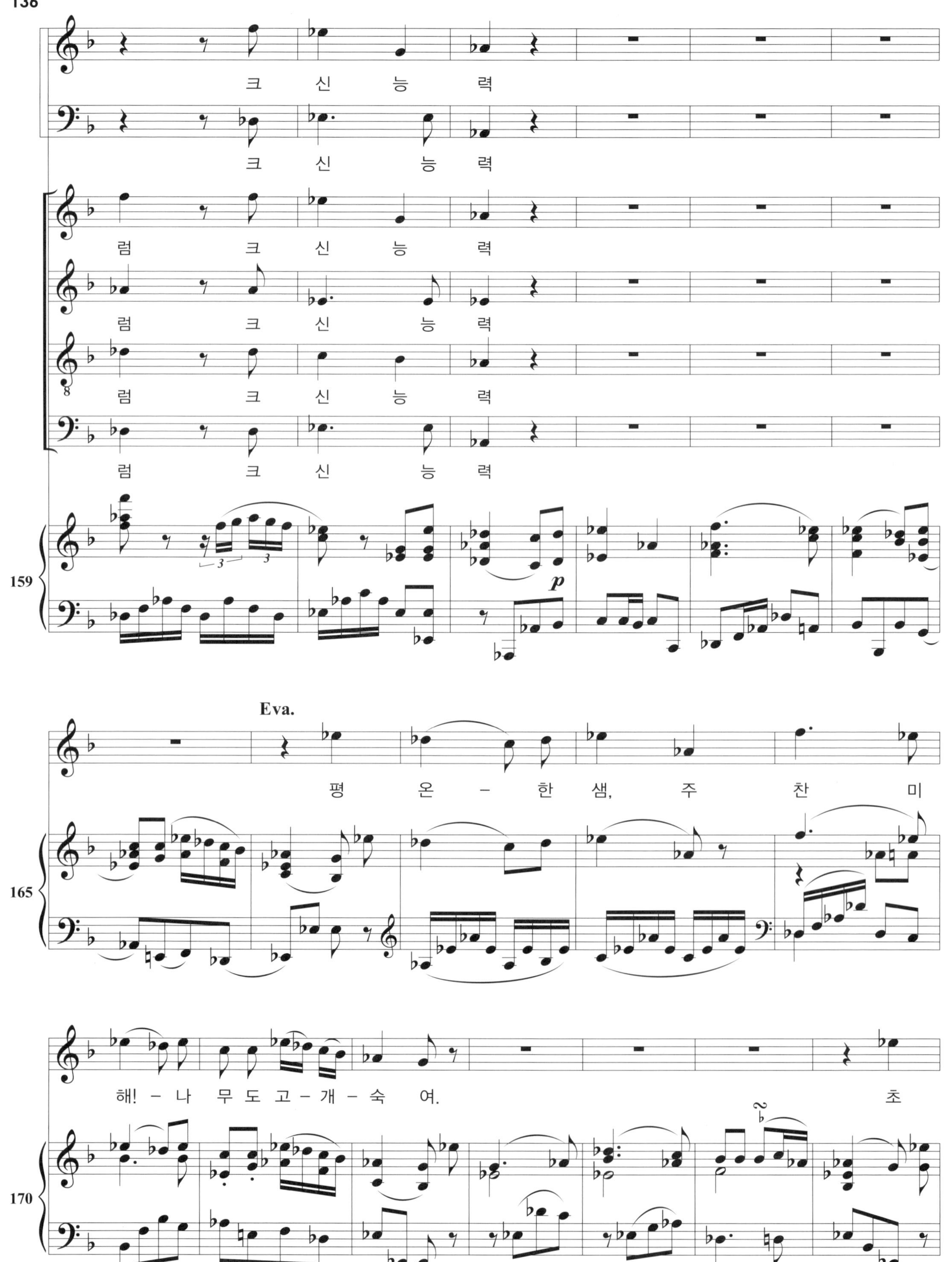
크 신 능 력
크 신 능 력
럼 크 신 능 력
럼 크 신 능 력
럼 크 신 능 력
럼 크 신 능 력
159
Eva.
평 온 – 한 샘, 주 찬 미
165
해! – 나 무 도 고 – 개 – 숙 여. 초
170

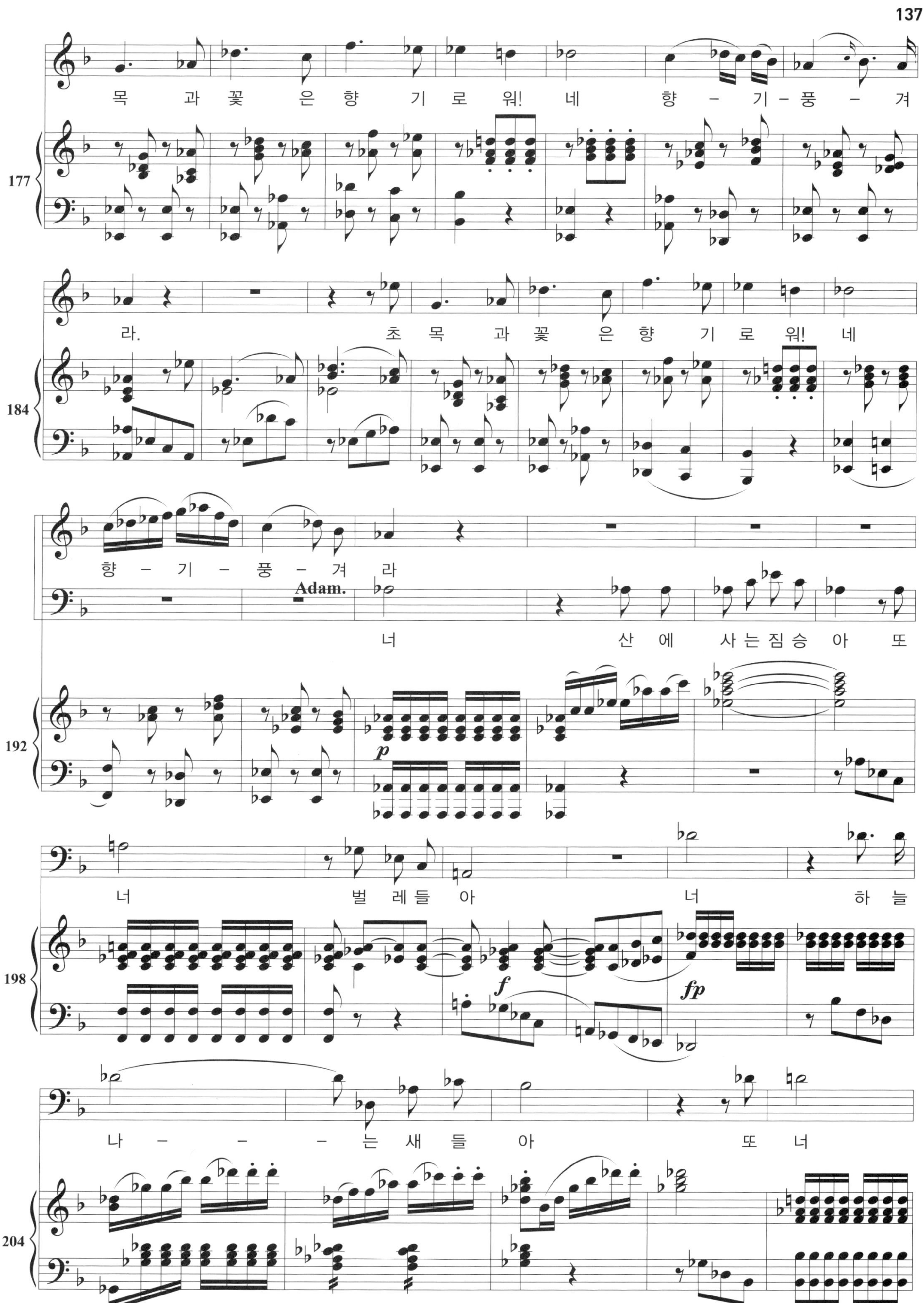
목 과 꽃 은 향 기 로 워! 네 향 - 기 - 풍 - 겨
라. 초 목 과 꽃 은 향 기 로 워! 네
향 - 기 - 풍 - 겨 라
Adam.
너 산 에 사 는 짐 승 아 또
너 벌 레 들 아 너 하 늘
나 - - - 는 새 들 아 또 너
p
f
fp

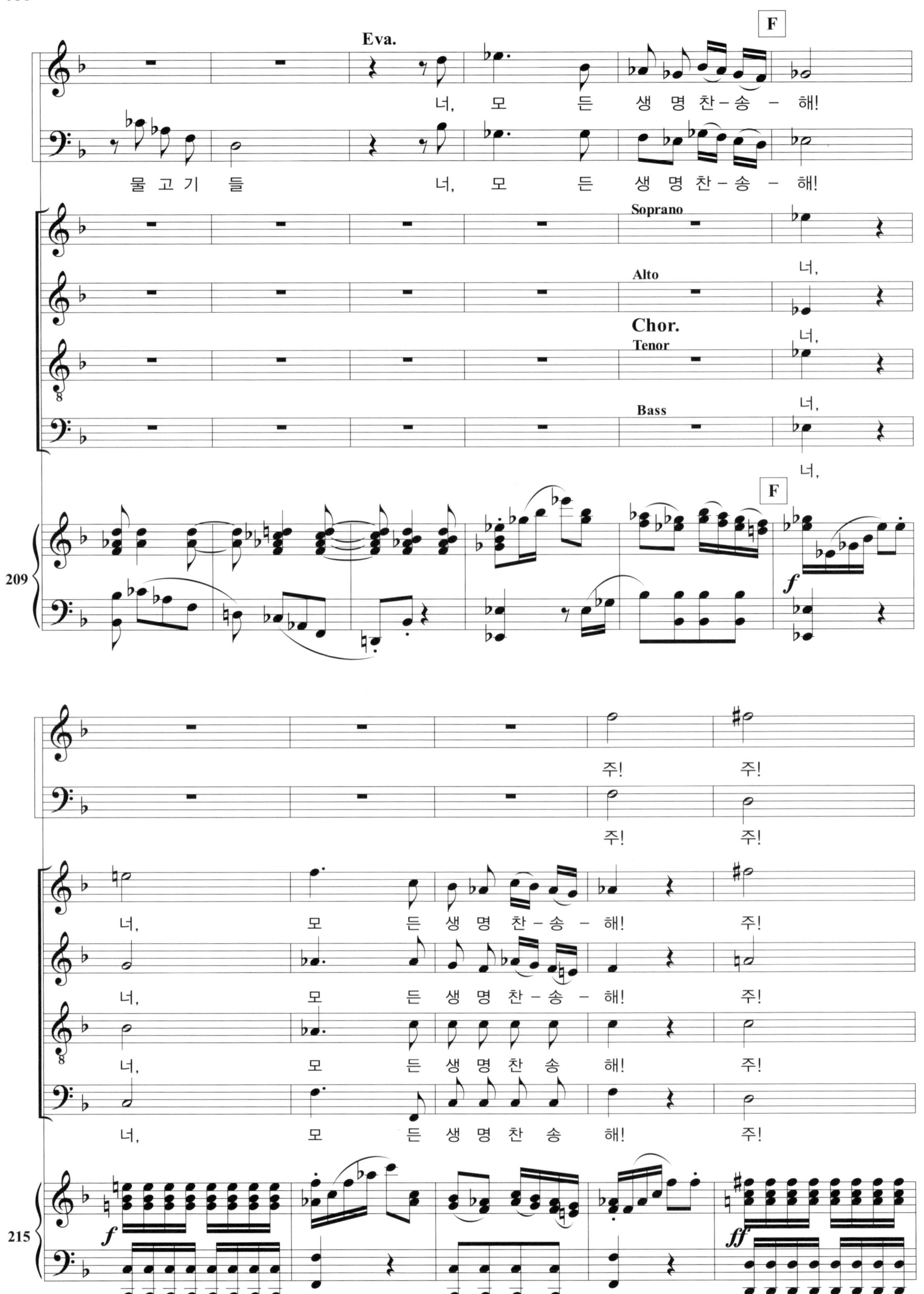
Eva.
F
너, 모 든 생명찬-송-해!
물고기들
너, 모 든 생명찬-송-해!
Soprano
너,
Alto
너,
Chor.
Tenor
너,
Bass
너,
F
f
209
주! 주!
주! 주!
너, 모 든 생명찬-송-해! 주!
너, 모 든 생명찬-송-해! 주!
너, 모 든 생명찬송 해! 주!
너, 모 든 생명찬송 해! 주!
f
215
ff

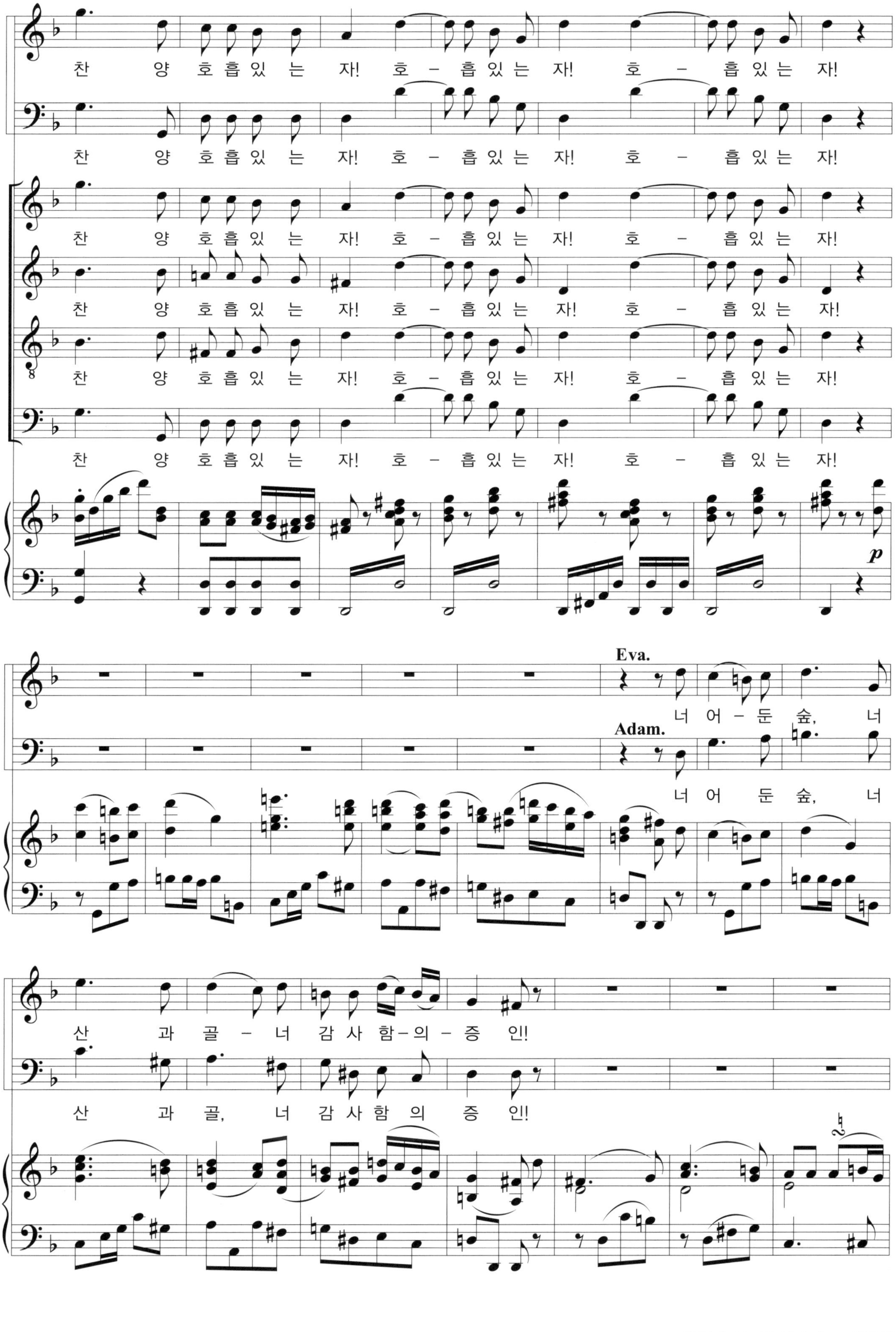

찬 양 호흡있 는 자! 호 - 흡있는 자! 호 - 흡있는 자!
찬 양 호흡있 는 자! 호 - 흡있는 자! 호 - 흡있는 자!
찬 양 호흡있 는 자! 호 - 흡있는 자! 호 - 흡있는 자!
찬 양 호흡있 는 자! 호 - 흡있는 자! 호 - 흡있는 자!
찬 양 호흡있 는 자! 호 - 흡있는 자! 호 - 흡있는 자!
찬 양 호흡있 는 자! 호 - 흡있는 자! 호 - 흡있는 자!
Eva.
너 어 - 둔 숲, 너
Adam.
너 어 둔 숲, 너
산 과 골 - 너 감사함-의-증 인!
산 과 골, 너 감사함의 증 인!

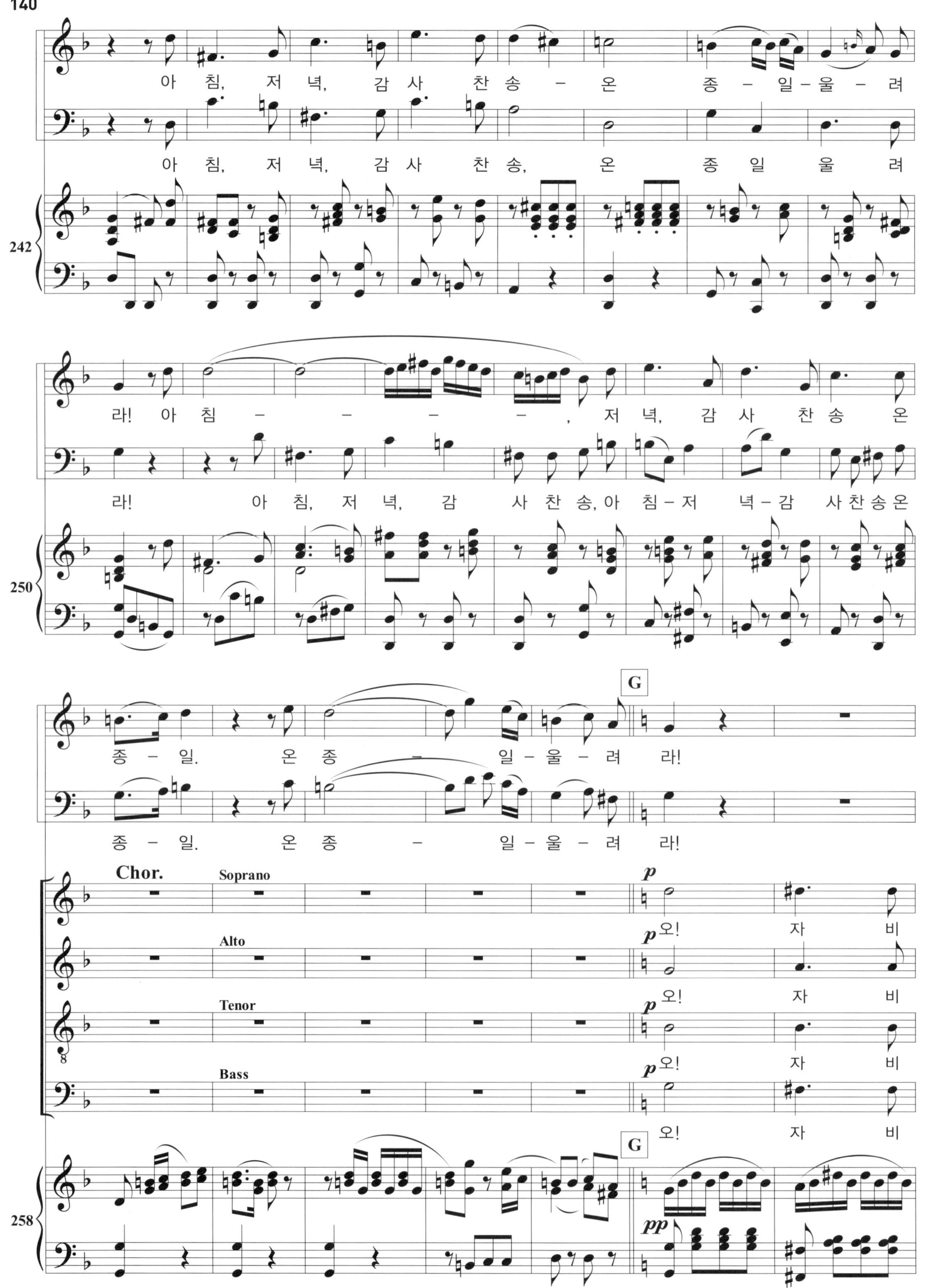
아 침, 저녁, 감사 찬송 - 온 종 - 일울 - 려
아 침, 저 녁, 감 사 찬 송, 온 종 일 울 려
라! 아 침 - - - -, 저 녁, 감 사 찬 송 온
라! 아 침, 저 녁, 감 사 찬 송, 아 침 - 저 녁 - 감 사 찬 송 온
종 - 일. 온 종 - 일 - 울 - 려 라!
종 - 일. 온 종 - 일 - 울 - 려 라!
Chor.
Soprano
Alto
Tenor
Bass
오! 자 비
오! 자 비
오! 자 비
오! 자 비
p
p
pp
G

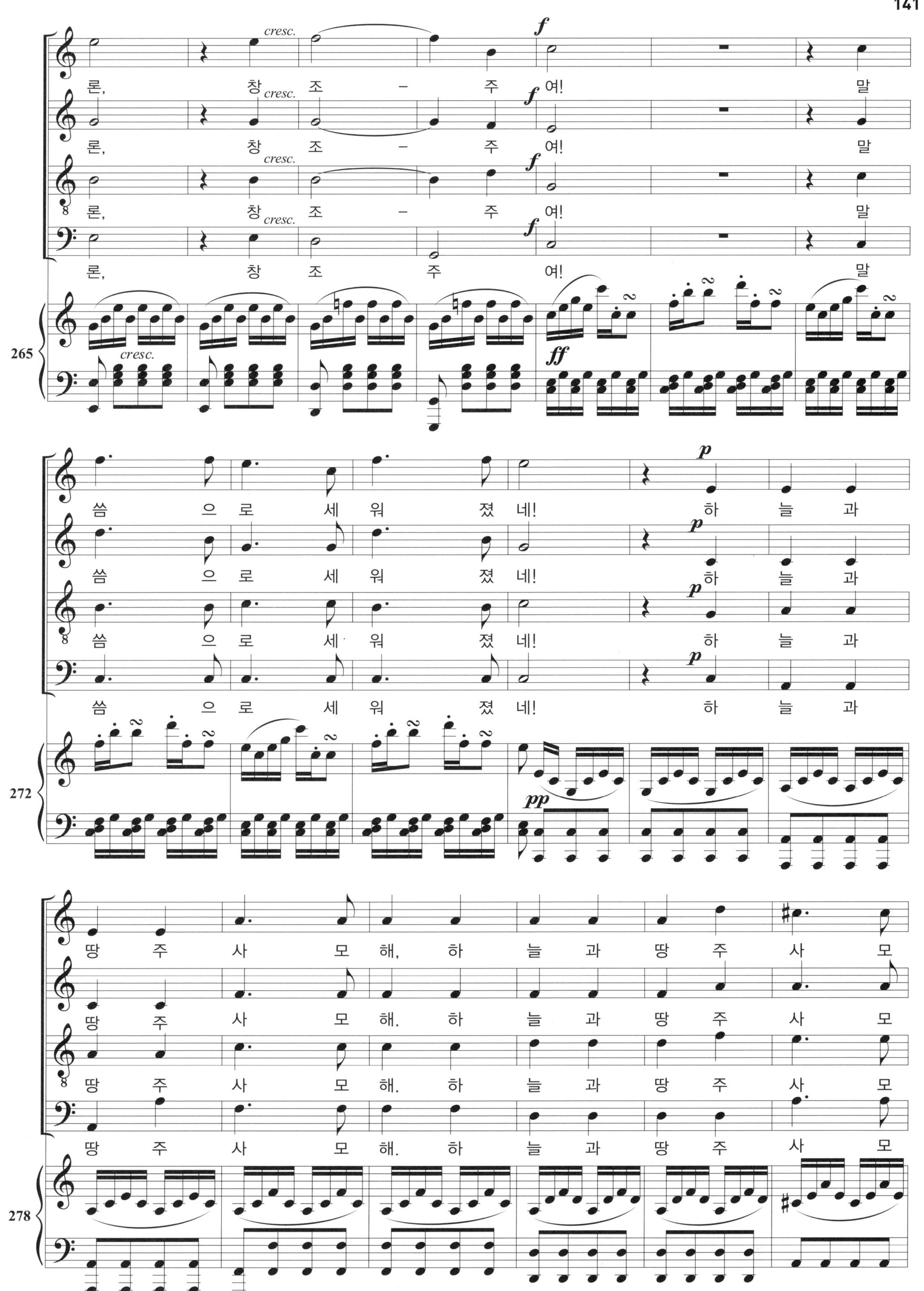
론, 창조 - 주 여! 말
론, 창조 - 주 여! 말
론, 창조 - 주 여! 말
론, 창조 주 여! 말
씀 으로 세 워 졌 네! 하 늘 과
씀 으로 세 워 졌 네! 하 늘 과
씀 으로 세 워 졌 네! 하 늘 과
씀 으로 세 워 졌 네! 하 늘 과
땅 주 사 모 해, 하 늘 과 땅 주 사 모
땅 주 사 모 해. 하 늘 과 땅 주 사 모
땅 주 사 모 해. 하 늘 과 땅 주 사 모
땅 주 사 모 해. 하 늘 과 땅 주 사 모

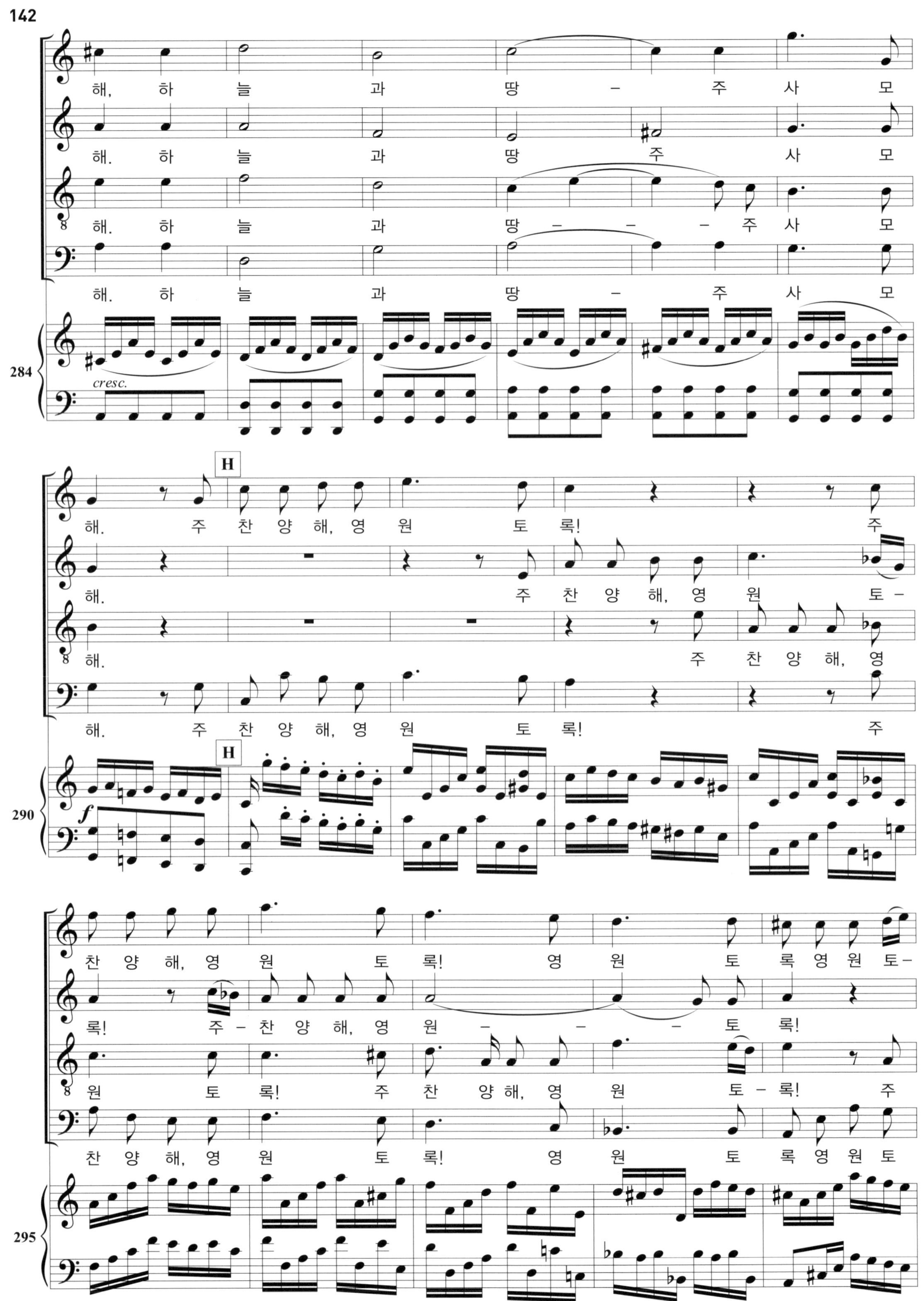
해, 하 늘 과 땅 — 주 사 모
해. 하 늘 과 땅 — 주 사 모
해. 하 늘 과 땅 — — — 주 사 모
해. 하 늘 과 땅 — 주 사 모
해. 하 늘 과 땅 — 주 사 모
cresc.
H
해. 주 찬 양 해, 영 원 토 록! 주
해. 주 찬 양 해, 영 원 토 —
해. 주 찬 양 해, 영
해. 주 찬 양 해, 영 원 토 록! 주
H
f
찬 양 해, 영 원 토 록! 영 원 토 록영 원 토 —
록! 주 — 찬 양 해, 영 원 — — — 토 록!
원 토 록! 주 찬 양 해, 영 원 토 — 록! 주
찬 양 해, 영 원 토 록! 영 원 토 록영 원 토

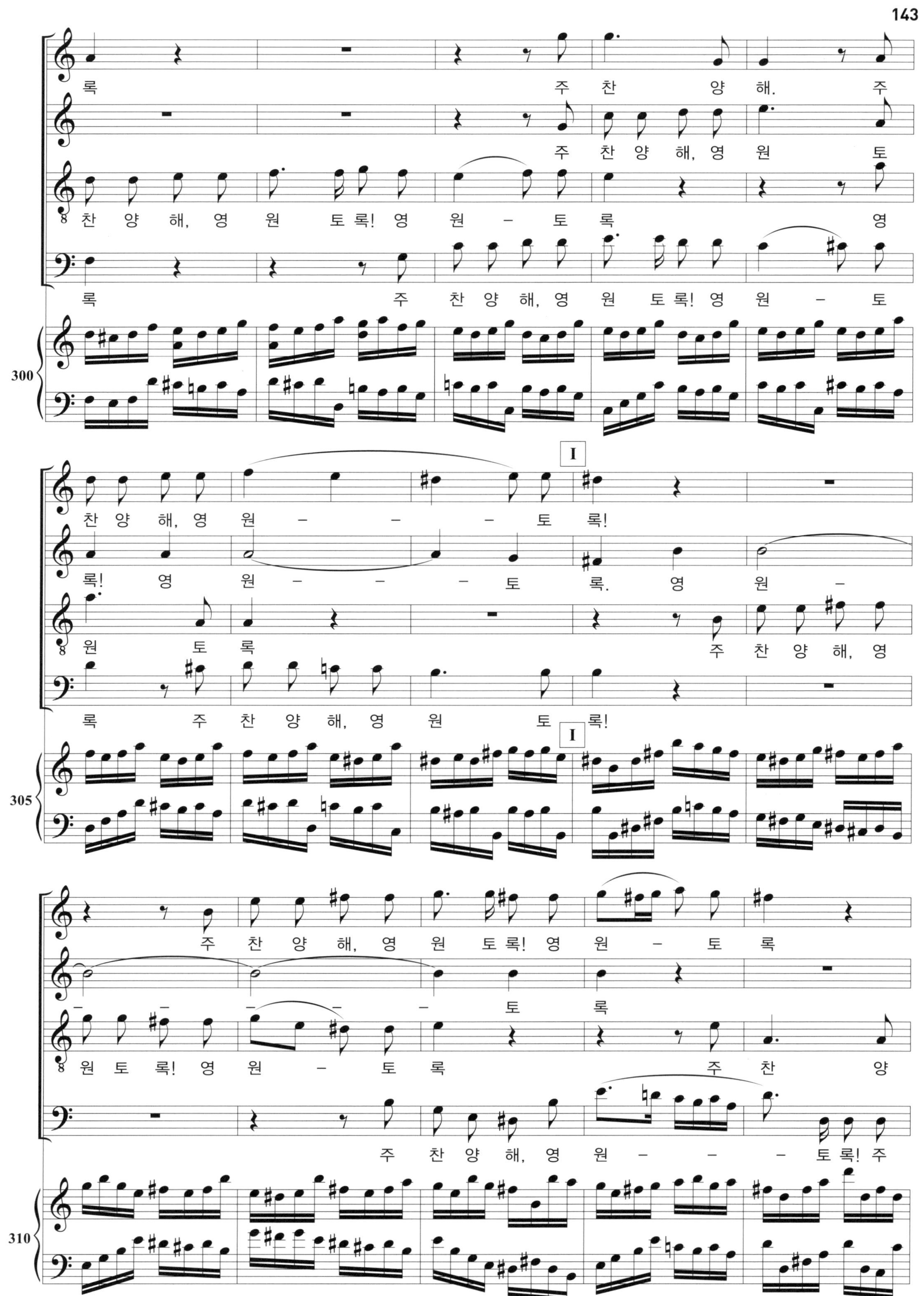
록
주 찬 양 해. 주
주 찬 양 해, 영 원 토
찬 양 해, 영 원 토 록! 영 원 - 토 록 영
록
주 찬 양 해, 영 원 토 록! 영 원 - 토
찬 양 해, 영 원 - - - 토 록!
록! 영 원 - - - 토 록. 영 원 -
원 토 록
주 찬 양 해, 영
록 주 찬 양 해, 영 원 토 록!
주 찬 양 해, 영 원 토 록! 영 원 - 토 록
원 토 록! 영 원 - 토 록
주 찬 양
주 찬 양 해, 영 원 - - - 토 록! 주

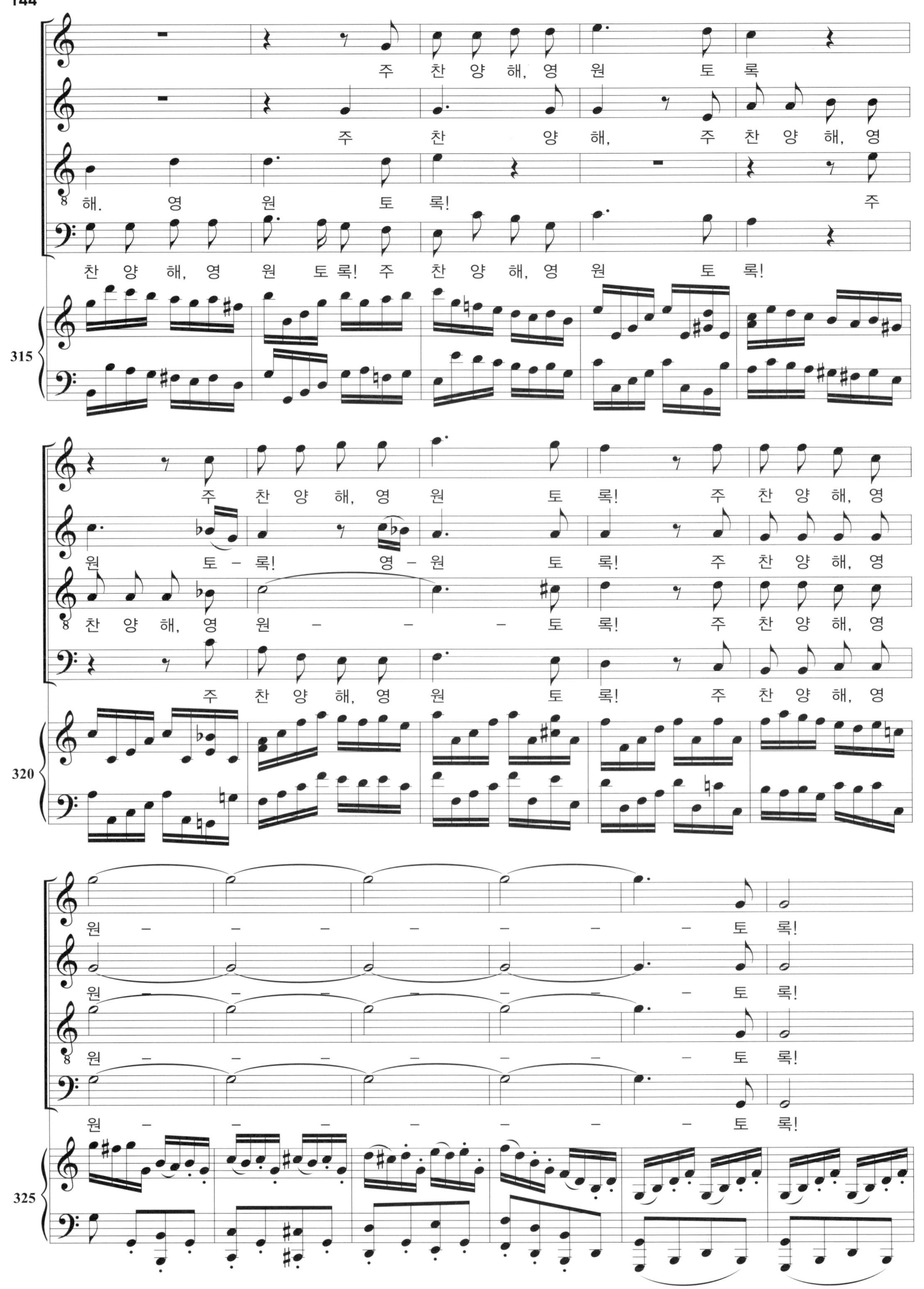
144
주 찬 양 해, 영 원 토 록
주 찬 양 해, 주 찬 양 해, 영
해. 영 원 토 록! 주
찬 양 해, 영 원 토 록! 주 찬 양 해, 영 원 토 록!
315
주 찬 양 해, 영 원 토 록! 주 찬 양 해, 영
원 토 록! 영 원 토 록! 주 찬 양 해, 영
찬 양 해, 영 원 토 록! 주 찬 양 해, 영
주 찬 양 해, 영 원 토 록! 주 찬 양 해, 영
320
원 토 록!
원 토 록!
원 토 록!
원 토 록!
325

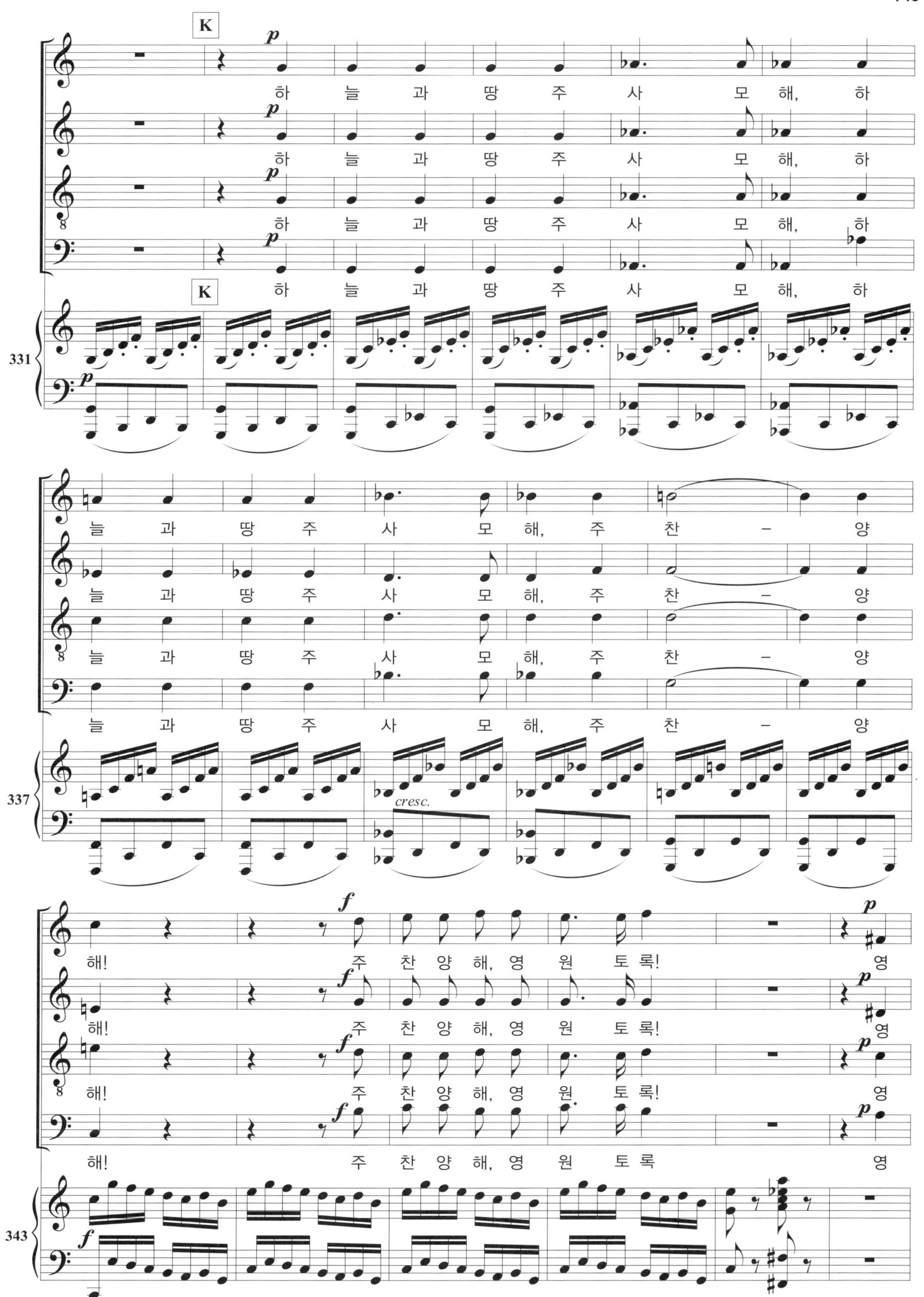
하 늘 과 땅 주 사 모 해, 하
늘 과 땅 주 사 모 해, 주 찬 - 양
해! 주 찬 양 해, 영 원 토 록! 영

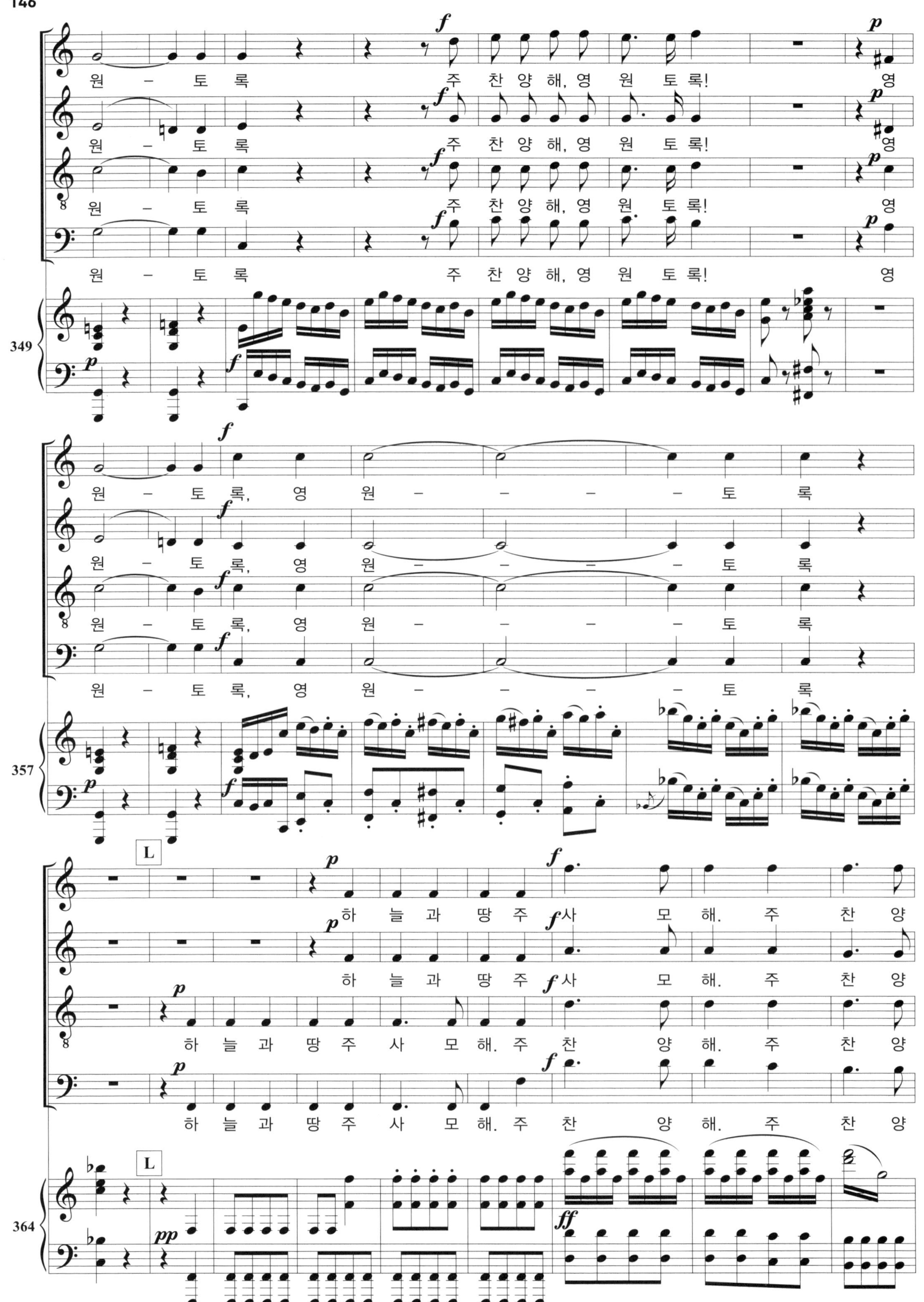
원 ─ 토 록 주 찬 양 해, 영 원 토 록! 영
원 ─ 토 록 주 찬 양 해, 영 원 토 록! 영
원 ─ 토 록 주 찬 양 해, 영 원 토 록! 영
원 ─ 토 록 주 찬 양 해, 영 원. 토 록!
원 ─ 토 록 주 찬 양 해, 영 원 토 록! 영
원 ─ 토 록, 영 원 ─ ─ ─ 토 록
원 ─ 토 록, 영 원 ─ ─ ─ 토 록
원 ─ 토 록, 영 원 ─ ─ ─ 토 록
원 ─ 토 록, 영 원 ─ ─ ─ 토 록
하 늘 과 땅 주 사 모 해. 주 찬 양
하 늘 과 땅 주 사 모 해. 주 찬 양
하 늘 과 땅 주 사 모 해. 주 찬 양 해. 주 찬 양
하 늘 과 땅 주 사 모 해. 주 찬 양 해. 주 찬 양

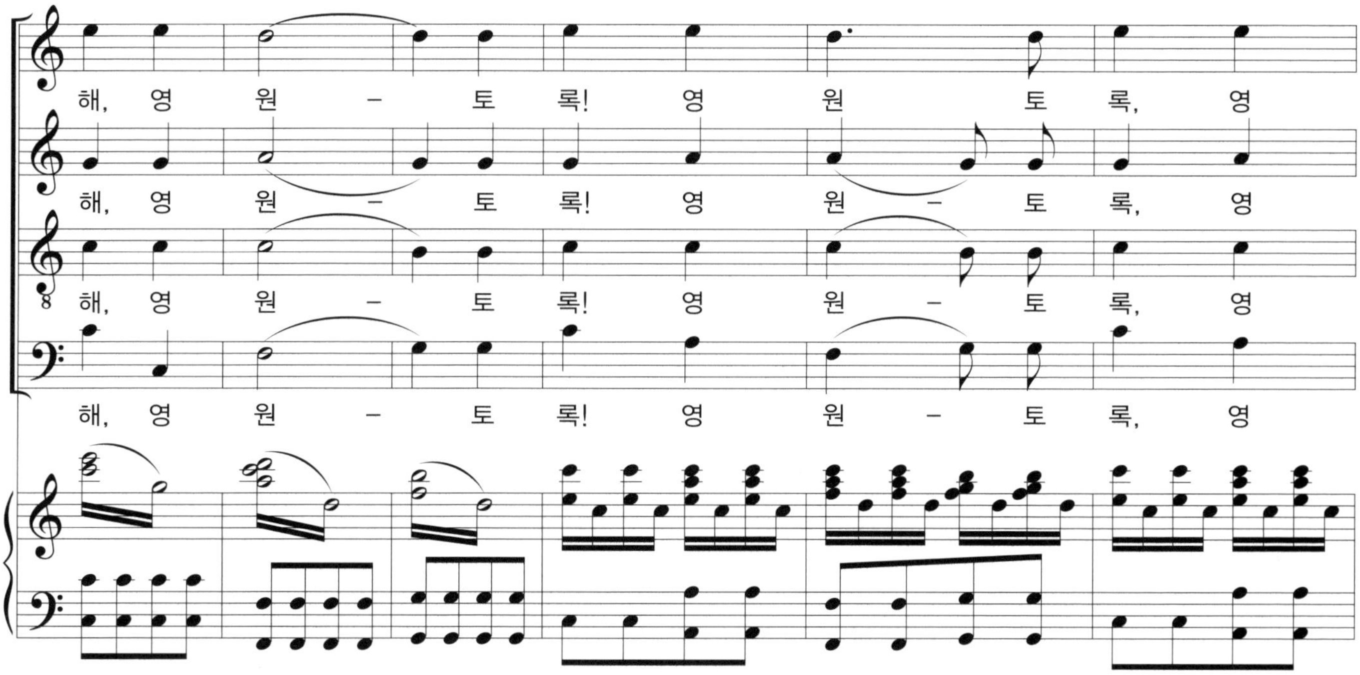

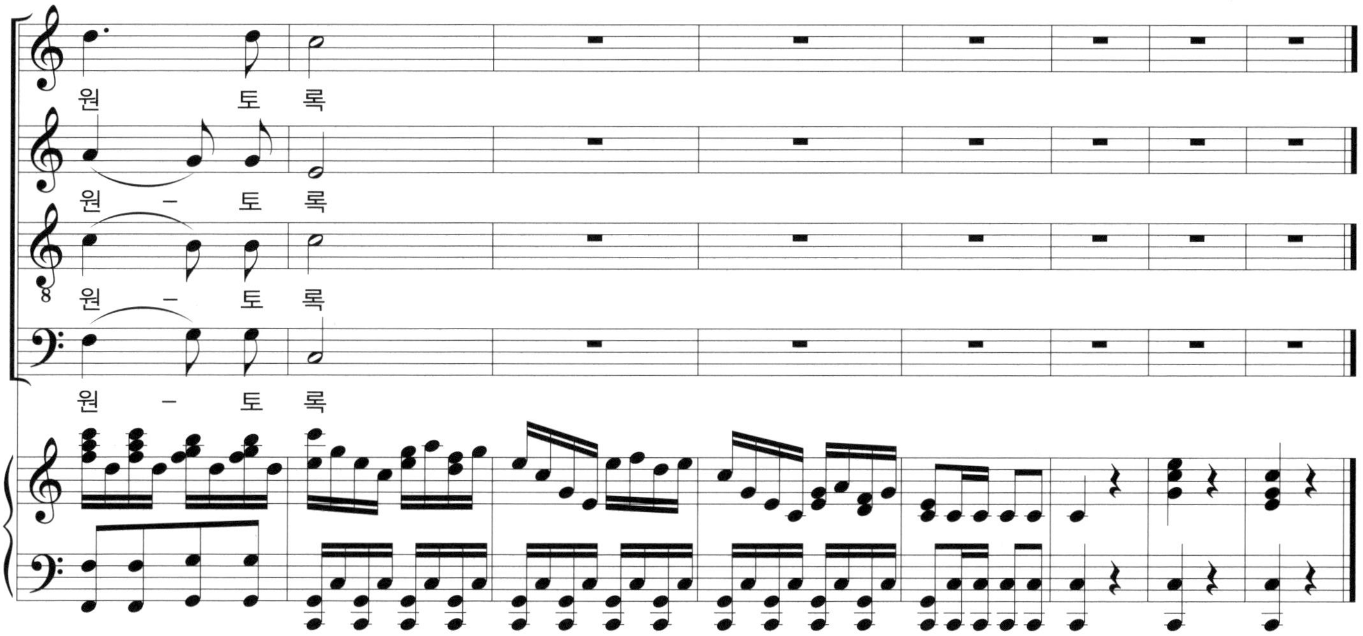

31. 이제 첫 감사 예배를

Recit. (*Adam, Eva*) **Nun ist die erste Pflicht erfullt**

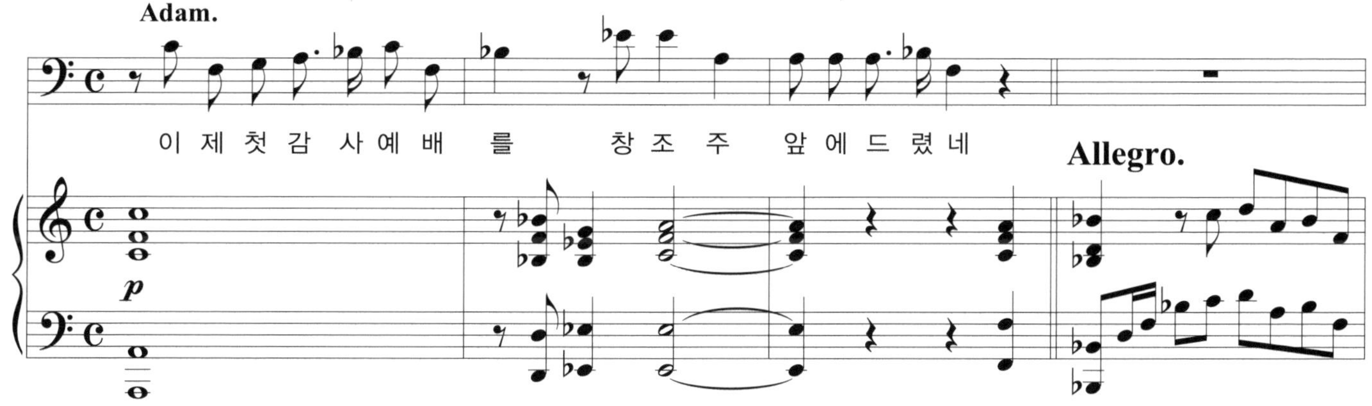

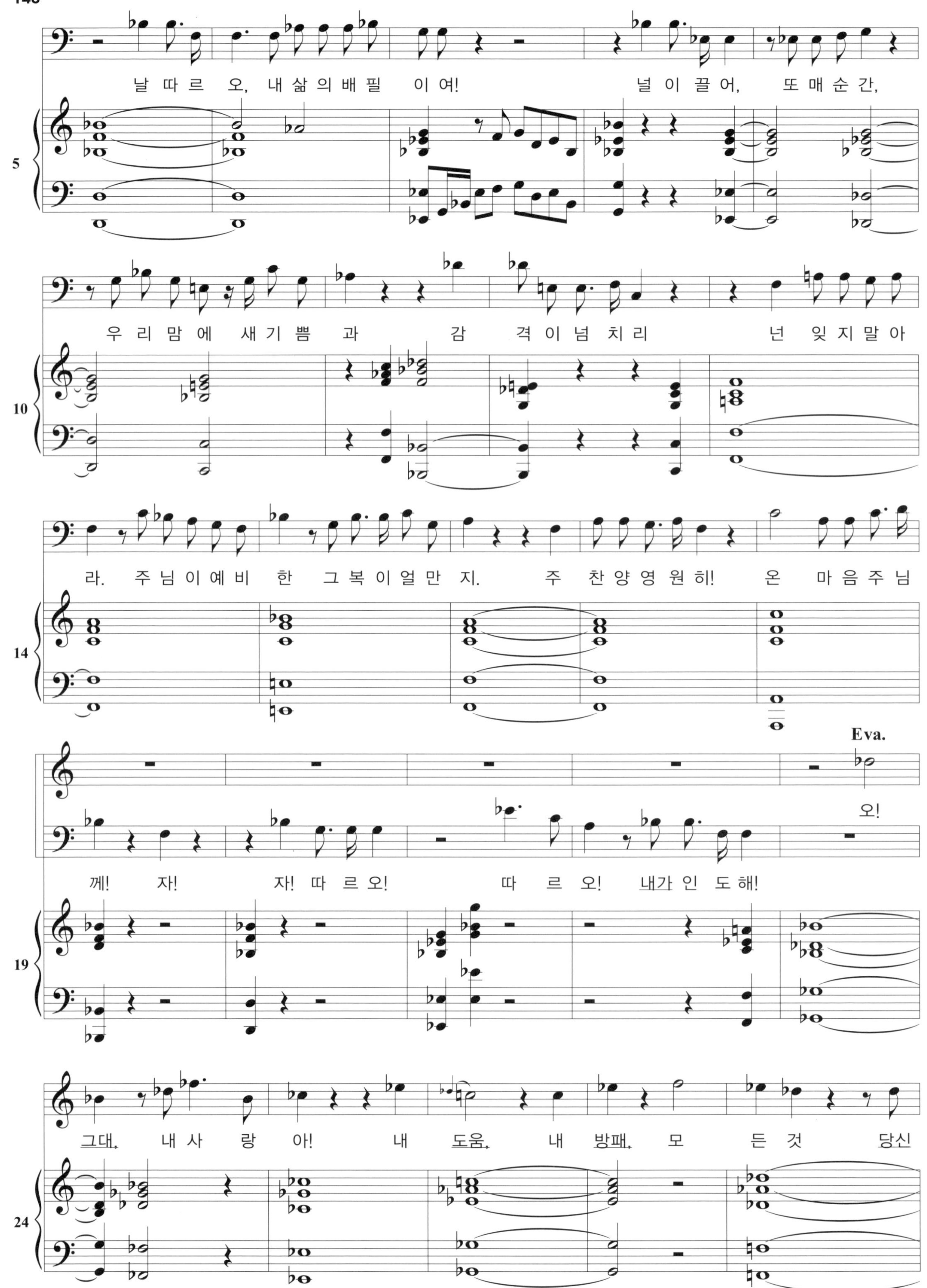

날 따르 오, 내 삶의 배필 이여!   널 이끌어, 또 매 순간,
우 리 맘에 새 기쁨과   감 격이 넘치리   넌 잊지 말아
라. 주 님이 예비 한 그 복이 얼만 지.   주 찬 양 영 원 히!   온 마 음 주 님
께! 자!   자! 따 르 오!   따 르 오! 내가 인 도 해!
Eva.
오!
그대, 내 사 랑 아!   내 도움, 내 방패, 모 든 것   당신

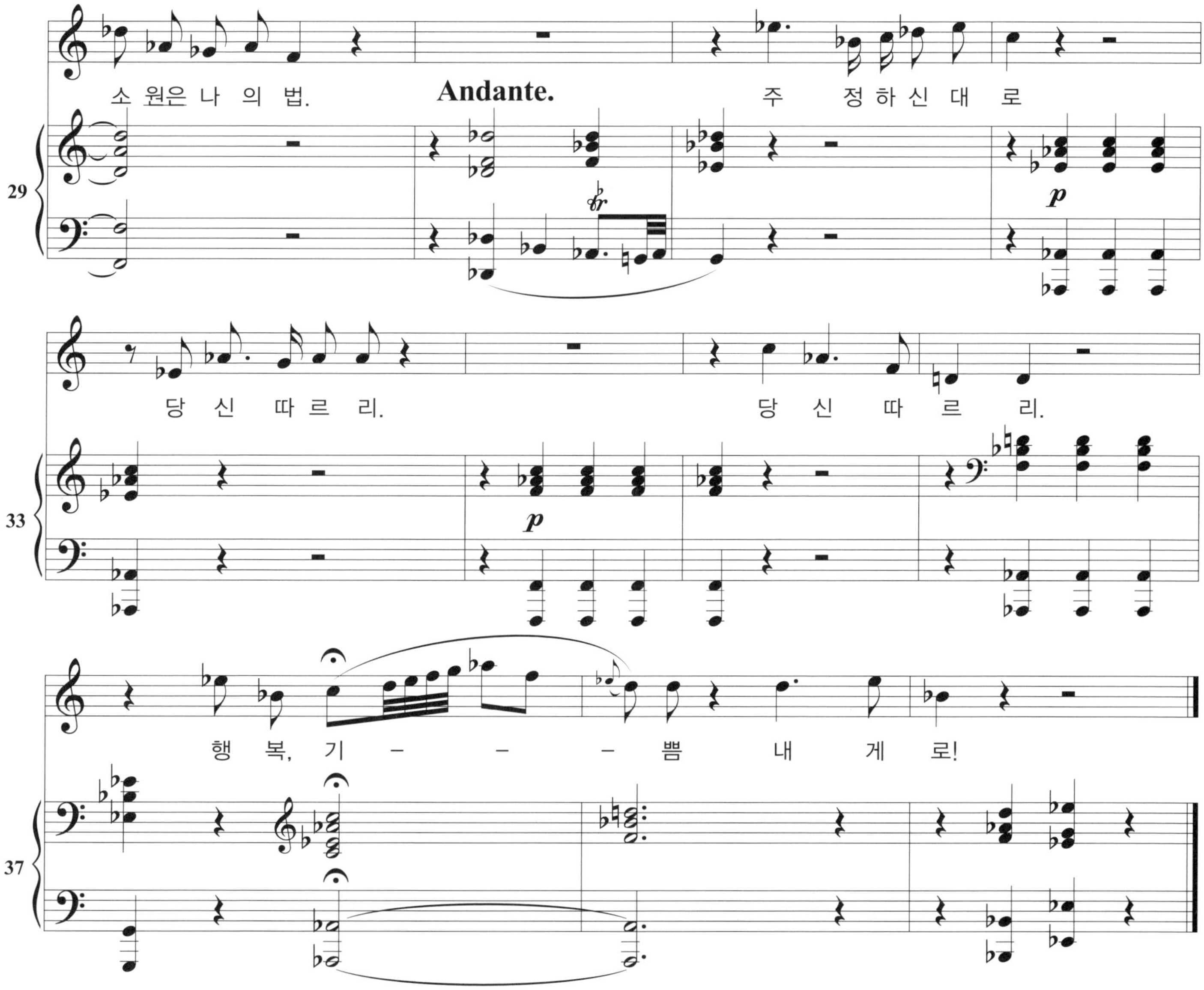

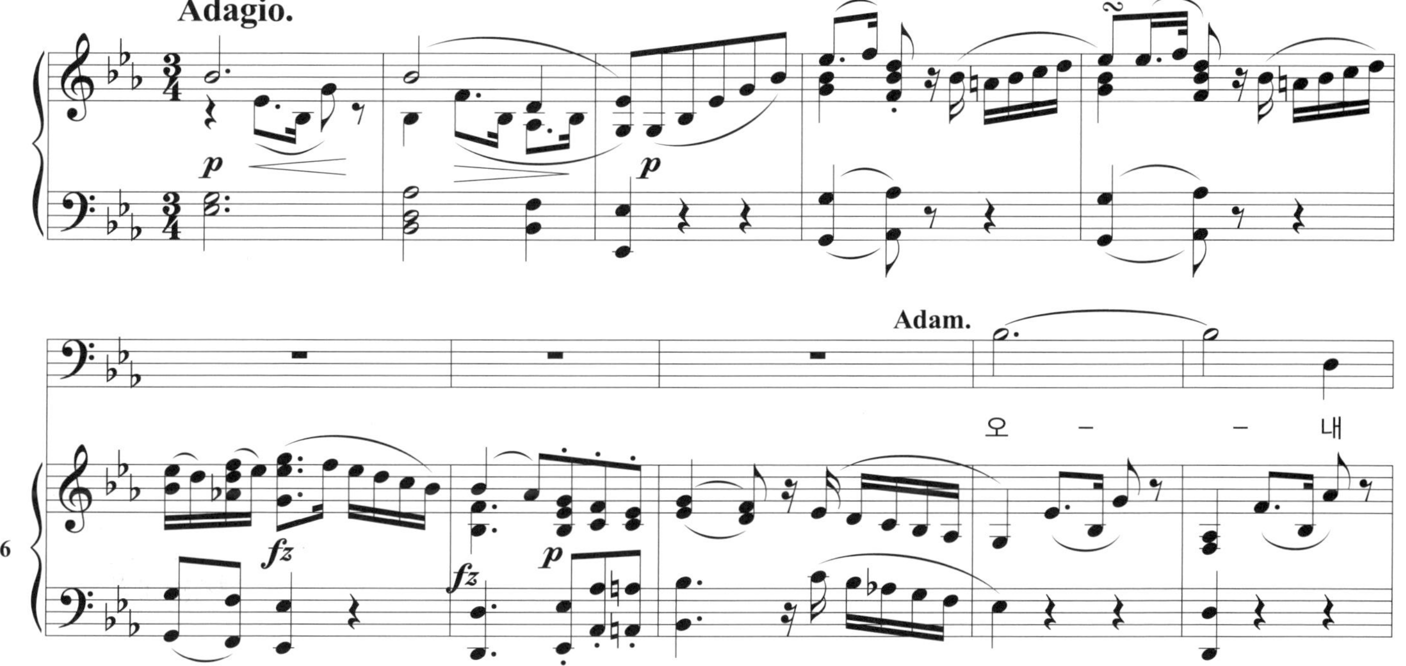

32. 오, 내 사랑! 당신 옆에

Duett. (*Adam, Eva*) Holde Gattin! Dir zur Seite

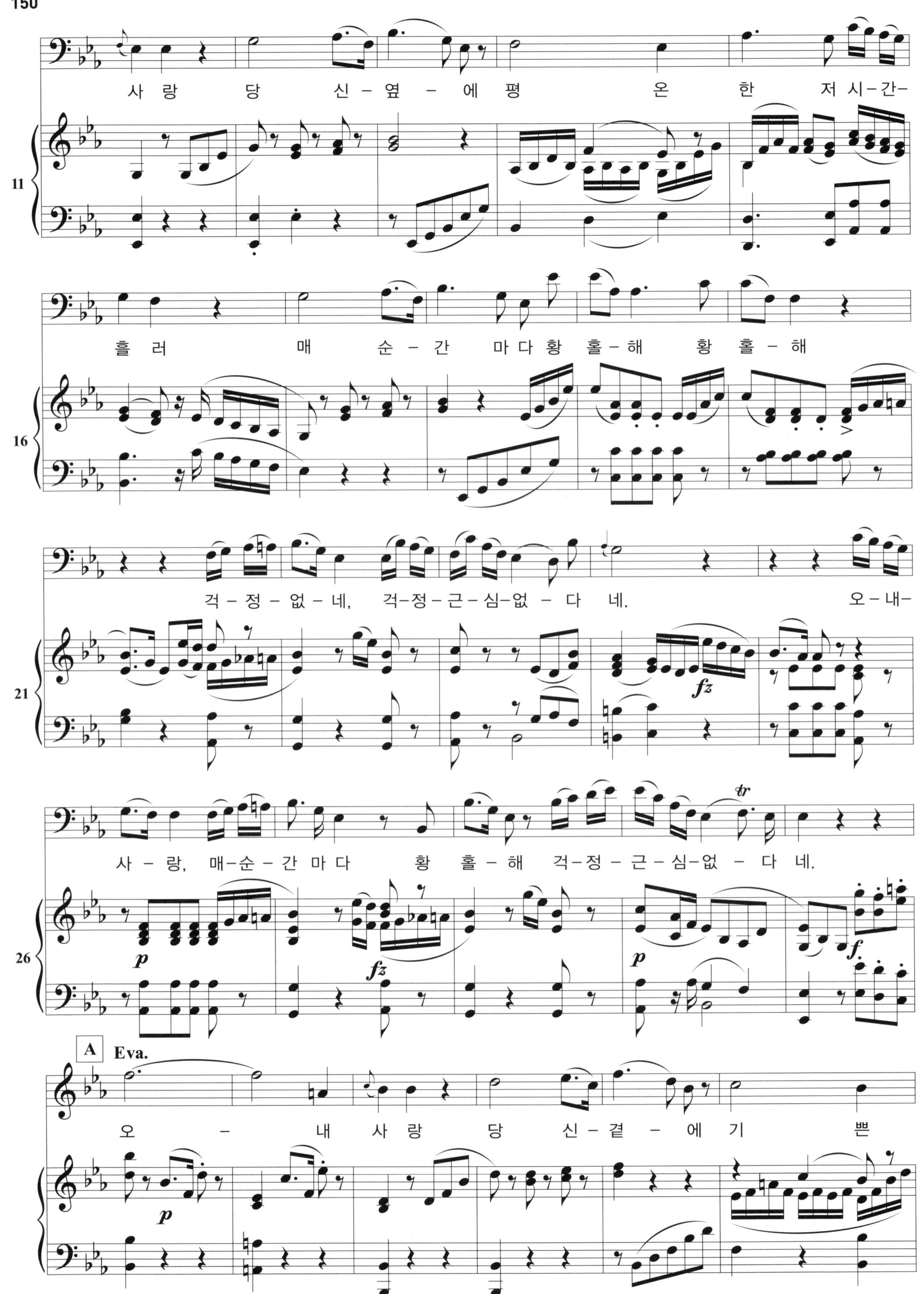
사 랑 당 신-옆-에 평 온 한 저 시-간-
흘 러 매 순 - 간 마 다 황 홀-해 황 홀-해
걱-정-없-네, 걱-정-근-심-없-다 네. 오-내-
사 랑, 매-순-간 마 다 황 홀-해 걱-정-근-심-없-다 네.
A Eva.
오 - 내 사 랑 당 신-곁-에 기 쁜

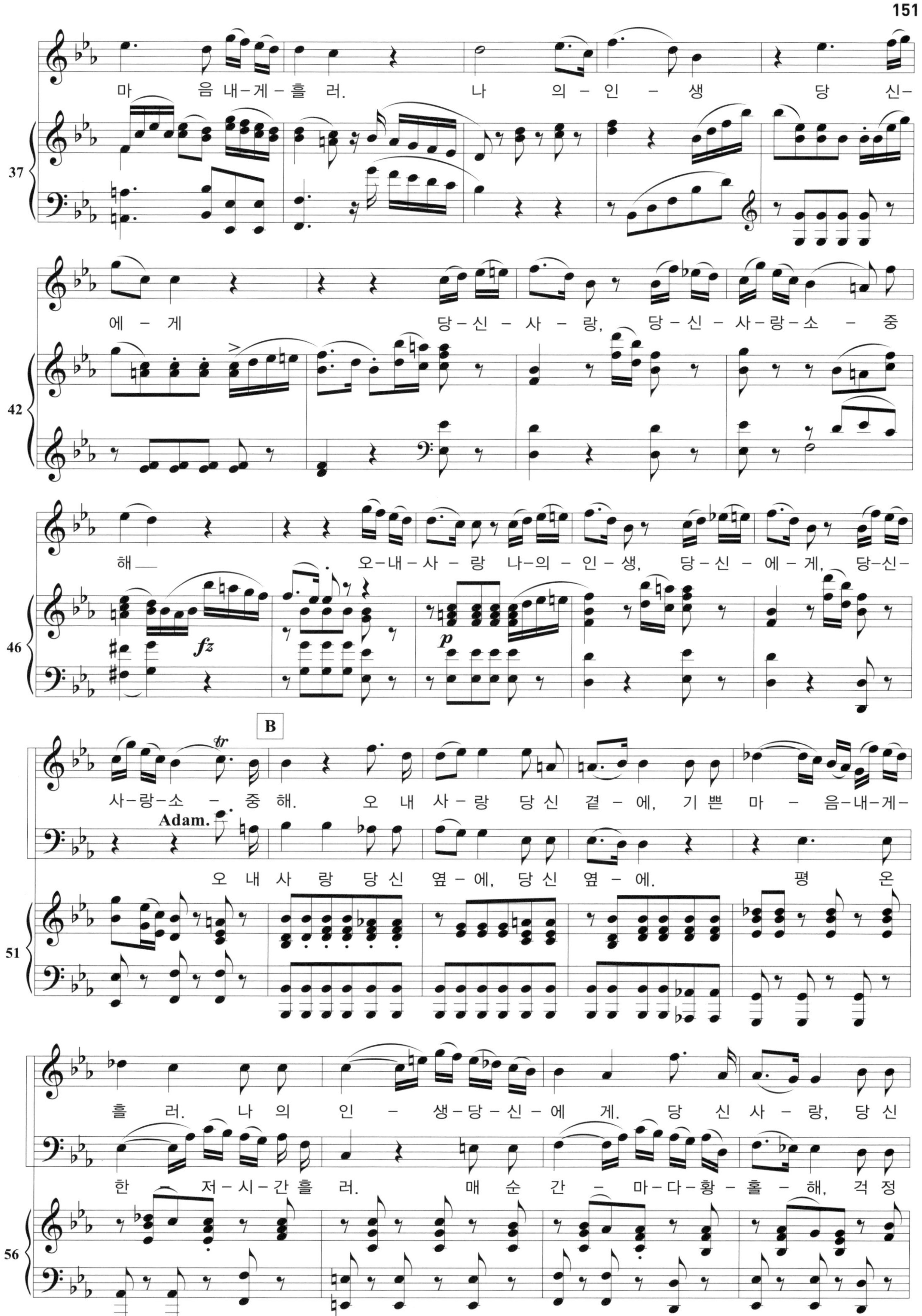
마 음 내-게-흘러. 나 의-인 - 생 당 신-
에 - 게 당-신-사 - 랑, 당-신-사-랑소 - 중
해 ___ 오-내-사-랑 나-의-인-생, 당-신-에-게, 당신-
사-랑소 - 중해. 오 내 사랑 당신 곁-에, 기쁜 마 - 음-내게-
오 내 사 랑 당신 옆-에, 당신 옆-에. 평 온
흘러. 나의 인 - 생-당-신-에 게. 당 신 사 랑, 당신
한 저 시-간흘 러. 매 순 간 - 마-다황-홀-해, 걱정
tr
Adam.
fz
p
B

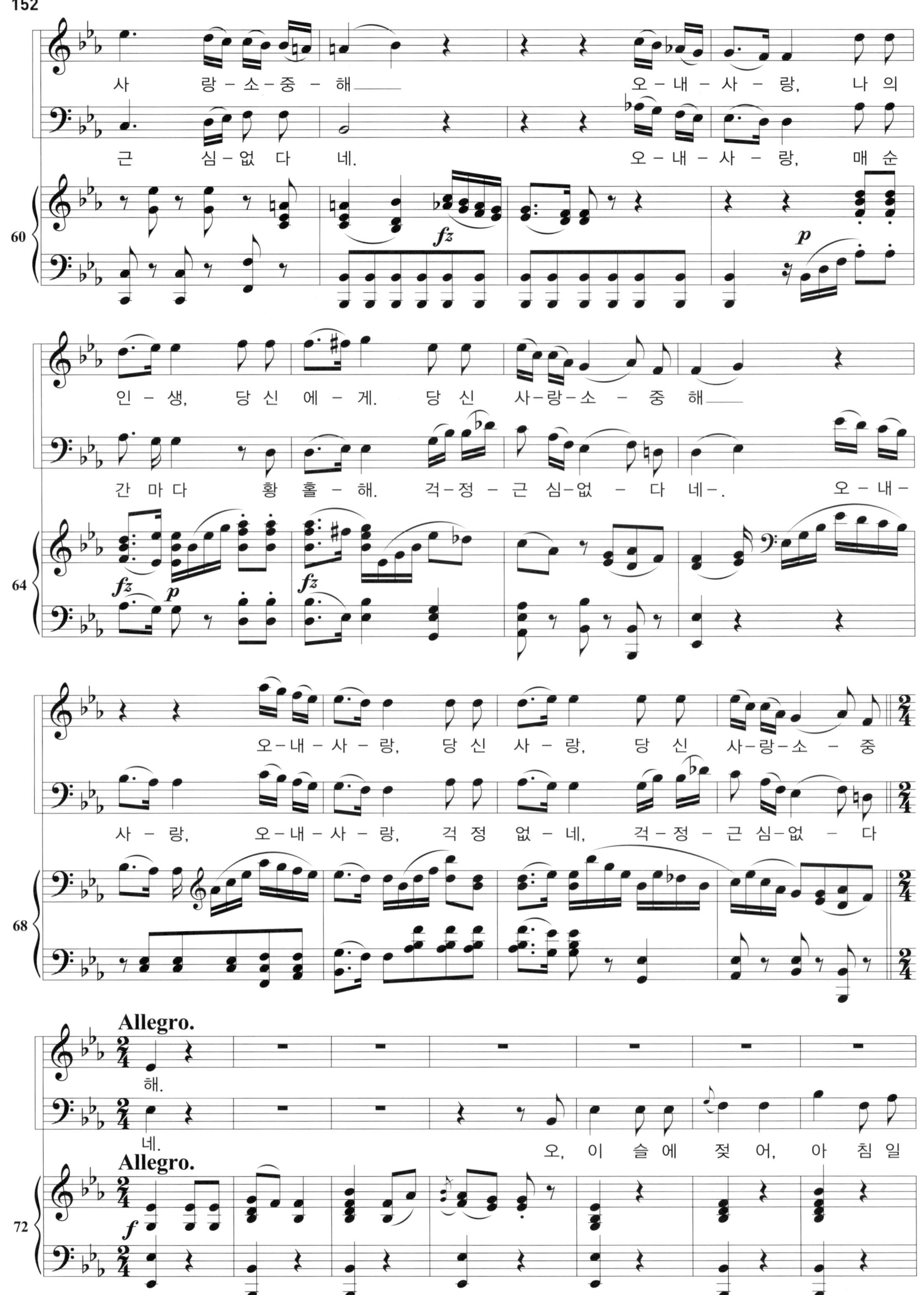
사 랑-소-중-해 오 내-사-랑, 나의
근 심-없다 네. 오-내-사-랑, 매순
인 생, 당신에게. 당신 사랑-소-중해
간마다 황홀-해. 걱-정-근심-없-다네. 오 내-
오-내-사-랑, 당신 사-랑, 당신 사랑-소-중
사 랑, 오-내-사-랑, 걱-정 없-네, 걱-정-근심-없-다
Allegro.
해.
네.
오, 이슬에 젖어, 아침일

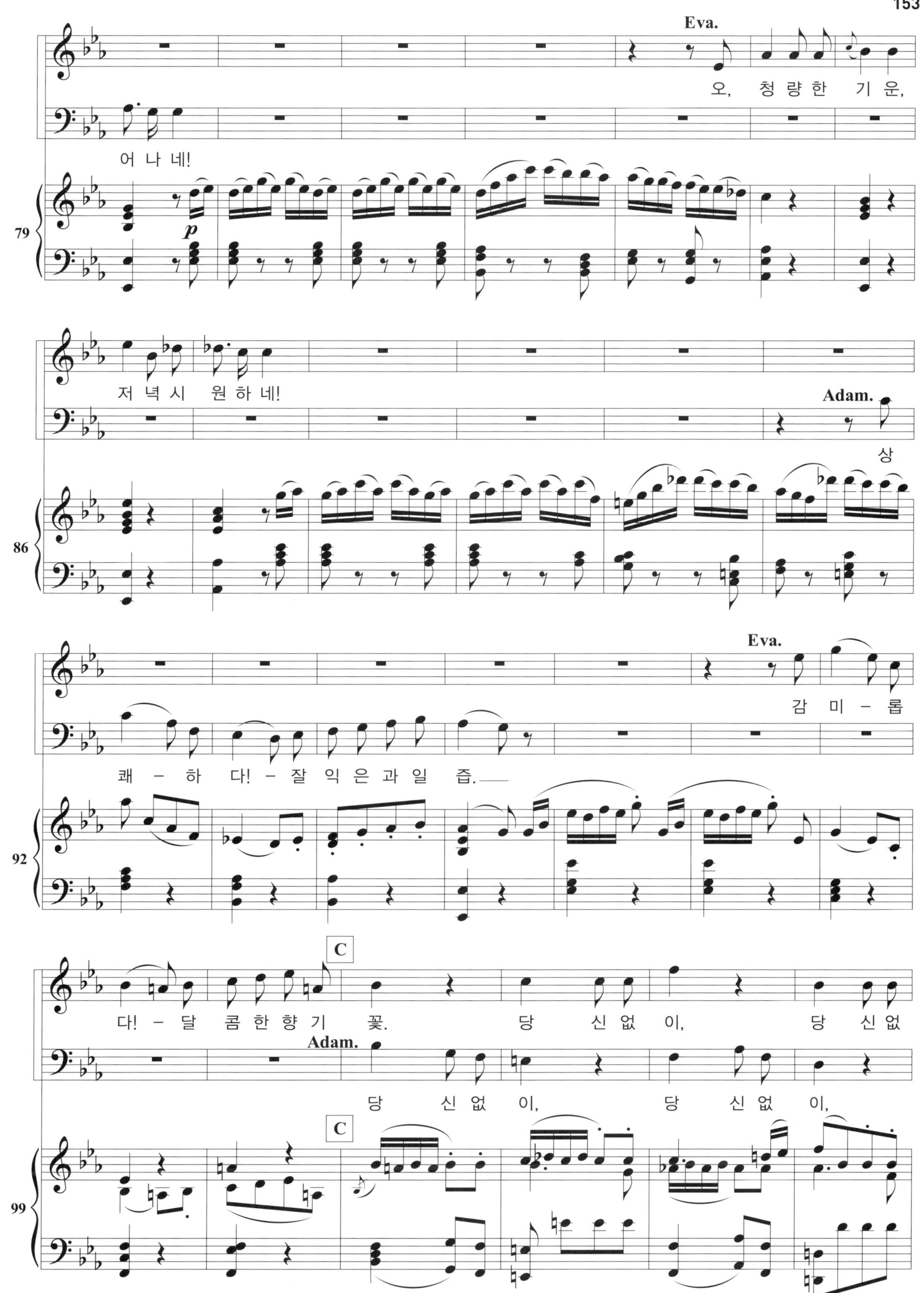
Eva.
오, 청량한 기운,
어 나 네!
p
저 녁 시 원 하 네!
Adam.
상
Eva.
감 미 - 롭
쾌 - 하 다! - 잘 익은 과 일 즙.
다! - 달 콤 한 향 기 꽃.
당 신 없 이,
당 신 없
Adam.
당 신 없 이,
당 신 없 이,
C
C

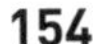

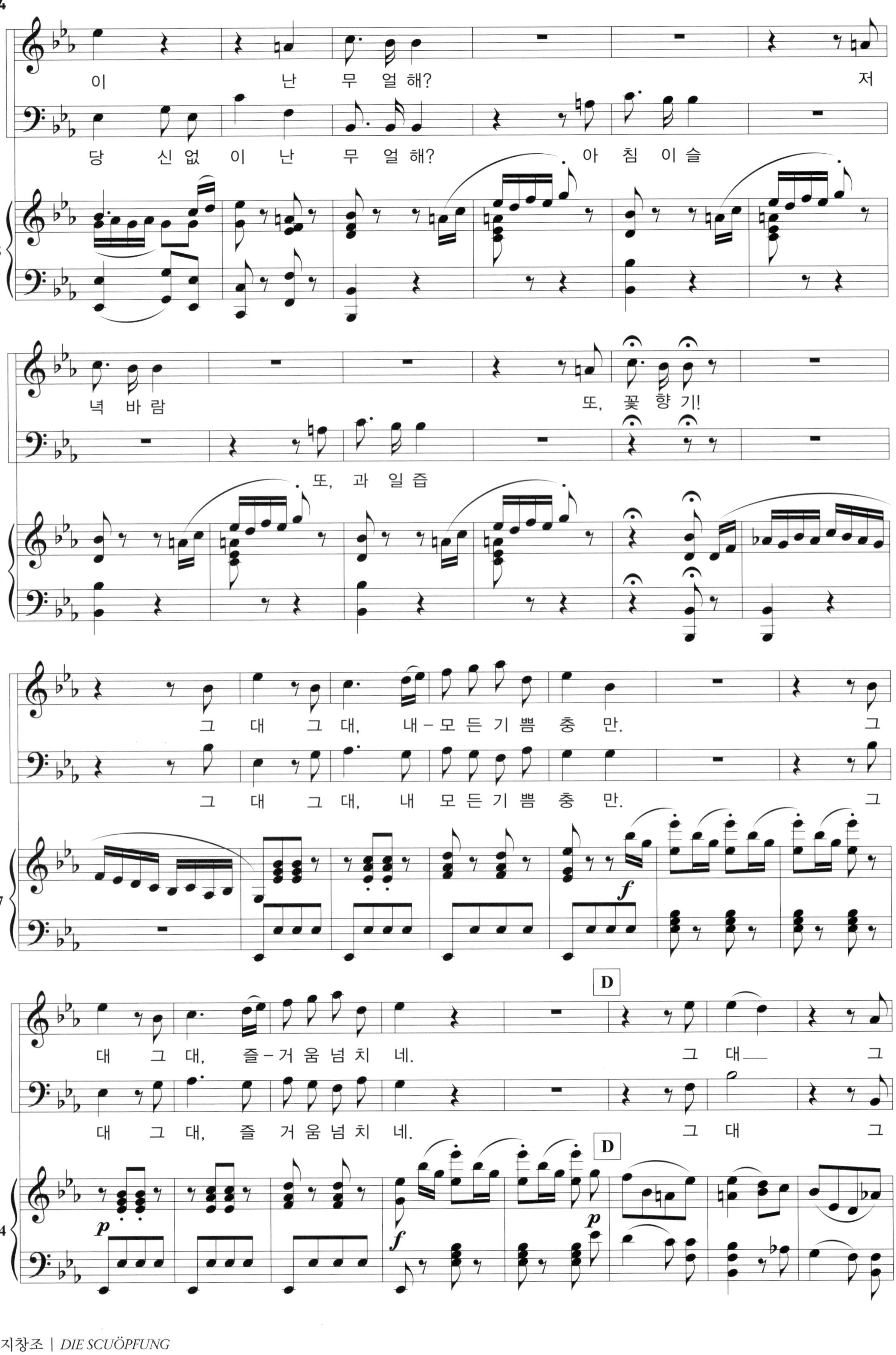

이 난 무얼 해?
저
당 신 없 이 난 무 얼 해?
아 침 이 슬
녁 바 람
또, 꽃 향 기!
또, 과 일 즙
그 대 그 대, 내 ― 모 든 기 쁨 충 만.
그
그 대 그 대, 내 모 든 기 쁨 충 만.
그
대 그 대, 즐 ― 거 움 넘 치 네.
그 대 ― 그
대 그 대, 즐 거 움 넘 치 네.
그 대 그

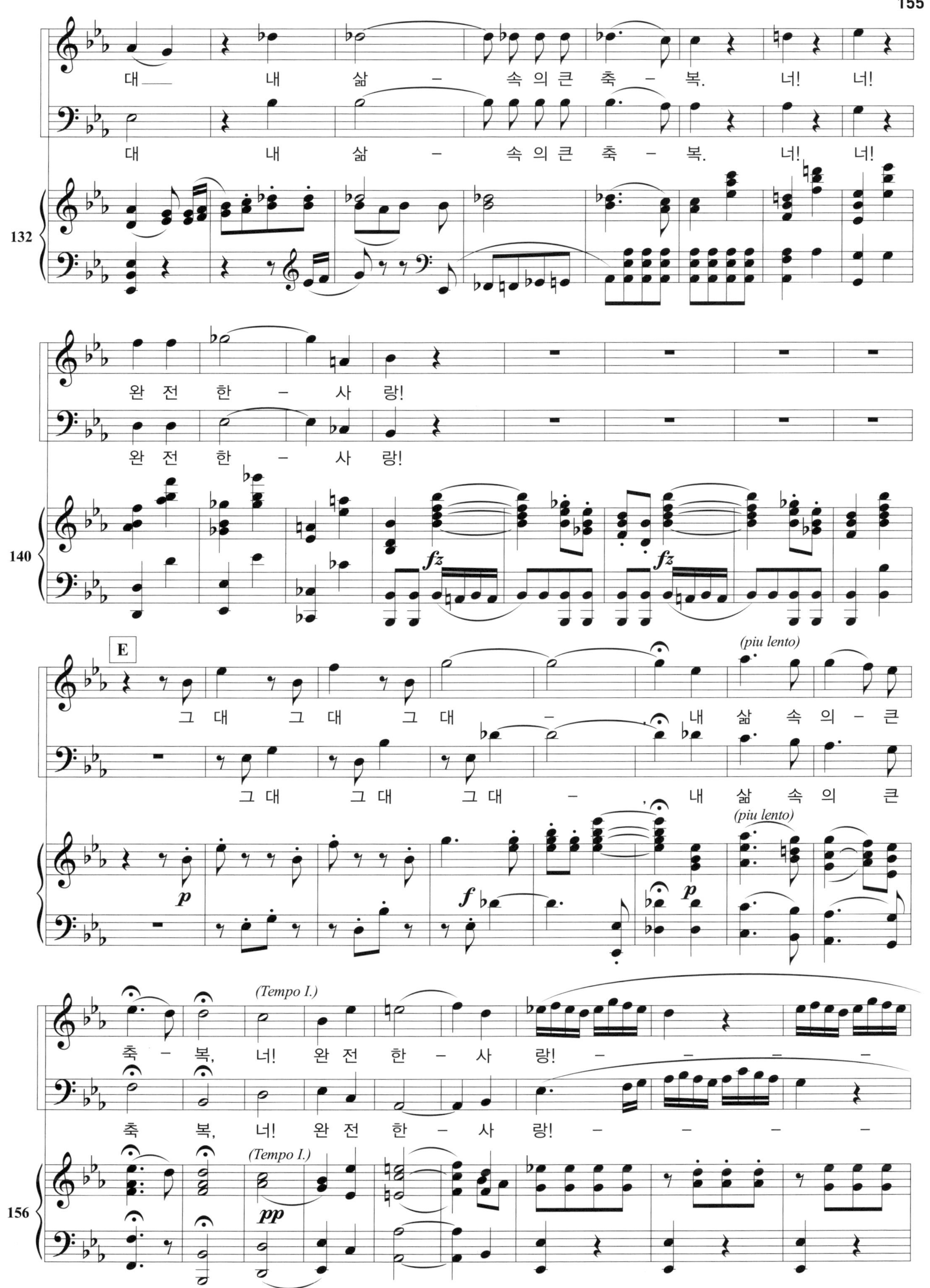
대 내 삶 속의큰 축 복. 너! 너!
대 내 삶 속의큰 축 복. 너! 너!
완 전 한 사 랑!
완 전 한 사 랑!
(piu lento)
그 대 그 대 그 대 내 삶 속의 큰
그 대 그 대 그 대 내 삶 속의 큰
(piu lento)
(Tempo I.)
축 복, 너! 완 전 한 사 랑!
축 복, 너! 완 전 한 사 랑!
(Tempo I.)

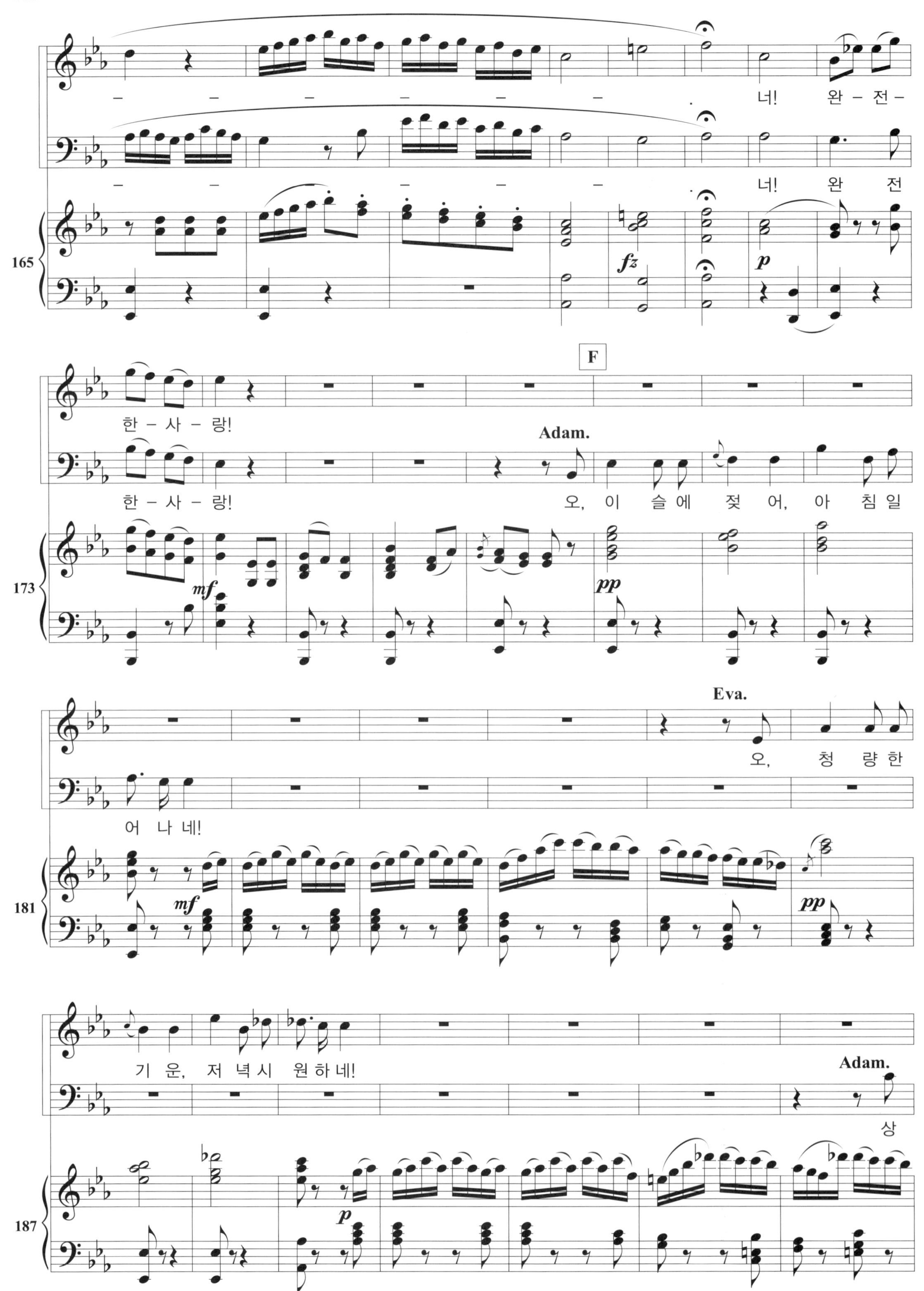
네! 완 - 전 -
네! 완 전
F
한 - 사 - 랑!
Adam.
한 - 사 - 랑!
오, 이 슬 에 젖 어, 아 침 일
Eva.
오, 청 량 한
어 나 네!
기 운, 저 녁 시 원 하 네!
Adam.
상
fz
p
mf
pp
mf
pp
p

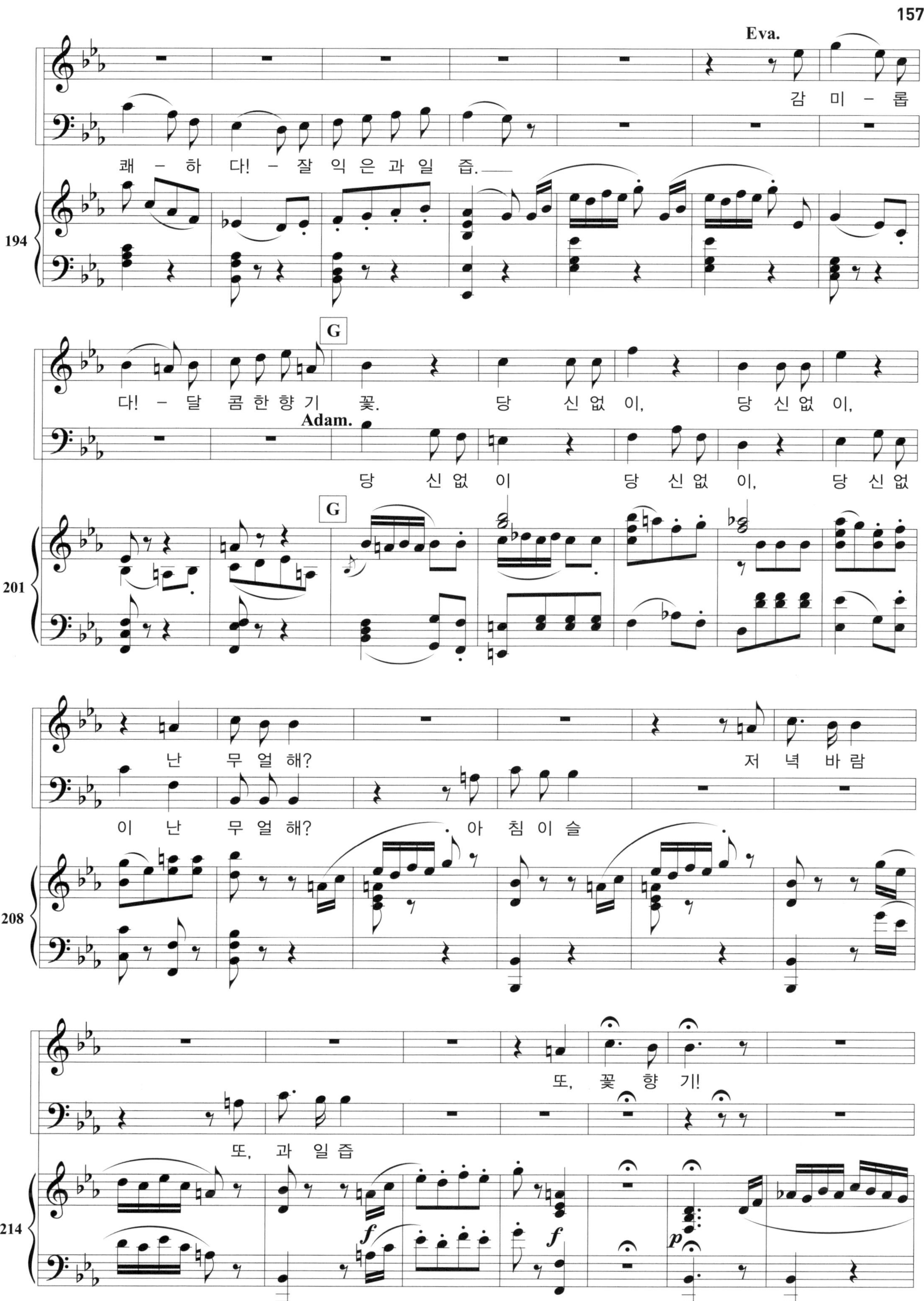

Eva.
감 미 - 롭
쾌 - 하 다! - 잘 익은 과 일 즙.
G
다! - 달 콤 한 향 기 꽃. 당 신 없 이, 당 신 없 이,
Adam.
당 신 없 이 당 신 없 이, 당 신 없
G
난 무 얼 해?
이 난 무 얼 해? 아 침 이 슬
저 녁 바 람
또, 꽃 향 기!
또, 과 일 즙

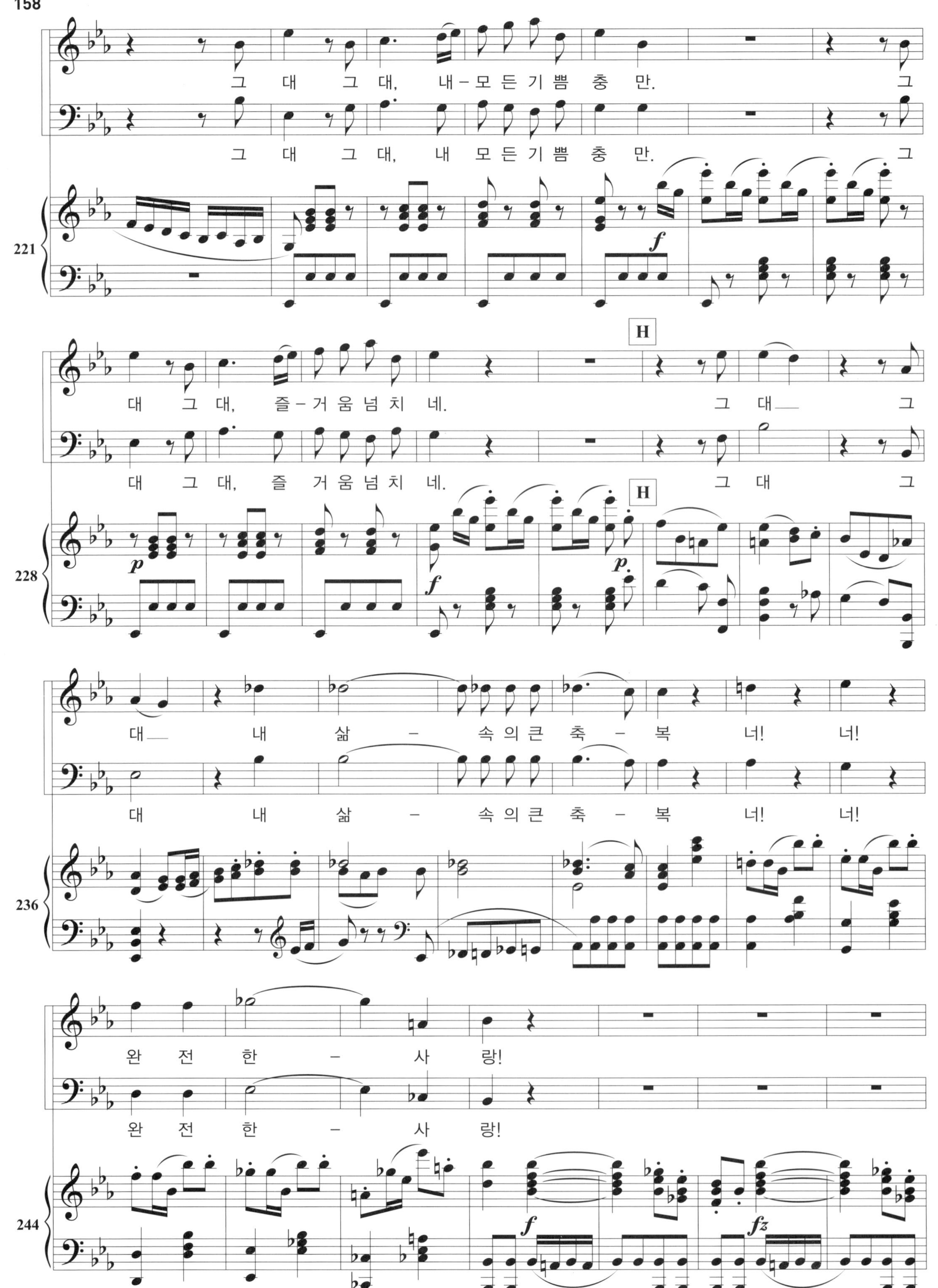
그 대 그 대, 내 모든 기쁨 충 만.	그
그 대 그 대, 내 모든 기쁨 충 만.	그
대 그 대, 즐 거움 넘치 네.	그 대	그
대 그 대, 즐 거움 넘치 네.	그 대	그
대	내 삶 속의 큰 축 복	너!	너!
대	내 삶 속의 큰 축 복	너!	너!
완 전 한 사 랑!
완 전 한 사 랑!

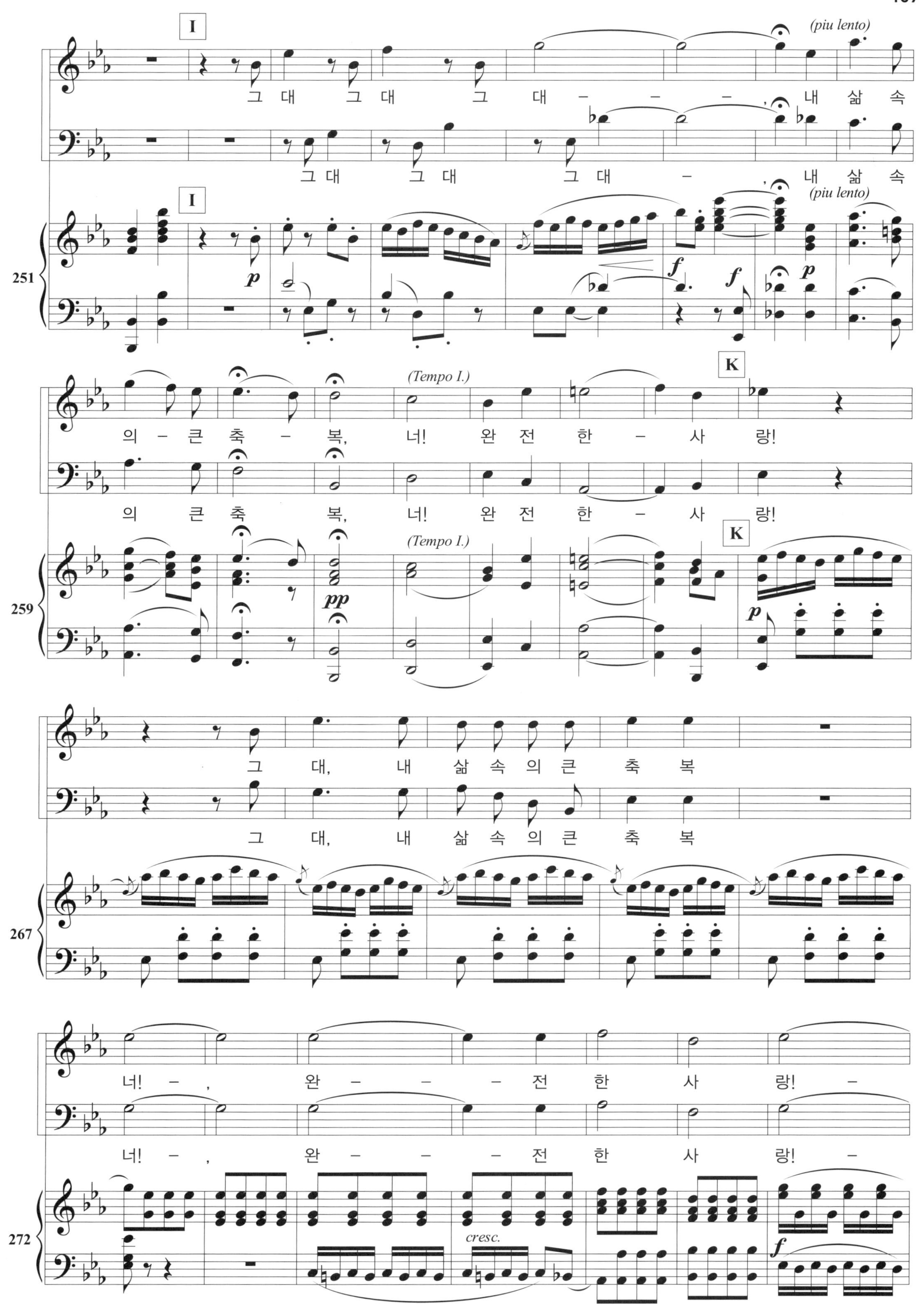

그 대 그 대 그 대 - - - , 내 삶 속
그 대 그 대 그 대 - 내 삶 속
의 - 큰 축 - 복, 너! 완 전 한 - 사 랑!
의 큰 축 복, 너! 완 전 한 - 사 랑!
그 대, 내 삶 속 의 큰 축 복
그 대, 내 삶 속 의 큰 축 복
너! - , 완 - - 전 한 사 랑! -
너! - , 완 - - 전 한 사 랑! -

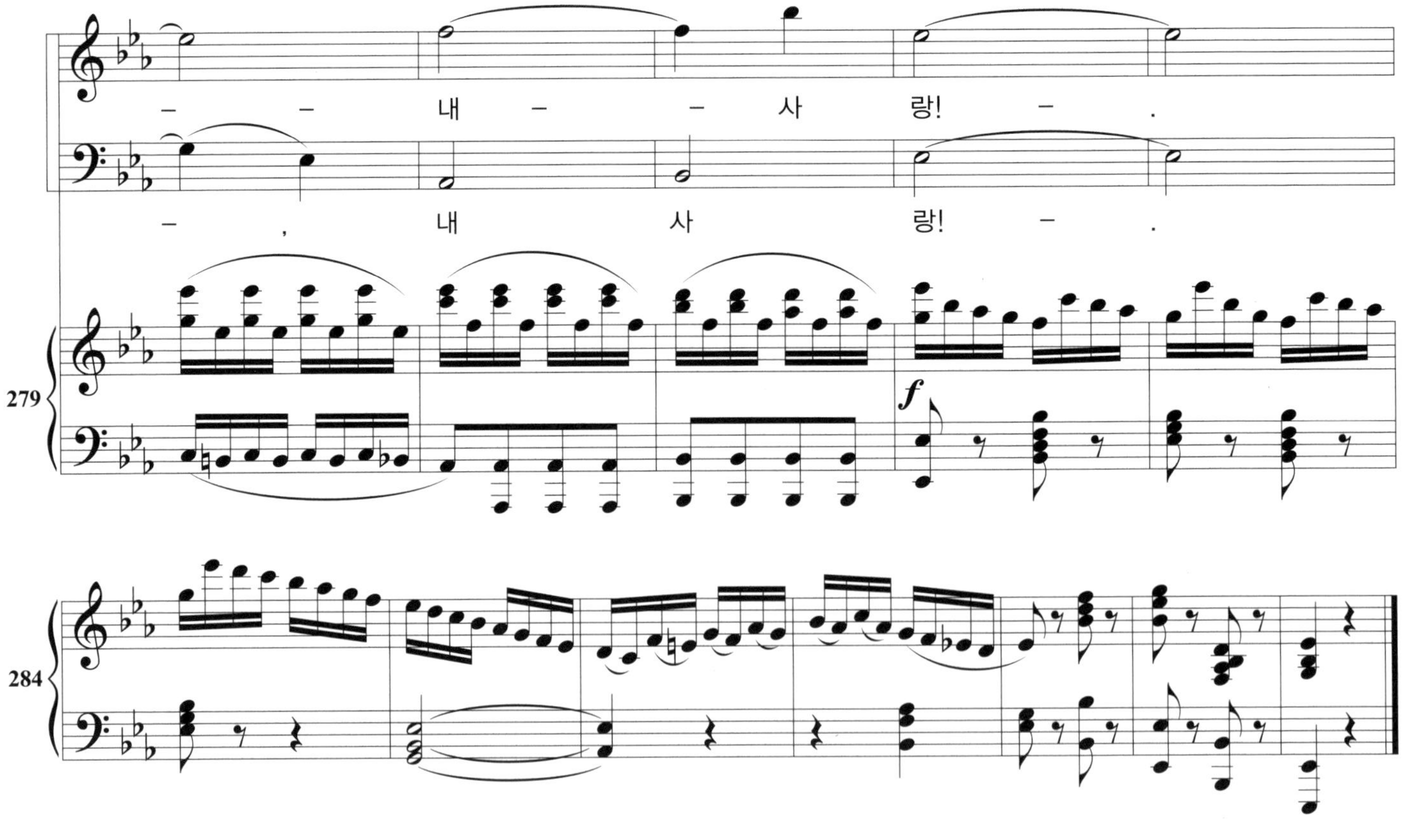

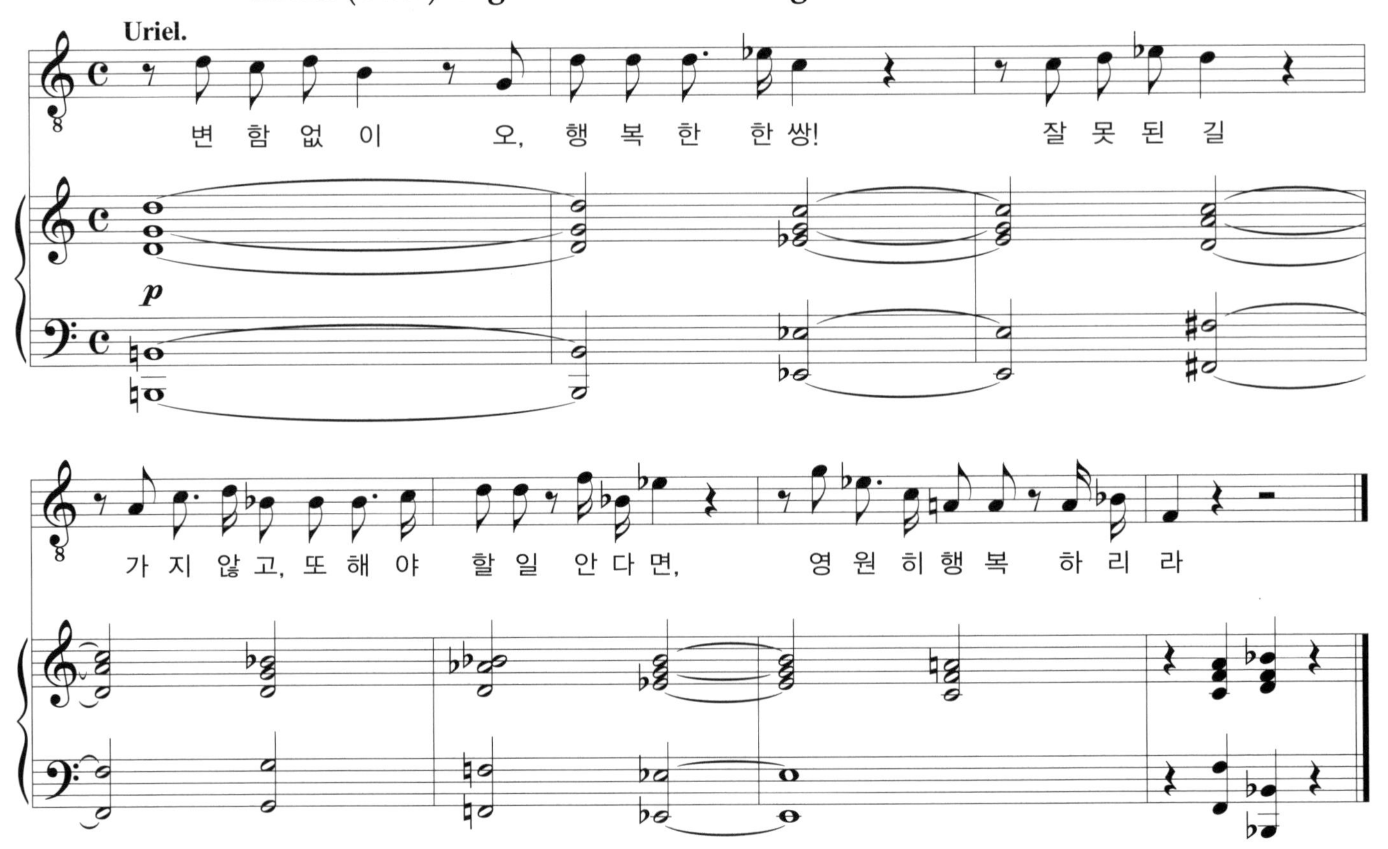

33. 변함없이 오 행복한 한 쌍

Recit. (*Uriel*) O glucklich Paar! und glucklich immerfort

34. 노래하라 우리 주를

Schlusschor. (*mit Soli*) **Singt dem Herren alle Stimmen**

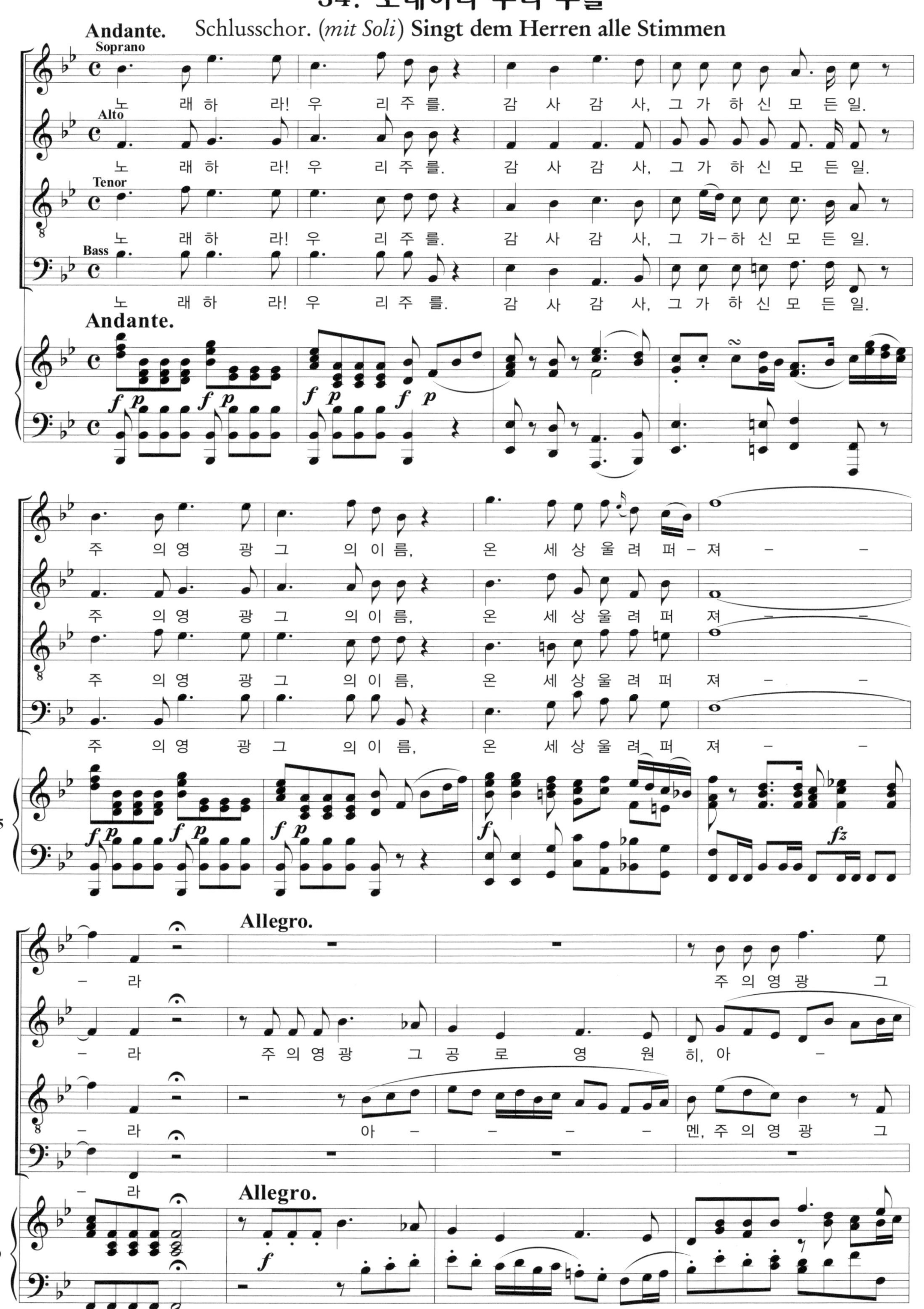

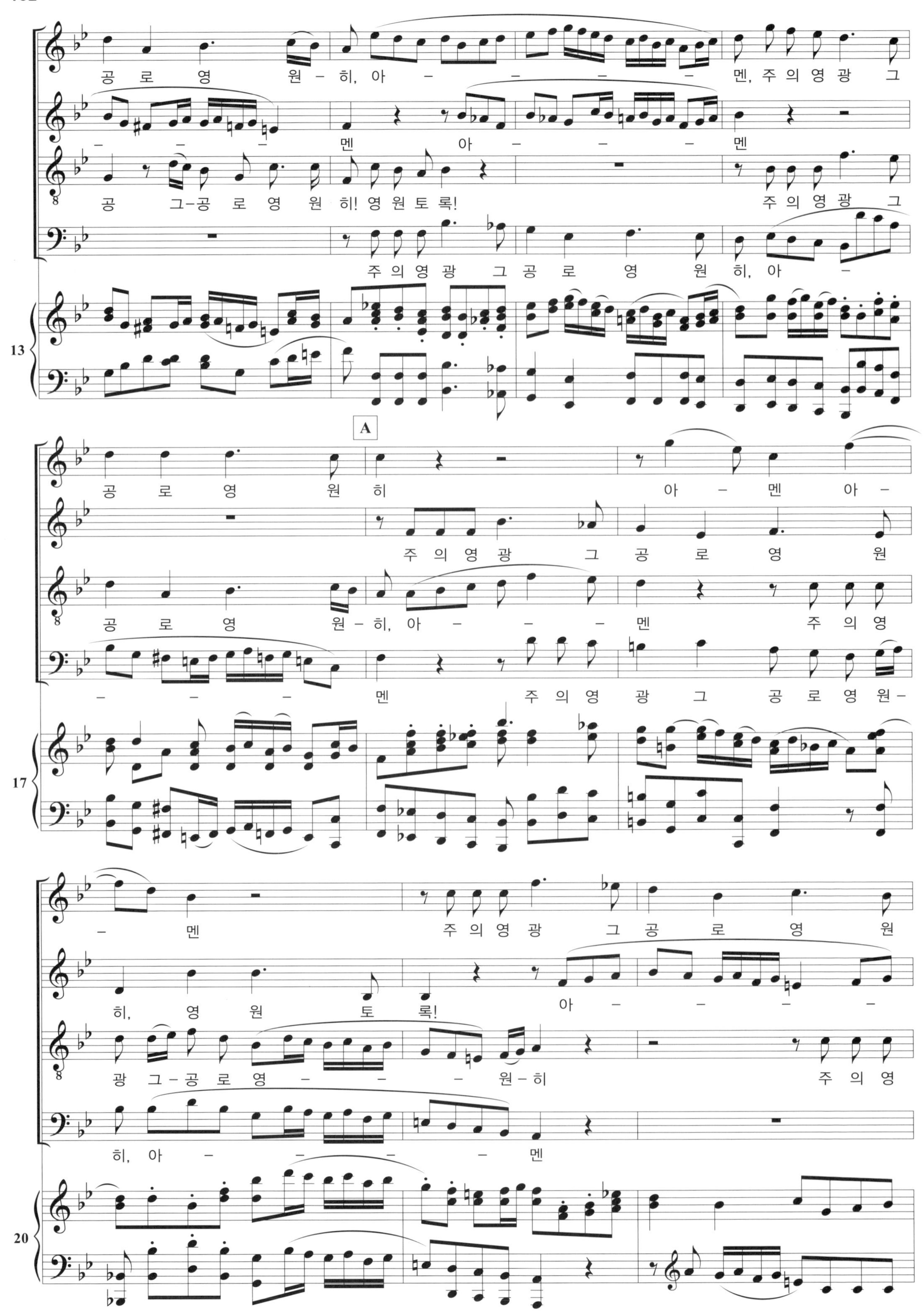
공 로 영 원 히, 아 멘, 주의영광 그
멘 아 멘
공 그 공 로 영 원 히! 영원토록! 주의영광 그
주의영광 그공 로 영 원 히, 아
공 로 영 원 히 아 멘 아
주의영광 그 공 로 영 원
공 로 영 원 히, 아 멘 주 의 영
멘 주의영광 그 공로영원
멘 주의영광 그공 로 영 원
히, 영 원 토 록! 아
광 그공로영 원 히 주의영
히, 아 멘

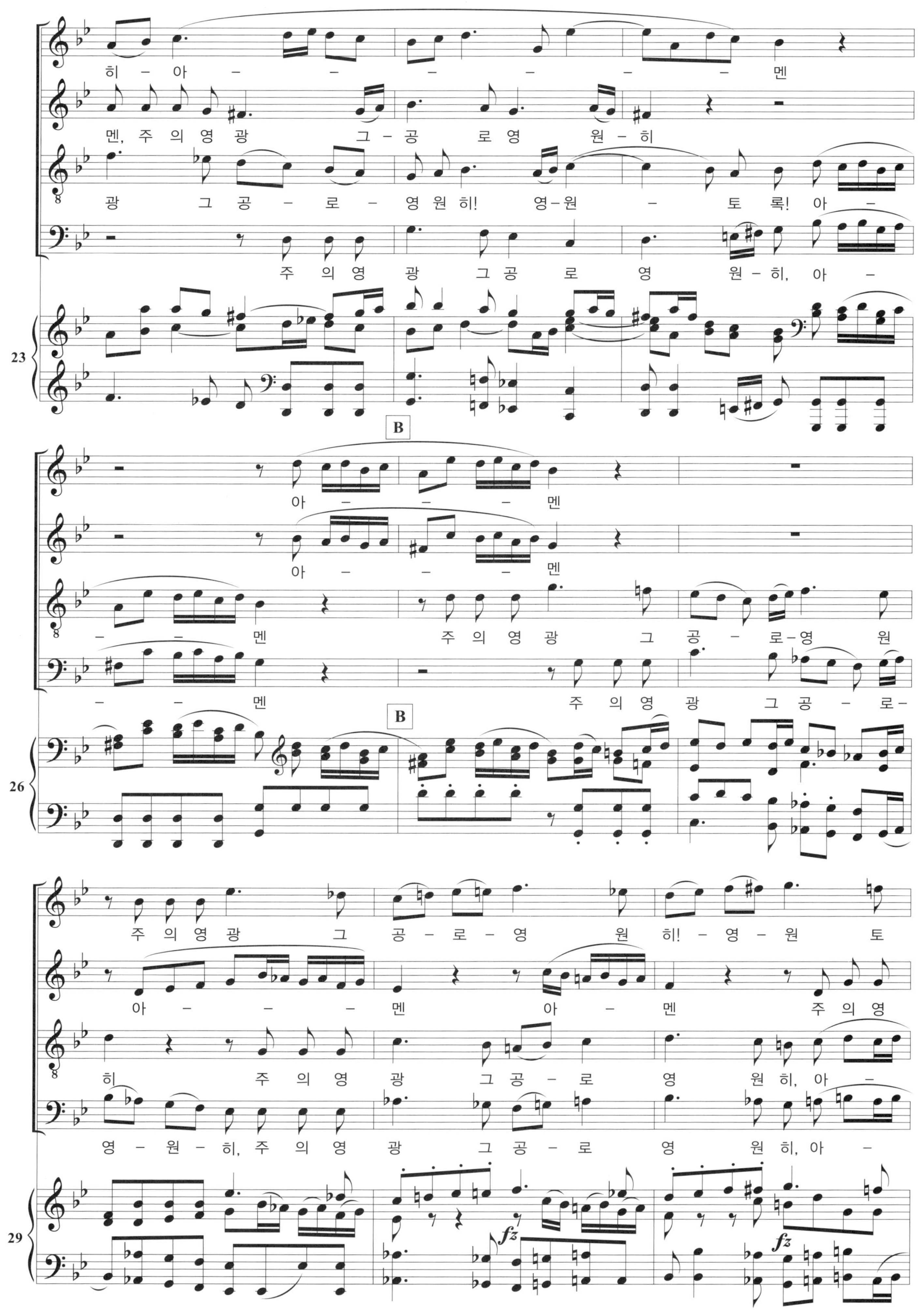
히 - 아 - - - - - - - - 멘
멘, 주 의 영 광 그 - 공 로 영 원 - 히
광 그 공 - 로 - 영원히! 영 - 원 - 토 록! 아 -
주 의 영 광 그 공 로 영 원 - 히, 아 -
아 - - - 멘
아 - - 멘
- - 멘 주 의 영 광 그 공 - 로 영 원
- - 멘 주 의 영 광 그 공 - 로 -
주 의 영 광 그 공 - 로 영 원 히! - 영 - 원 토
아 - - - 멘 아 - 멘 주 의 영
히 주 의 영 광 그 공 - 로 영 원 히, 아 -
영 - 원 - 히, 주 의 영 광 그 공 - 로 영 원 히, 아 -
fz
fz

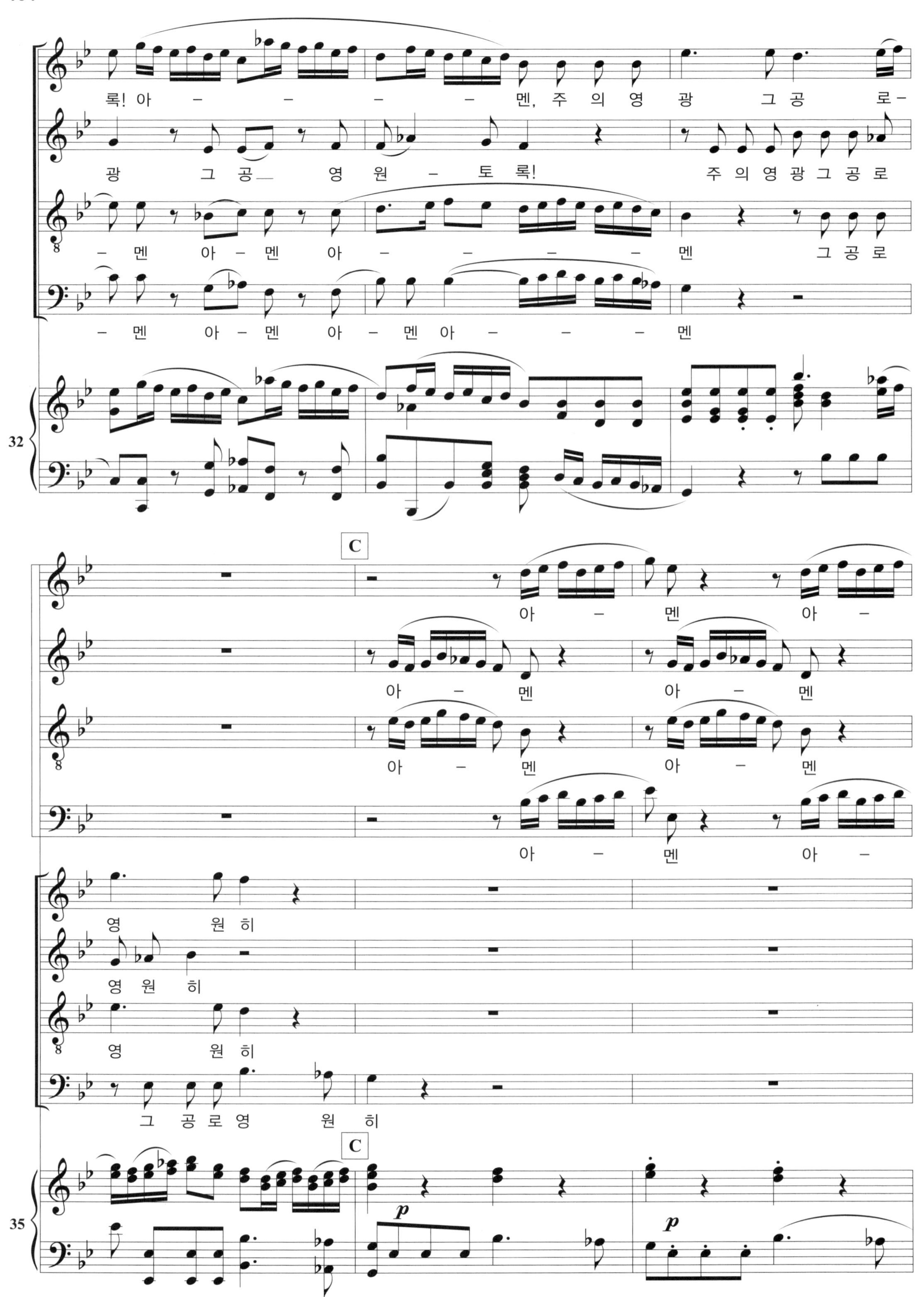
록! 아 — — — — — 멘, 주 의 영 광 그 공 로 —
광 그 공 — 영 원 — 토 록! 주 의 영 광 그 공 로
— 멘 아 — 멘 아 — — — — — 멘 그 공 로
— 멘 아 — 멘 아 — 멘 아 — — — 멘
아 — 멘 아 —
아 — 멘 아 — 멘
아 — 멘 아 — 멘
아 — 멘 아 —
영 원 히
영 원 히
영 원 히
그 공 로 영 원 히

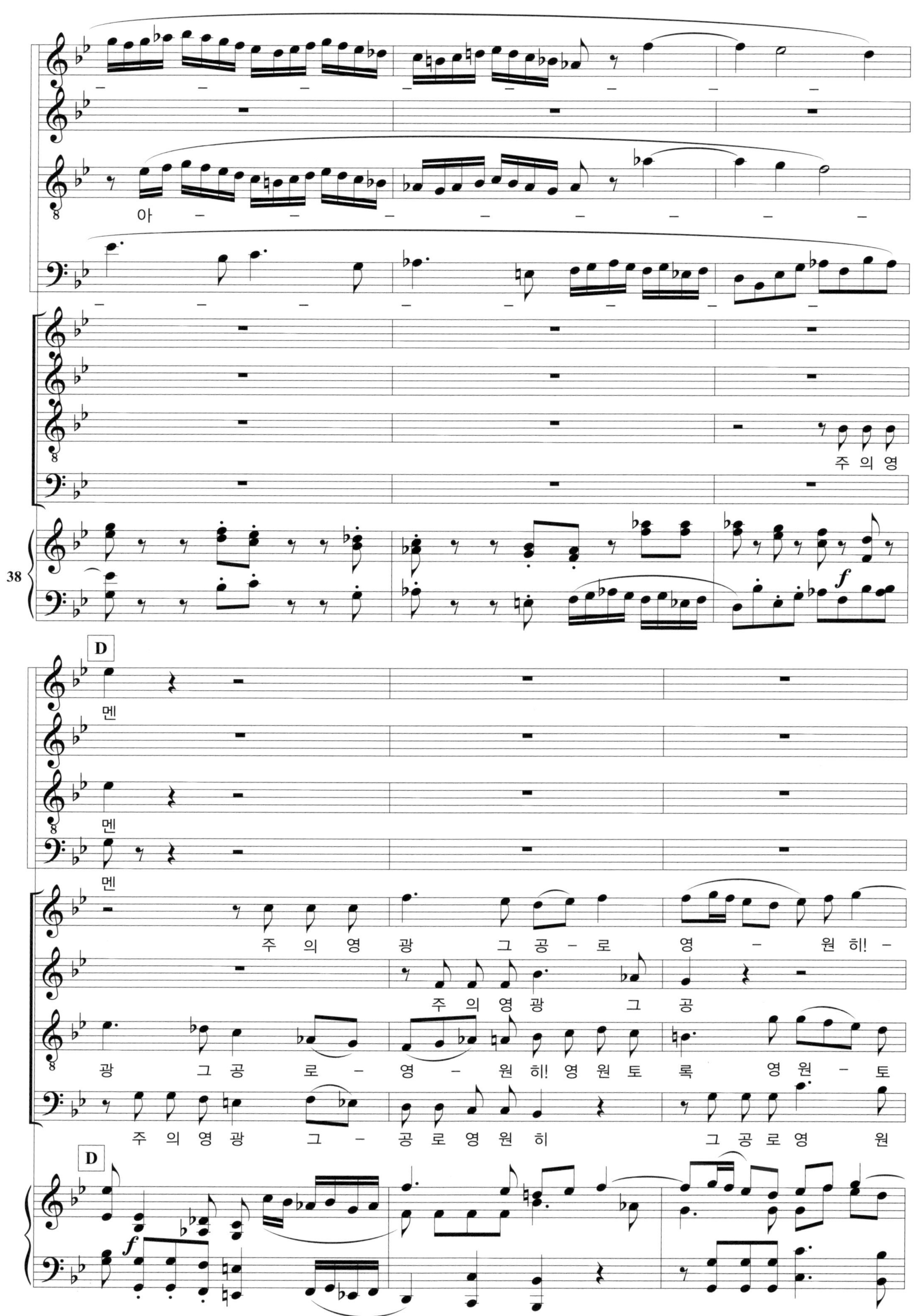
아
주 의 영
멘
멘
멘
주의영광 그공로 영 원히!
주의영광 그 공
광 그공로 영 원히!영원토록 영원토
주의영광 그 공로영원히 그공로영 원
제3부 | 34. 노래하라 우리 주를

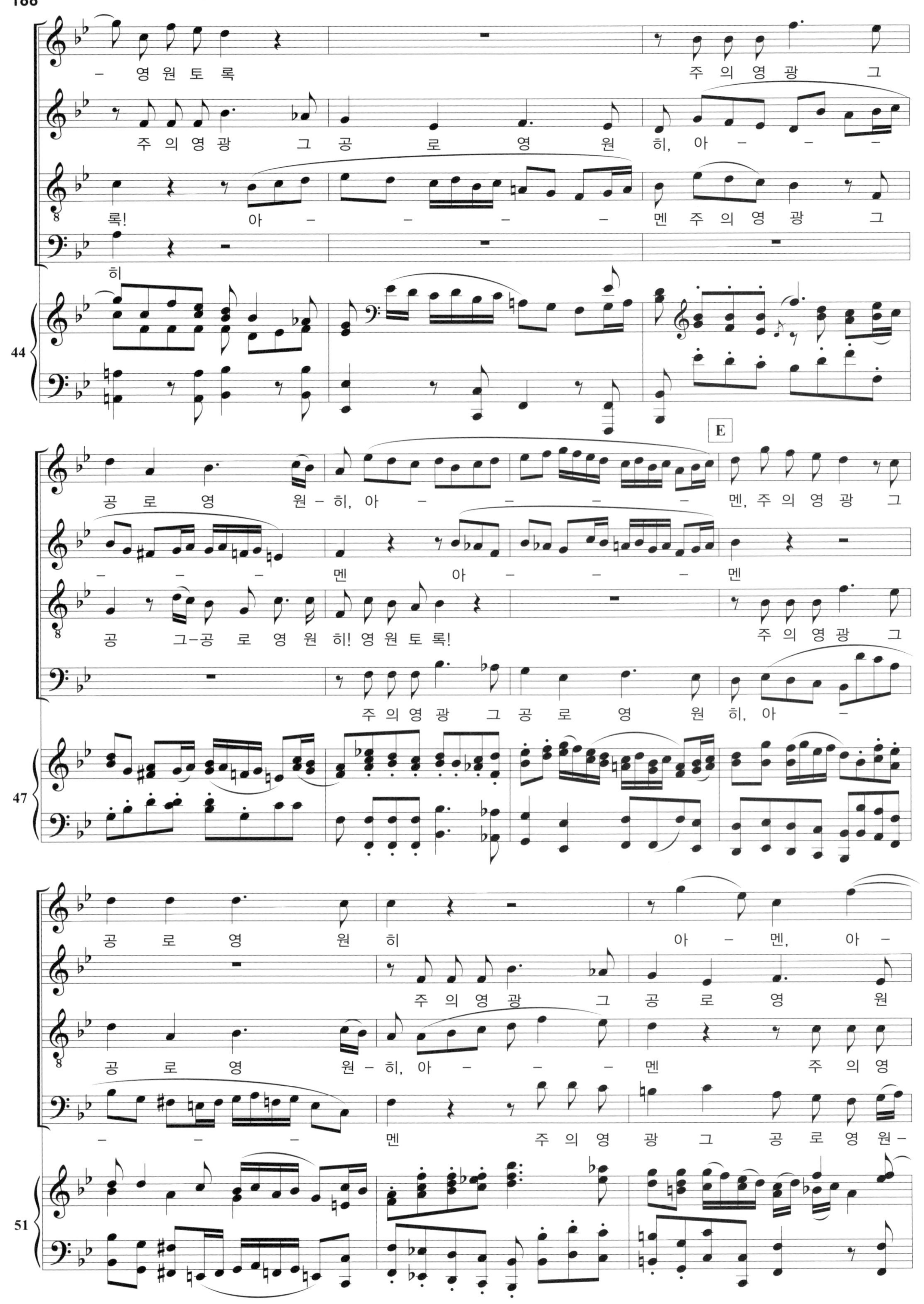

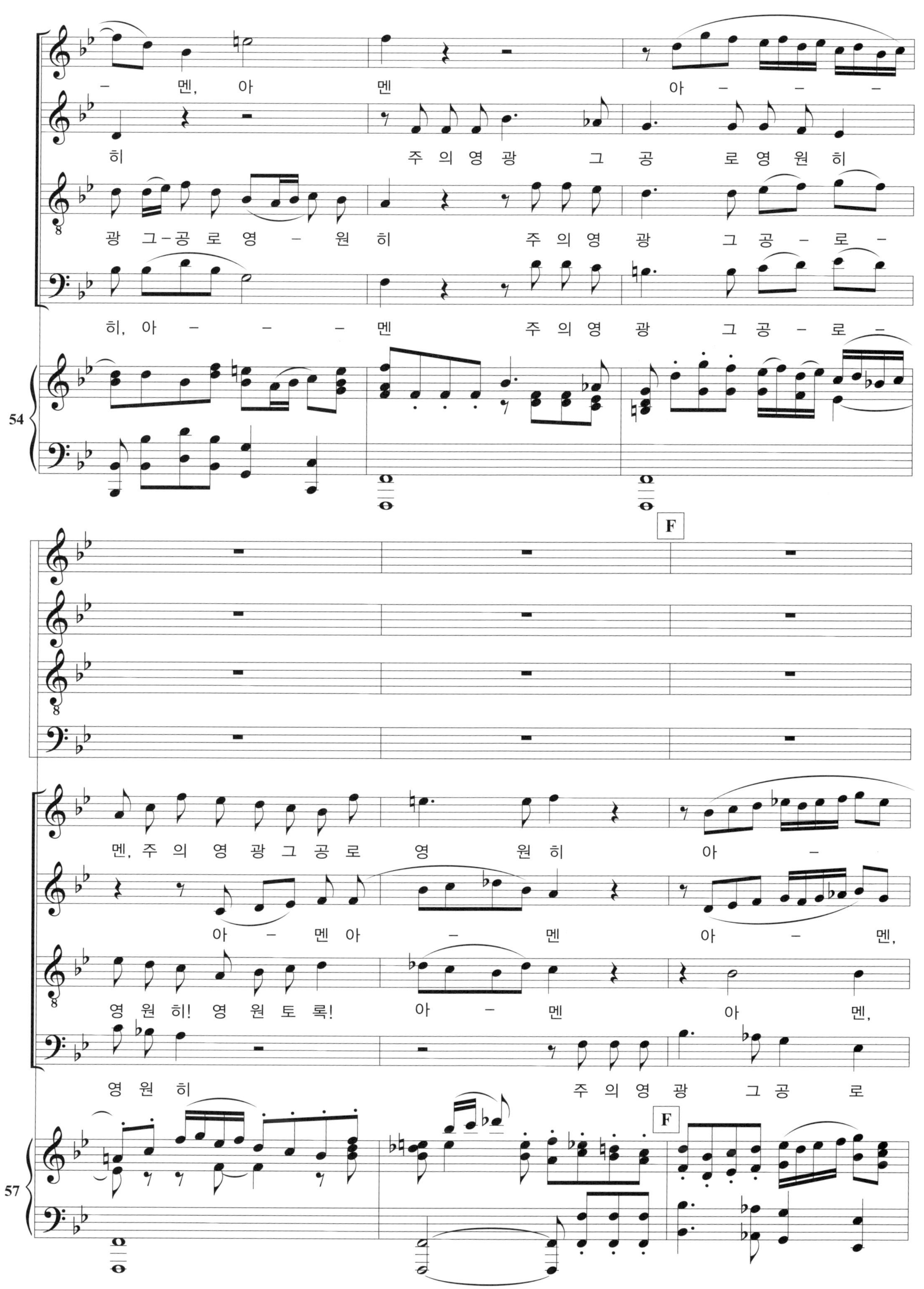
멘, 아 멘 아
히 주의영광 그 공 로영원히
광 그-공로영-원히 주의영광 그공-로-
히, 아---멘 주의영광 그공-로-
멘,주의영광그공로 영 원히 아-
아-멘아-멘 아-멘,
영원히! 영원토록! 아-멘 아 멘,
영원히 주의영광 그공로
F
F

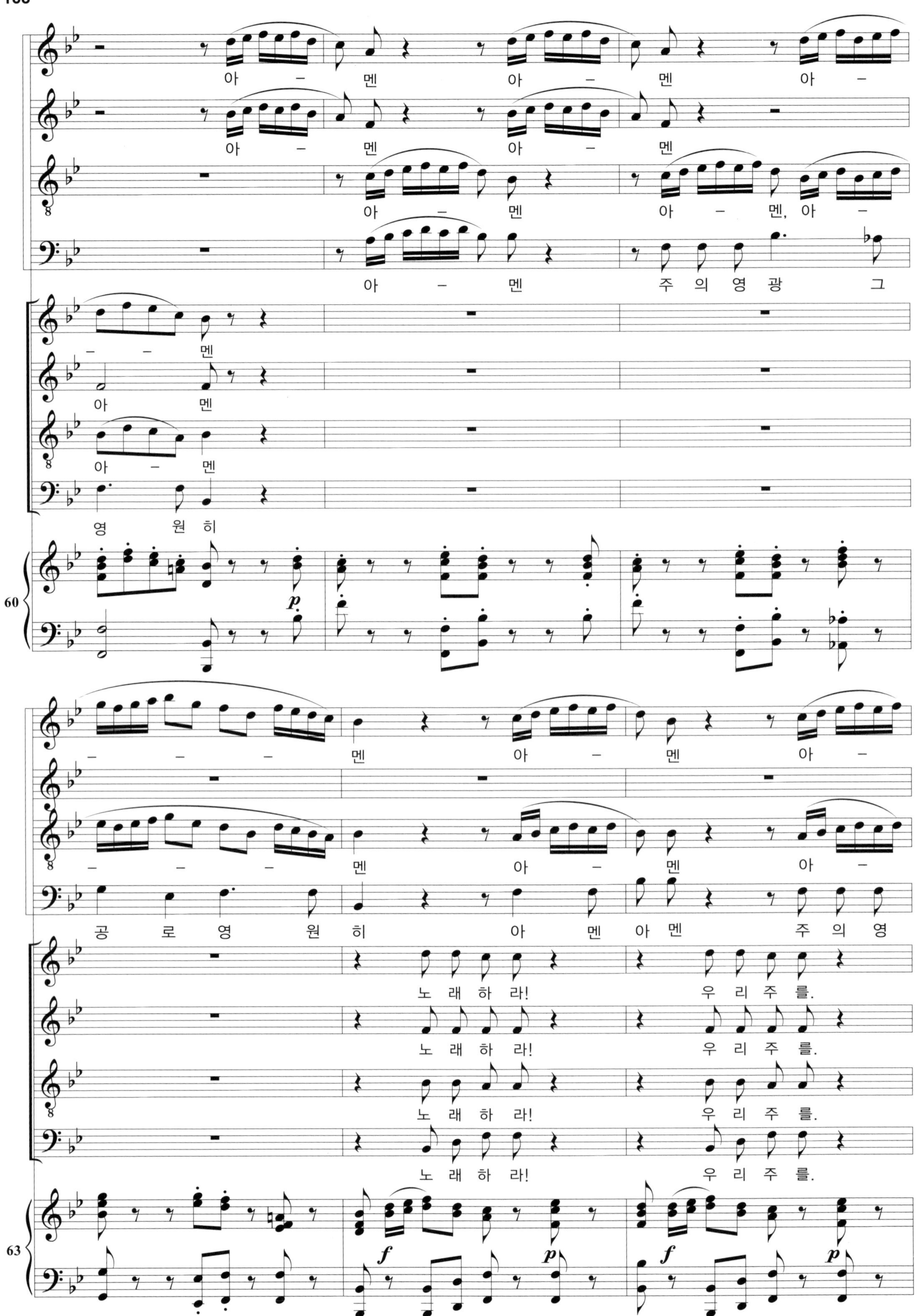
아 - 멘 아 - 멘 아 -
아 - 멘 아 - 멘
아 - 멘 아 - 멘, 아 -
아 - 멘 주 의 영 광 그
- - 멘
아 멘
아 - 멘
영 원 히
- - - 멘 아 - 멘 아 -
- 멘 아 - 멘 아 -
공 로 영 원 히 아 멘 아 멘 주 의 영
노 래 하 라! 우 리 주 를.
노 래 하 라! 우 리 주 를.
노 래 하 라! 우 리 주 를.
노 래 하 라! 우 리 주 를.

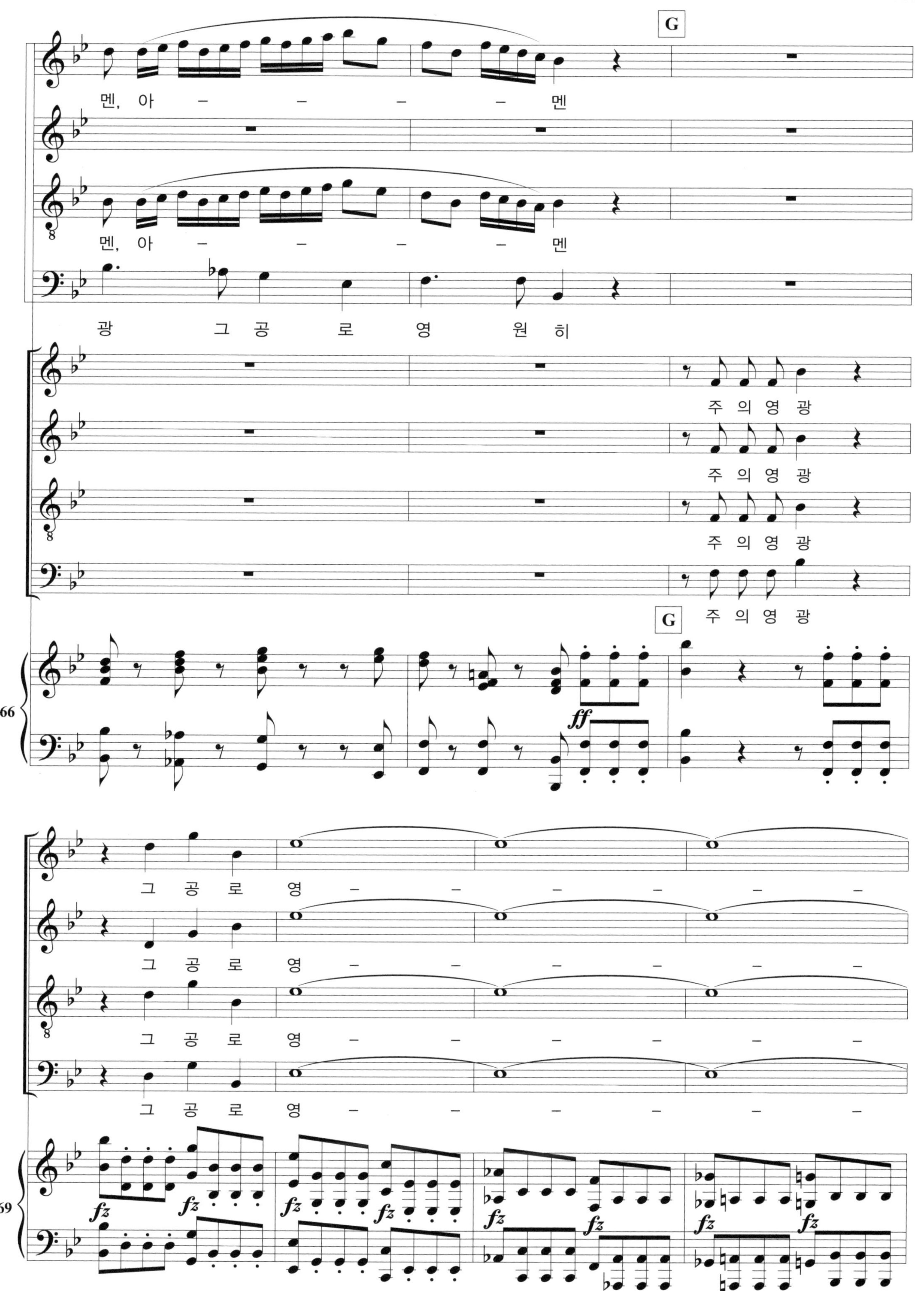
G
멘, 아 — — — — 멘
멘, 아 — — — — 멘
광 그 공 로 영 원 히
주 의 영 광
주 의 영 광
주 의 영 광
주 의 영 광
G
ff
그 공 로 영 — — — — — —
그 공 로 영 — — — — — —
그 공 로 영 — — — — — —
그 공 로 영 — — — — — —
fz fz fz fz fz fz fz fz

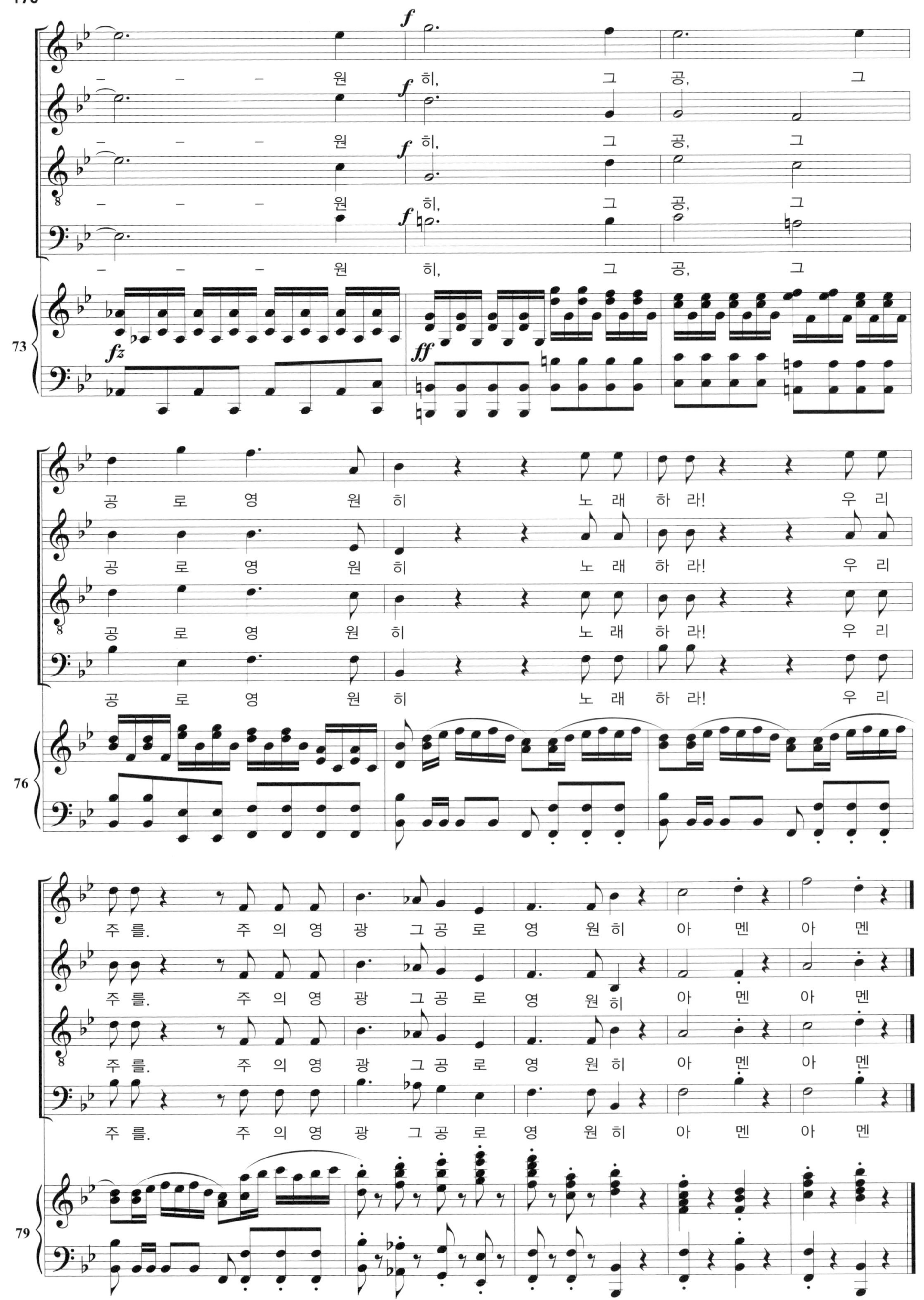
원 히, 그 공, 그
원 히, 그 공, 그
원 히, 그 공, 그
원 히, 그 공, 그
공 로 영 원 히 노 래 하 라! 우 리
공 로 영 원 히 노 래 하 라! 우 리
공 로 영 원 히 노 래 하 라! 우 리
공 로 영 원 히 노 래 하 라!
주 를. 주 의 영 광 그 공 로 영 원 히 아 멘 아 멘
주 를. 주 의 영 광 그 공 로 영 원 히 아 멘 아 멘
주 를. 주 의 영 광 그 공 로 영 원 히 아 멘 아 멘
주 를. 주 의 영 광 그 공 로 영 원 히 아 멘 아 멘

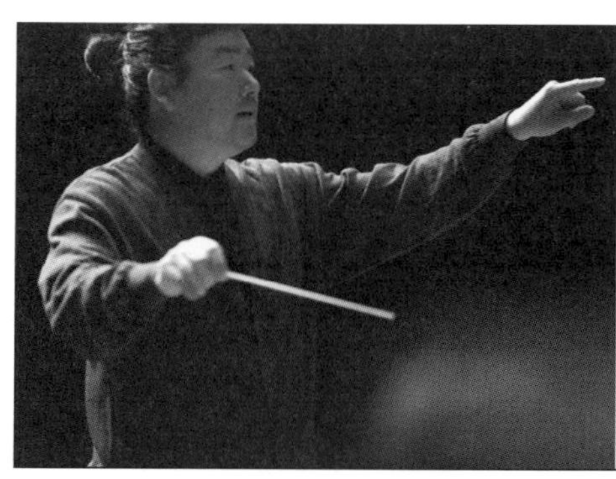

서광태_ 작곡가 · 지휘자 · 오케스트레이션 전문가(1961~)
(Composer, Conductor and Orchestrator)

〈작곡가로서의 활동〉

- 연세대학교 작곡과 졸업
- 바리톤 김동규 독창회 편곡(프라임 오케스트라, 1995)
- KBS 열린음악회 전임 편곡(1996~97)
- KBS 제1FM 신작가곡 '낙엽' 발표(1998)
- 김대중 대통령 취임 기념 '평화음악회' 편곡(조수미 노래, KBS 교향악단, 1998)
- KBS 교향악단 밀레니엄 콘서트 전곡 편곡(1999)
- 울산 월드컵 경기장 완공 기념 음악회 편곡(울산 시향, 2002)
- 월드컵 테마송 편곡(세종 솔로이스츠, 2002)
- 부산 아시안게임 테마송 편곡, 녹음(프라임 오케스트라, 2002)
- 노무현 대통령 취임식 행사음악 편곡(서울 시향, 행자부, 2003)
- 홍혜경 한국 가곡집(CD) 편곡(파리 앙상블, EMI 레코드, 2003)
- 광복절 기념식 행사음악 편곡(서울 시향, 행자부, 2003)
- 임원식 선생 추모 음악회 임원식 가곡 편곡(KBS 교향악단, 서울 예고, 2003)
- 경기도립 팝스 오케스트라 연말 퓨전 콘서트 전곡 편곡(수원 문화예술회관 2003)
- KBS 제 1 FM 로고송 작곡(2004.1)(Motet Choir, KBS 제1FM)
- 2005 서울바로크합주단 유럽 연주 전곡 편곡
- 창작 서곡 '독도찬가-Fantasy of Dokdo' 발표(프라임 오케스트 라 위촉, 2007)
- 현재까지 KBS교향악단, 서울 바로크합주단 등 국내 유수의 연주단체에 작품을 위촉 공급함.

〈지휘자로서의 활동〉

- 칸티쿰합창단 창단 연주(1996.10.19)
- 이후 총20회의 정기연주회 및 교회 초청 찬양연주, 명지병원 등 선교연주회를 실행.
- 현재 칸티쿰 합창단 상임 지휘자 겸 음악감독.

〈기타 음악 활동〉

강의

- 상명대 음악대학 출강(2010~) 악기론, 오케스트레이션, 관현악 편곡 프로젝트 강의
- 연세대학교 사회교육원 영상음악과 출강(2006~2011) 오케스트레이션 강의

입시지도

- 1990년대부터 작곡과 대학 입시 지도를 수행, 서울대, 연세대, 이화여대, 숙명여대, 중앙대 등 다수의 제자를 배출
- 최근엔 지휘과 지망생 지도로 연세대 교회음악과 합창지휘 전공을 합격시킴.

천지창조

2015. 9. 5. 1판 1쇄 인쇄
2015. 9. 10. 1판 1쇄 발행

역자 | 서광태
펴낸이 | 이종춘
펴낸곳 | **BM** 성안당
주소 | 121-838 서울시 마포구 양화로 127 첨단빌딩 5층(출판기획 R&D 센터)
　　 | 413-120 경기도 파주시 문발로 112(제작 및 물류)
전화 | 02) 3142-0036
　　 | 031) 950-6300
팩스 | 031) 955-0510
등록 | 1973.2.1 제13-12호
출판사 홈페이지 | **www.cyber.co.kr**
ISBN | 978-89-315-7855-3 (13670)
정가 | 15,000원

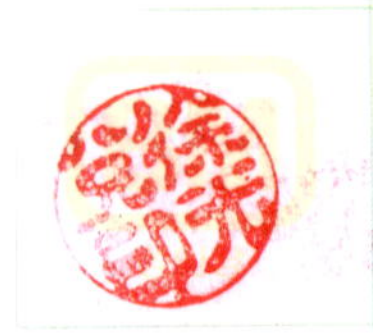

이 책을 만든 사람들

책임 | 최옥현
교정 | 곽민선
본문 디자인 | 이다혜
표지 디자인 | 박원석
홍보 | 전지혜
국제부 | 이선민, 조혜란, 신미성, 김필호
마케팅 | 구본철, 차정욱, 나진호, 이동후, 강호묵
제작 | 김유석

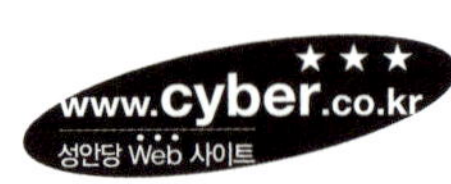